U0617988

权威·前沿·原创

皮书系列为
"十二五""十三五""十四五"时期国家重点出版物出版专项规划项目

BLUE BOOK

智 库 成 果 出 版 与 传 播 平 台

社会企业蓝皮书
BLUE BOOK OF SOCIAL ENTERPRISES

中国社会企业发展研究报告（No.2）

RESEARCH REPORT ON THE DEVELOPMENT OF SOCIAL

ENTERPRISES IN CHINA (No.2)

主　编／徐家良

社会科学文献出版社
SOCIAL SCIENCES ACADEMIC PRESS (CHINA)

图书在版编目（CIP）数据

中国社会企业发展研究报告 . No. 2 / 徐家良主编
. --北京：社会科学文献出版社，2023. 12
（社会企业蓝皮书）
ISBN 978-7-5228-2677-6

Ⅰ. ①中⋯　Ⅱ. ①徐⋯　Ⅲ. ①企业发展-研究报告-
中国　Ⅳ. ①F279. 23

中国国家版本馆 CIP 数据核字（2023）第 200585 号

社会企业蓝皮书
中国社会企业发展研究报告（No. 2）

主　　编／徐家良

出 版 人／冀祥德
责任编辑／杨桂凤
文稿编辑／张真真
责任印制／王京美

出　　版／社会科学文献出版社 · 群学出版分社（010）59367002
　　　　　　地址：北京市北三环中路甲 29 号院华龙大厦　邮编：100029
　　　　　　网址：www. ssap. com. cn
发　　行／社会科学文献出版社（010）59367028
印　　装／三河市东方印刷有限公司

规　　格／开 本：787mm×1092mm　1/16
　　　　　　印 张：21.5　字 数：318 千字
版　　次／2023 年 12 月第 1 版　2023 年 12 月第 1 次印刷
书　　号／ISBN 978-7-5228-2677-6
定　　价／148.00 元

读者服务电话：4008918866

本项研究得到中国乡村发展基金会、中国关心下一代健康体育基金会的资助和大力支持！

本书是上海交通大学中国公益发展研究院与中国社会治理研究会共同成立的上海交通大学中外社会企业研究中心、上海交通大学民政部政策理论研究基地及 2020 年国家社会科学基金重大项目"慈善组织的治理与监督机制研究"（项目批准号：20&ZD182）的研究成果。

《中国社会企业发展研究报告（No. 2）》
课题组

组　　长　徐家良

副 组 长　吴　磊　苗　青

组　　员　李　健　朱晓红　田　蓉　刘　超　刘　蕾
　　　　　罗文恩　于晓静　王世强　朱志伟　武　静
　　　　　夏　璇　张其伟　张煜婕　成丽姣

主要编撰者简介

徐家良　上海交通大学特聘教授、校务委员会委员、学术委员会人文社会科学专门委员会委员；上海交通大学国际与公共事务学院博士生导师、学位委员会委员、学术委员会委员，上海交通大学中国公益发展研究院院长，上海交通大学中国城市治理研究院研究员；民政部专家咨询委员会委员，上海交通大学民政部政策理论研究基地主任，上海交通大学民政部社会组织与社会建设研究基地主任，上海交通大学民政部全国社会组织培训教育基地主任，全国性社会组织评估委员会委员，上海市社会组织评估委员会委员，上海市慈善基金会理事，上海长三角社会组织发展中心理事长，北京仁泽公益基金会监事长；国家社会科学基金重大项目首席专家；北京大学政治学博士，北京大学社会学博士后，哈佛大学、香港中文大学、台湾政治大学访问学者。曾任教于杭州大学、浙江大学、北京师范大学。国家社科基金项目同行评议专家，国家自然科学基金通讯评审专家，教育部"长江学者奖励计划"通讯评审专家，2018 年中国公益人物。中文社会科学引文索引（CSSCI）来源集刊《中国社会组织研究》主编、《中国非营利评论》学术顾问委员会委员、《中国社会组织》编委，研究方向为社会组织与社会企业、慈善事业与基层治理。

前　言

2022年10月，中国共产党第二十次全国代表大会顺利召开，习近平总书记做了题为《高举中国特色社会主义伟大旗帜　为全面建设社会主义现代化国家而团结奋斗》的报告，明确提出，"中国共产党的中心任务就是团结带领全国各族人民全面建成社会主义现代化强国、实现第二个百年奋斗目标，以中国式现代化全面推进中华民族伟大复兴"。在社会主义现代化强国建设中，政府是主体，社会组织和企业同样是主体。党的二十大报告同时强调，"引导、支持有意愿有能力的企业、社会组织和个人积极参与公益慈善事业"。

社会企业作为市场经济和社会管理新的组织形式，是我国社会主义现代化建设的重要力量，也是社会活力所在。在北京、成都社会企业相关政策的基础上，2022年6月，安徽省民政厅、安徽省发展和改革委员会、安徽省财政厅、安徽省商务厅、安徽省农业农村厅、安徽省乡村振兴局、安徽省市场监督管理局联合发布《安徽省社会企业认定培育试点管理办法（试行）》，为中国地方社会企业发展增添了新的动力，反映出社会企业在慈善事业、基层治理与社区高质量发展中有着旺盛的生命力，能够发挥独特的作用。

2022年12月，上海交通大学中国公益发展研究院确定启动"中国社会企业发展研究报告（No.2）"的编写工作。本书是上海交通大学国际与公共事务学院、上海交通大学中国公益发展研究院研究人员与其他兄弟高校的学者合作研究的成果。课题组重点做了以下三个方面的工作：第一，邀请相关专家和学者就写作内容进行分工；第二，为了收集数据，我们编制了中国社会企业行业调查问卷（2023），并面向北京、成都的相关社会企业和政府官员发放，最后收集问卷进行统计分析；第三，从众多社会企业案例中选择了两个

案例，做重点介绍。

上海交通大学国际与公共事务学院、上海交通大学中国公益发展研究院、上海交通大学中国城市治理研究院、上海交通大学中外社会企业研究中心、上海交通大学第三部门研究中心、浙江大学公共管理学院、四川大学公共管理学院、南京大学社会学院、重庆大学公共管理学院、北京航空航天大学公共管理学院、香港中文大学社会工作学系、中央民族大学管理学院、首都经济贸易大学城市经济与公共管理学院、华东师范大学公共管理学院、兰州大学政治与国际关系学院、中国矿业大学公共管理学院、中国矿业大学马克思主义学院、华北电力大学人文与社会科学学院、北京市经济社会发展研究院城市治理研究所、苏州大学社会学院、上海工程技术大学管理学院、山东农业大学公共管理学院、深圳大学管理学院、广东药科大学医药商学院、深圳市社创星社会企业发展促进中心等单位的研究人员承担了书稿的写作工作，具体分工如下：B.1（上海交通大学国际与公共事务学院教授、上海交通大学中国城市治理研究院研究员徐家良，上海交通大学国际与公共事务学院助理研究员张其伟）、B.2（首都经济贸易大学城市经济与公共管理学院副教授王世强、首都经济贸易大学城市经济与公共管理学院硕士研究生王娜和陈燕）、B.3（深圳市社创星社会企业发展促进中心主任、成都市社会企业发展促进会会长夏璇）、B.4（华北电力大学人文与社会科学学院教授朱晓红、华北电力大学人文与社会科学学院公共管理专业本科生朱嘉琪、华北电力大学人文与社会科学学院公共管理专业硕士研究生杨丽弘）、B.5（山东农业大学公共管理学院副教授武静、兰州大学政治与国际关系学院硕士研究生李萍）、B.6（苏州大学社会学院副教授朱志伟、苏州大学社会学院硕士研究生张晓亮）、B.7（上海工程技术大学管理学院教授吴磊、上海工程技术大学管理学院硕士研究生侯珊珊、华东师范大学公共管理学院博士研究生唐书清）、B.8（浙江大学公共管理学院教授苗青、浙江大学公共管理学院博士研究生尹晖）、B.9（北京航空航天大学公共管理学院教授李健、中央民族大学管理学院博士研究生徐彩云、广东药科大学医药商学院讲师黄英）、B.10（中国矿业大学公共管理学院教授刘蕾、中国矿业大学马克思主义学院硕士研究生石梦茹）、B.11（北京市经济社会发展研究院城市治理研究所所长、副研究员于晓静）、B.12（深圳大学管理学院副教授罗文恩、深圳大学管理学院硕士研究生丁雨晨）、B.13（深圳市社创星社会企业发展促进中心主任、成都市社会企业发展促进会会长夏璇）、B.14（南京大学社会学院副教授田蓉、香港中文大学社会工作学系博士研究生王君）、B.15（四川大学公共管理学院副研究员刘超）、B.16（重庆大学公共管理学院讲师张煜婕）、附录（上海交通大学国际与公共事务学院博士研究生成丽姣）。深圳市社创星社会企业发展促进中心主任、成都市社会企业发展促进会会长夏璇在问卷发放和回收上出力良多。上海工程技术大学管理学院吴磊教授、重庆大学公共管理学院讲师张煜婕、上海交通大学国际与公共事务学院博士研究生成丽姣协助主编做了本书稿的问卷设计及讨论、人员联系、组织和校对工作。感谢成都市、北京市有关部门、居委会、社会企业和居民在问卷调查方面给予的大力支持。

本书在编写过程中得到了民政部政策研究中心相关领导和中国社会治理研究会相关领导的大力支持。

上海交通大学文科建设处处长吴文锋，上海交通大学国际与公共事务学院院长吴建南、党委书记章晓懿等领导为本书的资料收集和写作提供了诸多的便利。这也是我担任上海交通大学国际与公共事务学院教授和上海交通大学中国城市治理研究院研究员的研究成果。

特别感谢社会科学文献出版社冀祥德社长、杨群总编辑的大力支持。编辑杨桂凤对书稿内容、特色和风格提出了非常好的建议。

感谢所有帮助、关心和支持社会企业调研写作的专家和各界人士。

《中国社会企业发展研究报告（No.2）》客观真实地记录了中国社会企业成长的过程。本书作者中，既有第二次参与编写的老朋友，也有第一次加入的新作者，他们在百忙中接受邀请，在编写时倾注了大量心血，在此一并表示感谢。由于时间仓促、水平有限，本书难免挂一漏万，存在这样那样的问题，恳请学者、政府官员、社会企业负责人和读者批评指正。

徐家良

2023 年 9 月 12 日于上海

摘　要

　　《中国社会企业发展研究报告（No. 2）》是由上海交通大学国际与公共事务学院、上海交通大学中国公益发展研究院研究人员与其他兄弟高校相关学者共同合作的研究成果。本书根据上海交通大学中国公益发展研究院与深圳市社创星社会企业服务平台（CSESC）共同编制并发放的中国社会企业行业调查问卷（2023）数据，结合各位作者的调研资料综合分析而成。本书所说的社会企业，主要是指经过社会企业认证/认定①或者正在申请认定的以解决社会问题为运作目标的、有经营性收入的企业和社会组织。

　　本书由总报告、分报告、专题报告、地区报告、案例篇、附录六个部分组成。总报告对中国社会企业的发展历程进行了回顾和梳理，展望中国社会企业的发展前景，为后续分析奠定基础。分报告介绍了社会企业政策、认证标准、业务模式、人才队伍和影响力评估情况，深入分析了社会企业发展面临的主要挑战。专题报告将对社会企业的分析延伸至乡村振兴、企业社会责任、基层治理等领域，从不同侧面分析社会企业的发展。地区报告呈现了北京、粤港澳、四川和香港社会企业的发展情况。案例篇通过两个案例展示了社会企业的典型运营模式以及相关经验。附录对 2021~2022 年中国社会企业发展过程中的大事进行了梳理。

　　我国社会企业萌芽于改革开放时期，经过艰难探索和不懈的努力，在2015 年社会创业的风潮下初步发展，并逐渐形成独特的发展模式。近年来，

---

① 实践中，有的省份用"认定"，有的省份用"认证"，全书视实际情况使用，一般情况下用认证。

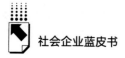

社会企业的制度环境不断改善，内部能力也有极大的提高。2021~2022年，四川、安徽、北京等地围绕社会企业认证、培育等出台了一系列文件，区域社会企业的制度环境得以进一步优化。实践中，社会企业持续优化业务模式，加强人才队伍建设，并积极探索"社会企业+金融"、社会企业参与乡村振兴、社会企业参与基层治理等的路径和方法，取得了很大进展。展望未来，社会企业将在社会治理创新、第三次分配和共同富裕背景下发挥更加重要的作用。

关键词： 社会企业　社会责任　政策创新　区域模式

目 录 ↖

Ⅰ 总报告

B.1 中国社会企业发展实践与展望（2021~2022年）

··· 徐家良 张其伟 / 001

Ⅱ 分报告

B.2 中国社会企业政策与本土化发展······ 王世强 王 娜 陈 燕 / 025

B.3 中国社会企业认证与培育发展报告························· 夏 璇 / 042

B.4 中国社会企业的业务模式研究········ 朱晓红 朱嘉琪 杨丽弘 / 064

B.5 中国社会企业人才队伍发展报告················· 武 静 李 萍 / 086

B.6 我国社会企业影响力投资模式、测评与发展

··· 朱志伟 张晓亮 / 104

Ⅲ 专题报告

B.7 社会企业参与乡村振兴研究报告······ 吴 磊 侯珊珊 唐书清 / 127

B.8 社会企业与企业社会责任履行机制研究报告

············· 苗 青 尹 晖 / 146

B.9 社区社会企业：基层治理主体创制新探索

——以成都为例········· 李 健 徐彩云 黄 英 / 166

B.10 社会企业孵化与支持研究报告 ········· 刘 蕾 石梦茹 / 187

Ⅳ 地区报告

B.11 北京社会企业发展报告 ············· 于晓静 / 200

B.12 粤港澳地区社会企业发展报告 ········· 罗文恩 丁雨晨 / 214

B.13 四川社会企业可持续发展报告 ············· 夏 璇 / 238

B.14 香港社会企业发展报告 ············· 田 蓉 王 君 / 255

Ⅴ 案例篇

B.15 "社会企业+金融"的可持续发展模式

——以天府股交中心"社会企业板"为例 ········· 刘 超 / 276

B.16 惜食：社会企业的反食品浪费实践 ········· 张煜婕 / 290

附 录 中国社会企业发展大事记（2021~2022） ········· 成丽姣 / 301

Abstract ··· / 304

Contents ··· / 306

皮书数据库阅读 **使用指南**

总 报 告
General Report

B.1

中国社会企业发展实践与展望
（2021~2022年）

徐家良　张其伟*

摘　要： 社会企业以社会目标为使命驱动，同时开展商业运营，其属性与中国式现代化的特征高度契合，有望在中国式现代化建设进程中扮演重要角色。本报告通过对社会企业相关研究、实践和政策创新的回顾，描述与分析2021~2022年中国社会企业的整体状况，从中发现阻碍社会企业发展的关键因素，并展望未来的发展方向。分析发现，在研究层面，学术论文以社会企业创业过程为主要研究主题，以案例研究为主要研究方法。在实践层面，社会企业实现了稳健式发展，主要活动地域范围扩大、认证比例提升且大部分能保证收支平衡或盈利，但同时依然承受人才与资金双重压力。在政策创新层

---

* 徐家良，上海交通大学特聘教授，上海交通大学中国公益发展研究院院长，主要研究方向为慈善公益、社会组织、社会企业、基层治理；张其伟，上海交通大学国际与公共事务学院助理研究员，主要研究方向为慈善公益、社会组织、基层治理。

面，地方社会企业认证体系建设颇具亮点，但中央层级的支持政策仍旧缺失。展望中国社会企业未来的发展，笔者提出打造制度化支持体系、加强社会企业理念的传播和推广、发展社区社会企业、鼓励社会创业参与四点建议，以促进社会企业高质量发展。

关键词： 社会企业　创业过程研究　稳健式发展　认证体系

2022 年，中国共产党第二十次全国代表大会明确提出"以中国式现代化全面推进中华民族伟大复兴"的时代目标。中国式现代化是"人口规模巨大的现代化、全体人民共同富裕的现代化、物质文明和精神文明相协调的现代化、人与自然和谐共生的现代化、走和平发展道路的现代化"（参见《求是》杂志编辑部，2023）。中国式现代化的上述特征既是对我国发展模式的概括，也为各类社会主体的长期行动指明了方向。

社会企业的属性与上述中国式现代化的特征高度契合。社会企业以社会目标为使命驱动，同时开展商业运营，商业利润在有限度分配的基础上又被重新投到社会事业中。这种将"义"与"利"充分结合的组织形式既能创造就业岗位，又能为公益事业做出贡献，在推进共同富裕的进程中有较大的作用发挥空间。社会企业讲求社会理念引领，自利与利他动机共存，既追求物质财富，也不忘利他精神的传播，在其身上体现了物质需求与精神需求的紧密结合，对推动物质文明和精神文明协调发展有不可低估的作用。社会企业重视可持续发展，将节约资源和保护环境视为企业的天然职责，其行动在主观上促进了人与自然和谐共生。综上，社会企业能在中国式现代化建设进程中扮演重要角色。

基于上述认知，研究团队继 2021 年之后再次启动"社会企业蓝皮书"的撰写工作，试图探寻社会企业发展与中国式现代化更为深层的联系。本报告作为全书的总报告，将描述与分析 2021~2022 年中国社会企业的整体状况，从中发现阻碍社会企业发展的关键因素，并在展望部分提出相应的建议，以期促进社会企业高质量发展，助力中国式现代化建设。

一　2021~2022年中国社会企业研究状况

中国的社会企业研究起步于2003年，经过20年的发展，已积累了一系列研究成果。对2021~2022年的中国社会企业研究进行回顾，梳理学界所关注的社会企业相关前沿问题，有助于从侧面了解我国社会企业的发展状况及趋势，为社会企业发展提供理论指导。本部分将主要以核心期刊上的社会企业相关学术论文为分析对象，梳理2021~2022年中国社会企业的相关研究。

本部分的数据来源于中国知网（CNKI）数据库。以篇名中包含"社会企业"或"社会创业"词条为检索条件，对中国知网2021~2022年的数据进行检索，共检索到138篇文章，其中进入南京大学中文社会科学引文索引（CSSCI）来源期刊（含扩展版和集刊）及北京大学图书馆中文核心期刊（以下简称"北核期刊"）的文章共有55篇，剔除书评及访谈类文章后，剩余52篇学术论文。本报告以这52篇CSSCI及北核期刊（以下简称"核心期刊"）中的学术论文作为样本展开分析。

（一）论文研究主题与方法

样本论文的研究主题较为关注社会企业创业过程，研究方法则侧重于案例研究。中国知网文献计量可视化分析系统的"关键词共现分析"显示，2021~2022年核心期刊社会企业相关学术论文出现频次最高的前十个关键词依次为"社会企业"、"社会创业"、"创业过程"、"案例研究"、"合法性"、"企业绩效"、"社会绩效"、"混合组织"、"制度逻辑"和"创业资源"（见表1）。这些关键词勾勒出2021~2022年社会企业研究的主要图景。

表1 2021~2022年核心期刊社会企业相关学术论文关键词出现频次

关键词	出现频次	关键词	出现频次
社会企业	30	企业绩效	5
社会创业	24	社会绩效	4
创业过程	9	混合组织	4
案例研究	9	制度逻辑	4
合法性	5	创业资源	4

除了作为检索词条的"社会企业"或"社会创业",2021~2022年核心期刊社会企业相关学术论文中出现频次较高的关键词是"创业过程"和"案例研究"。这从侧面展现出2021~2022年社会企业研究的特征。一方面,社会企业的创业过程是样本学术论文研究最为关注的主题。社会企业的创业过程研究主要关注社会企业创业从机会识别到资源开发再到冲突治理的全过程(彭伟等,2022),讨论社会企业创业的网络环境、共识达成过程以及商业生态网络形成过程等,探究社会企业如何与利益相关者一起构建协作机制,实现价值共创。

另一方面,案例研究是2021~2022年社会企业研究采取的主要方法。通过对样本学术论文的梳理,可发现52篇学术论文中有15篇属于案例研究,其中11篇为单案例研究,4篇为比较案例研究。社会企业单案例研究通常关注社会企业的创业过程、成长过程或社会组织向社会企业转型的过程(何兰萍等,2021),通过时序性的纵向案例追踪分析组织在不同阶段的结构变迁、网络搭建和策略行动。

"合法性"与"企业绩效"同样是2021~2022年核心期刊社会企业相关学术论文中出现频次较高的关键词,且两者作为该领域学者长期关注的议题,较多地出现在创业过程等主题研究中。"合法性"研究聚焦社会企业的结构设计以及行为活动是否与文化规范相统一,归纳社会企业随着制度环境变化及时调整合法化策略的动态模式(郑刚等,2022);"企业绩效"研究主要探究不同因素对社会企业绩效的作用机制和影响。除传统的组织结构、战略规划、商业环境等因素外,近期研究认为社会创业导向和在线营销能力同样可对社会企业的经济绩效和社会绩效产生影响（李姗姗、黄群慧，2022；吴剑琳，2022）。除上述词条外，"社会绩效""混合组织""制度逻辑""创业资源"在2021~2022年核心期刊社会企业相关学术论文中出现的频次均为4次，表明学界比较关注社会企业的社会目的实现能力和组织身份定位，以及作为外部重要影响因素的制度和资源。

从样本数据来看，社会企业领域的定量研究有逐年增多的趋势。52篇社会企业相关学术论文中有8篇采用的是定量研究方法，占总量的15.4%。而在2003~2018年的281篇社会企业相关学术论文中，只有19篇采用定量研究方法，占比仅为6.8%（时立荣、王安岩，2019）。前述的"企业绩效"相关研究多采用定量研究方法，表明中国学者日益注重在中国的现实情境下开展社会企业的理论验证性研究。

（二）论文发文期刊与作者所属高校

对发文期刊和作者所属高校进行统计，可以了解社会企业领域的研究阵地和研究力量分布情况。在发文期刊方面，刊登社会企业相关学术论文的期刊以经管类期刊和社会组织主题期刊为主。发文量最多的期刊是《管理案例研究与评论》和《中国非营利评论》，在2021~2022年均刊载5篇论文；其次是《管理评论》和《科技进步与对策》，各刊载4篇论文；《中国社会组织研究》和《外国经济与管理》各有2篇论文；其余期刊均只有1篇相关学术论文。图1给出的是样本学术论文发表的期刊分布。

样本中不乏发表在相关领域顶级和权威期刊上的学术论文。以《中国人文社会科学期刊AMI综合评价报告（2022）-简版》[①]为评价标准，论文《社会企业的机理逻辑及对认识现代市场经济的启示》发表于工业经济领域顶级期刊《中国工业经济》，论文《亲社会动机对社会创业双重导向的影响机理研究——市场化程度与工作经验隶属性的调节作用模型》发表于管理

---

① 《中国人文社会科学期刊AMI综合评价报告（2022）-简版》，http://casses.cssn.cn/kycg/202303/t20230320_ 5614234.shtml，最后访问日期：2023年11月30日。

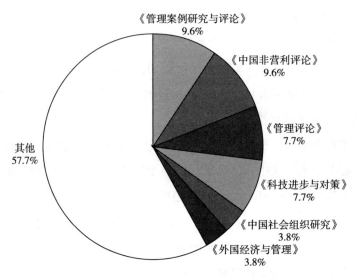

图1 样本学术论文发表期刊分布

学权威期刊《南开管理评论》，论文《制度与社会创业：基于文献的整合框架》发表于管理学权威期刊《经济管理》，论文《城市社区公共文化服务供给何以精准：社会企业视角》发表于中国政治学领域权威期刊《中共中央党校（国家行政学院）学报》。这些具有较大影响力的期刊有力地促进了社会企业相关学术论文的传播，也使社会企业相关概念逐步被纳入经济学、管理学、政治学的主流探讨话语中。

在作者所属高校方面，样本学术论文中有5篇是上海财经大学研究团队的成果，在所有高校中数量最多；4篇学术论文由来自清华大学的学者发表，排在第二位；另外，来自上海交通大学、厦门大学、山东大学、福州大学、浙江大学、上海工程技术大学、南开大学、深圳大学、天津大学、中山大学、常州大学、吉林大学的作者各发表2篇论文；来自其余高校的作者则都只有1篇论文发表。图2呈现部分样本学术论文作者所属高校分布情况。数据反映出越来越多的高校参与到社会企业相关研究中。

（三）论文引用与下载情况

样本学术论文的引用与下载情况可体现社会企业相关学术论文在学界的

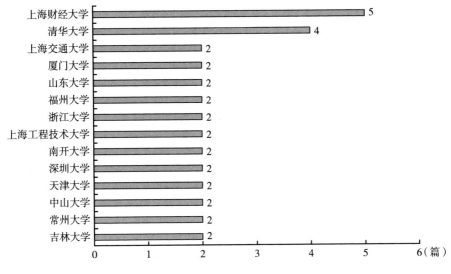

图2　部分样本学术论文作者所属高校分布

影响力。总体上，样本学术论文尽管发表时间还不长，但已经形成了一定的影响力。中国知网数据显示，截至2023年9月10日，52篇学术论文总共获得301次引用，篇均被引次数达到5.79次；总下载量为61002次，篇均下载次数为1173.12次。相较于企业管理或社会组织研究领域的整体水平，社会企业相关学术论文在发表初期的引用量和下载量都较为可观。

具体分析单篇学术论文的引用和下载情况可发现，截至2023年9月10日，样本学术论文中引用量在10次及以上的学术论文已达到14篇，其中单篇引用量最多的已达到22次；下载量超过2000次的学术论文有11篇，其中单篇下载量最多的为3447次。前述顶级和权威期刊学术论文引用量和下载量普遍较高，进一步说明在此类期刊发表学术论文有助于提升社会企业相关研究的影响力。

（四）其他研究综述

值得一提的是，2021~2022年中国社会企业研究除学术论文外，还有多部著作问世，其中不乏见解深刻、洞察敏锐的优秀作品。2021年8月出版

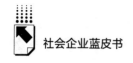

的《创业型社会：中国创新五讲》提出"创业型社会"正在形成的判断，认为社会企业是化解非营利部门内部"志愿与商业"对抗危机的重要基础（刘志阳，2021）。2021年12月，第一本"社会企业蓝皮书"《中国社会企业发展研究报告（No.1）》正式出版，这是我国社会企业领域的第一部蓝皮书。该书提出，中国社会企业的生态系统正在生成，并将其未来发展方向概括为法治化、专业化、职业化（徐家良、何立军，2021）。

2022年出版的著作主要关注具体社会企业的发展历程，总结不同社会企业的发展模式。2022年2月出版的《中日韩社会企业——发展生态与实践案例》是研究中、日、韩三地社会企业的经典著作，作者实地走访了中、日、韩三国的30多家社会企业，挖掘不同领域、不同背景的社会企业如何通过模式创新实现社会问题的有效解决（金仁仙，2022）。2022年4月出版的《走向共同富裕——民营企业向社会企业转变研究》认为中国大型民营企业正在向股权社会化、管理层社会化、经营目的社会化、利润分配社会化和财产传承社会化方向转变，并认为这代表着新型的社会企业实践（北京大成企业研究院，2022）。2022年9月出版的《下一站，社会企业？——创造共享价值的实践者》从共享价值理论视角出发，对中国15个不同类型的社会企业展开案例分析，构建了"社会企业创造共享价值理论模型"（卢永彬、魏培晔，2022）。这些著作基于深入的分析，为我们呈现了社会企业的不同发展模式。

二 2021~2022年中国社会企业实践情况

2020年，上海交通大学中国公益发展研究院曾联合深圳市社创星社会企业服务平台（CSESC）设计并发放中国社会企业行业调查问卷（2020），最终回收87份有效问卷。笔者基于问卷对中国社会企业的实践情况进行了初步分析，了解行业整体发展状况。2023年，上海交通大学中国公益发展研究院再次联手CSESC，编制中国社会企业行业调查问卷（2023）。在充分听取国内知名高校、社会企业研究机构及行业专家学者意见的基础上历经多次调整后确定问卷的最终内容，于 2023 年 4~8 月发放问卷，共获得 126 份有效问卷。受访者数量较 2020 年增加了 44.8%，受访者所属社会企业的分布地域也更为广泛。基于调查问卷数据，可对中国社会企业在 2021~2022 年的实践情况进行分析。总体来看，2021~2022 年我国社会企业实现了稳健式发展，主要活动地域范围扩大、认证比例明显提升且大部分能保证收支平衡或盈利，但同时依然承受人才与资金双重压力。

（一）基本情况

对中国社会企业基本情况的分析包括主要活动地域、成立时间、注册形式、社会企业认证四个方面。在主要活动地域方面，受访者所在社会企业主要活动地域分布在 19 个省级行政区，分别是四川、广东、上海、北京、江苏、浙江、河南、湖北、云南、安徽、福建、山东、湖南、天津、山西、内蒙古、吉林、海南、重庆。其中以四川为主要活动地域的社会企业数量最多，达到 44 家；其次为广东，有 24 家社会企业主要在广东省开展业务活动；上海和北京分列第三、四位，分别有 13 家和 10 家社会企业以这两大直辖市为主要活动地域。上述四省（市）也是社会企业数量为两位数的省级行政区。2020 年的调查显示，四川、上海、广东、北京是社会企业的主要活动地域，此次调查再次印证了这一点。除此之外，江苏、浙江、河南、湖北、云南、安徽、福建、山东、湖南均被不止 1 家社会企业选为主要活动地域。图 3 展示的是受访者所在社会企业主要活动地域分布情况。

在成立时间方面，受访者所在的社会企业全部成立于 1990 年以后。以十年为一个区间，1990~2000 年成立的社会企业数量为 5 家，占比为 4.0%；2000~2010 年成立的社会企业有 12 家，占比为 9.5%；2010~2020 年成立的社会企业数量最多，达到 87 家，占比为 69.0%；2020 年至今成立的社会企业则有 22 家，占比为 17.5%。高达 86.5% 的社会企业为 2010 年以后成立。受访者所在社会企业的成立时间分布如图 4 所示。

受访者所在社会企业主要的注册形式包括工商注册形式的企业和民政注册形式的社会组织，也有部分社会企业选择双轨注册，同时拥有上述两种身

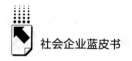

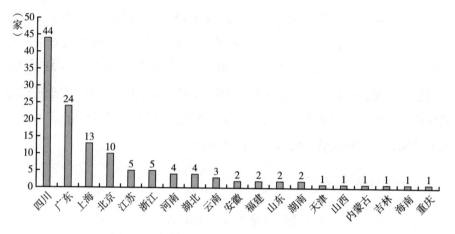

图3 受访者所在社会企业主要活动地域分布

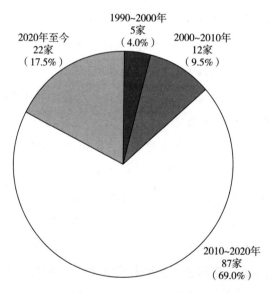

图4 受访者所在社会企业成立时间分布

份。调查数据显示，采用单一工商注册形式的社会企业有93家，采用单一民政注册形式的社会企业有18家，同时采用工商注册形式和民政注册形式的社会企业有13家，还有2家采用其他注册形式。值得注意的是，2020年调查中少部分社会企业采取的合作社注册形式，在2023年调查中并未被任何一家社会企业采用。

在社会企业认证方面，与2020年相比，2023年受访者所在社会企业的认证比例有明显提升。在126家社会企业中，有116家完成了认证，比例高达92.1%；仅有10家暂未进行认证。而2020年调查中，通过国内外认证的社会企业比例仅为39.0%，相当一部分组织表示尚在准备申请认证或认证过程中，而高达30.0%的社会企业表示没有开展任何认证工作。通过数据可发现，社会企业树立了认证意识，并具体反映在实际行动中。

（二）服务领域

受访者所在的社会企业的服务领域多种多样，服务对象也涵盖不同群体。调查数据显示，有60家社会企业在教育领域开展工作，在所有服务领域中是数量最多的；其次，有56家社会企业在文化和环保领域开展活动，位列第二。社会企业数量在30家以上的服务领域还包括妇女儿童、扶贫、残疾人和养老，分别有42家、35家、35家和31家社会企业在上述领域开展工作。信息技术、其他和医疗卫生领域的社会企业数量也均在20家及以上。少量受访社会企业（4家）在金融领域提供服务。图5给出的是受访者所在社会企业的服务领域分布情况。从中可发现，社会企业的服务领域与社会组织存在相似之处，更趋向于针对目标群体提供直接服务，而较少开展对技术能力要求相对高的服务。

社会企业的重要特征之一是只进行有限的利润分配（迪夫尼等，2009），而将相当一部分税后盈余投入公益事业。受访者所在的社会企业也不同程度地将税后盈余投入公益事业。调查数据显示，27家社会企业将50%以上的税后盈余用于社会公益目的，占比为21.4%。与之相应，23家社会企业用于社会公益目的支出小于其税后盈余的10%（含），占比为18.3%。总体来看，超过50%的社会企业用于社会公益目的的支出比例占税后盈余的20%以上（见图6），反映出我国社会企业在努力创造利润、确保生存的同时，越发重视实现社会目的、履行社会责任。

受访者对于本组织的业务模式创新有较强的信心，这反映在受访者对问卷题目的回答上。当被问及是否认同"本组织提供产品、服务和信息的新

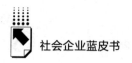

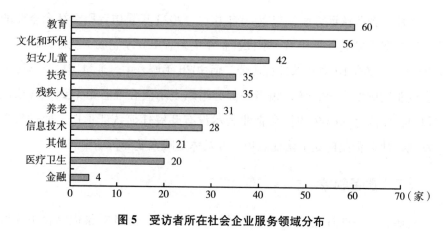

图5　受访者所在社会企业服务领域分布

注：由于各家社会企业不是仅开展单一领域服务，因此本题为多选题。后同。

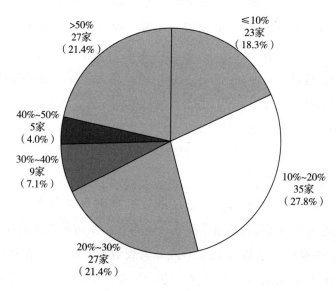

图6　受访者所在社会企业用于社会公益目的的税后盈余比例分布

组合"时，43.7%的受访者表示认同，41.3%的受访者表示非常认同；当被问及是否认同"本组织吸引了许多新客户"时，46.8%的受访者表示认同，29.4%的受访者表示非常认同。对于是否认同"本组织吸引新的供应商和合作伙伴，以及将新的市场参与者聚拢到一起"的问题，表示认同和非常认同的受访者也都超过了70%，这说明受访者对社会企业的业务模式创新普遍较为认同，这为社会企业的稳健式发展奠定了基础。

（三）营收情况

社会企业的企业属性决定了其在大多数情况下必须保持盈利状态，才能实现可持续发展。研究团队对受访者所在社会企业的营收情况进行调查，以确定社会企业能否实现收支平衡。数据显示，2021~2022年126家社会企业中有39家保持盈亏平衡，占比为31.0%；能保持盈利状态的社会企业共有57家，占比为45.2%，其中盈利在100万元及以上的有8家。与此同时，有30家社会企业在2021~2022年总体上处于亏损状态，占比为23.8%。图7给出的是2021~2022年受访者所在社会企业的收支状况。即使面对外部环境的不利影响，仍有接近八成的社会企业能够避免亏损，使自身处于良性运行轨道。

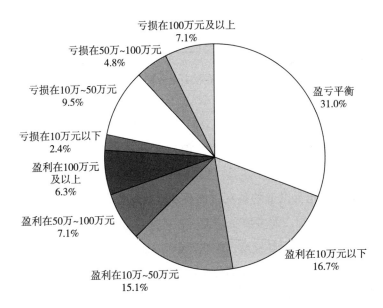

图7　2021~2022年受访者所在社会企业的收支状况

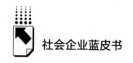

成功的社会企业经营者往往不拘泥于单一资源来源渠道，而是通过不断拓展组织网络，引入新的资源（汪建成、林欣，2021）。受访者所在社会企业的资源来源逐步多样化。数据显示，产品或服务收入仍然是社会企业（118家）最主要的资源来源，占比高达93.7%。部分社会企业还能从政府和企业那里获得资源支持，数量分别为43家和21家。此外，亦有社会企业开辟了资产保值增值、众筹等资源来源渠道。图8给出了受访者所在社会企业的资源来源分布情况。从数据可知，中国社会企业正逐渐开辟自主的资源来源渠道。

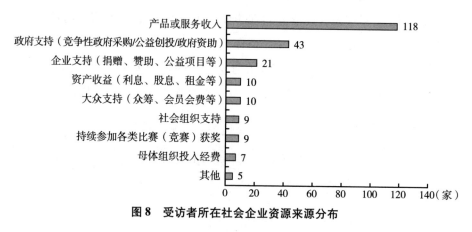

图8 受访者所在社会企业资源来源分布

从数据来看，大部分受访者所在社会企业通过提供产品或服务，至少能够保证收支平衡，实现稳健式发展。但若仔细分析受访者所在社会企业在2021~2022年的收支状况，还是可发现存在的问题：仅有6.3%的社会企业能够实现100万元及以上的盈利，而盈利在10万元以下的社会企业比例为16.7%。从规模来看，大多数受访者所在社会企业属于小微企业，它们所创造的微薄利润，限制了自身投入组织运营和社会公益事业的资金规模。问卷中的其他调查数据也显示，大部分受访者所在社会企业仍然面临一定的资金困难，需要进一步提升营收能力。

（四）面临的挑战

中国社会企业行业调查问卷（2023）从多个维度对受访者所在社会企

业在发展过程中面临的挑战进行了调查。首先，问卷询问受访者所在社会企业在发展过程中面临的主要挑战。由数据可知，"专业人才缺乏"是社会企业在发展过程中面临的主要挑战，共有80家社会企业面临这一挑战，占整体的63.5%。"资金紧张"是社会企业需要应对的另一项主要挑战，有75家社会企业面临这一挑战，占整体的59.5%。"品牌营销乏力"也是受访者所在社会企业的痛点，共有65家社会企业选择此项，占整体的51.6%（见表2）。除此之外，"产品创新不足"和"组织战略不清晰"分别有36家和22家社会企业选择，分别占整体的28.6%和17.5%。可以看出，社会企业在发展过程中受到专业人才、资金紧张和品牌营销乏力等问题的困扰，这对组织的长期可持续发展构成挑战。

表2　受访者所在社会企业在发展过程中面临的主要挑战

单位：家，%

主要挑战	选择数量	占比
专业人才缺乏	80	63.5
产品创新不足	36	28.6
资金紧张	75	59.5
组织战略不清晰	22	17.5
品牌营销乏力	65	51.6
其他	10	7.9

问卷还分别对社会企业在日常运营、人力资源管理和品牌宣传方面面临的主要挑战进行了调查。在日常运营方面，有98家受访者所在社会企业面临的主要挑战是"人力成本上升"，占整体的77.8%；有52家受访者所在社会企业面临的主要挑战是"难以实现营收平衡"，"现金流不畅"（44家）、"难以把握市场需求"（31家）以及"管理难度较大"（26家）也成为部分社会企业面临的主要挑战。相对而言，"内部沟通不畅"（16家）和"容易产生法律纠纷"（14家）只是少数社会企业面临的主要挑战（见表3）。可以看出，人员队伍和资金等问题仍然是社会企业面临的主要挑战。

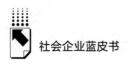

表3　受访者所在社会企业在日常运营方面面临的主要挑战

单位：家，%

主要挑战	选择数量	占比
人力成本上升	98	77.8
容易产生法律纠纷	14	11.1
难以把握市场需求	31	24.6
内部沟通不畅	16	12.7
难以实现营收平衡	52	41.3
现金流不畅	44	34.9
管理难度较大	26	20.6
其他	10	7.9

在人力资源管理方面，59家受访者所在社会企业面临的主要挑战是"缺乏专业培训"；53家社会企业面临的主要挑战是"薪酬相对不高"。此外，"人效低但成本高""人员流动性高""人才激励机制缺失"分别被48家、42家和41家社会企业视为在人力资源管理方面面临的主要挑战（见表4）。与日常运营方面面临的主要挑战相比，社会企业在人力资源管理方面面临的主要挑战的选项分布更为分散，显示出社会企业所面临的人力资源管理问题的多样性。

表4　受访者所在社会企业在人力资源管理方面面临的主要挑战

单位：家，%

主要挑战	选择数量	占比
缺乏专业培训	59	46.8
人员流动性高	42	33.3
人才激励机制缺失	41	32.5
人效低但成本高	48	38.1
员工满意度不高	12	9.5
薪酬相对不高	53	42.1
其他	7	5.6

在品牌宣传层面，将"品牌宣传预算不足"视为主要挑战的社会企业数量最多，达到 75 家，占整体的 59.5%；62 家社会企业认为"擅长品牌宣传的专业人才不足"是面临的主要挑战，占整体的 49.2%；选择"品牌宣传效果难以测量""难以触达精准的目标群体""公众心目中社会企业形象定位不清晰"的社会企业数量分别为 50 家、45 家和 37 家，比例超过或接近 30%，可见，社会企业的品牌宣传工作存在一定程度的不足。

表 5　受访者所在社会企业在品牌宣传方面面临的主要挑战

单位：家，%

主要挑战	选择数量	占比
难以触达精准的目标群体	45	35.7
品牌宣传预算不足	75	59.5
品牌宣传效果难以测量	50	39.7
擅长品牌宣传的专业人才不足	62	49.2
公众心目中社会企业形象定位不清晰	37	29.4
其他	3	2.4

通过问卷调查，可以窥见当前中国社会企业面临的主要挑战集中在人才和资金两方面。过往研究早已指出，人力资源是非营利组织向社会企业转型过程中存在的阻滞因素，由于组织的非营利特征，专业人员存在工资低、工作量大的问题，极易流失（刘蕾、周翔宇，2017）。而从调查数据来看，即使成功转型为社会企业，大部分组织仍然在人才队伍的建设和维持方面面临困难。这既是由于同时精通商业与公益两方面知识和技能的人才较为匮乏，使得社会企业人才招募本身就存在难度，也是由于社会企业的盈利能力较为有限，无法向优秀人才提供与其能力相匹配的待遇。盈利能力有限也牵涉社会企业所面临的资金问题，作为融合社会目标与市场机制的组织，社会企业天生存在社会使命与市场利润之间的张力问题（陶传进、张丛丛，2018），难以有较高的利润额度。这也直接导致社会企业在开展人才队伍建设和品牌推广工作时面临资金紧张问题，需要在有限条件下平衡社会使命与经济效益，争取实现社会目标与市场目标的相互促进。

三 2021～2022年中国社会企业政策创新概览

2021～2022年中国社会企业的政策创新集中在地方层面。长期以来，中央层面的法律、行政法规和部门规章都未涉及社会企业相关事务，所使用的"社会企业"概念指的是社会力量兴办的企业，而非本书所研究的以社会目的为导向的企业。社会企业领域的政策试点和创新往往出现在地方，但北京、成都、安徽等地的社会企业认证体系建设取得了一定进展，社会企业培育和支持政策比以往有更大突破。本书中的其他报告还将详述相关内容，本部分仅对政策创新做一概览。

（一）北京社会企业政策创新

2021～2022年北京的社会企业政策创新集中体现在出台《关于促进社会企业发展的意见》上。2022年4月，北京市社会建设工作领导小组面向各区委区政府、各成员单位及市各有关单位印发《关于促进社会企业发展的意见》。2022年5月，北京市出台《关于促进社会企业发展的意见》。这不仅是北京市在社会企业领域的首个专项政策，也是我国第一份以促进社会企业发展为主题的省级层面意见，在我国社会企业政策发展演进历程中有重要的里程碑意义。北京市出台的《关于促进社会企业发展的意见》明确提出到"十四五"末认证社会企业超过300家等量化目标，并提出八条较为具体的培育发展措施和六条监管措施，力图全方位推动社会企业健康有序高质量发展。

同时，北京还倡导社会企业参与应急管理。2022年8月，北京市突发事件应急委员会办公室和北京市社会建设工作领导小组办公室联合印发《关于促进北京市应急管理领域社会企业发展的指导意见》，以加强对全市范围内属于应急管理领域社会企业的培育、服务和管理。该政策的亮点在于明确提出应急管理领域服务项目同等条件下重点考虑由社会企业承接，并逐步扩大政府购买应急管理领域社会企业服务的范围和规模，为其他部门的社会企业支持政策制定提供参考。

（二）成都社会企业政策创新

2021~2022年成都的社会企业政策创新包括枢纽型组织建设、制定专项培育政策以及探索金融支持方案。在枢纽型组织建设方面，2022年6月，成都市社会企业发展促进会正式挂牌成立，其宗旨包括强化行业自律、维护行业权益、整合行业资源、开展行业研究、制定行业标准、开展社会企业认定与评估、培育行业人才、提供行业服务、扩大行业影响力等。成都市社会企业发展促进会成立后得到政府相关部门支持，在官方平台"天府市民云"设立"社会企业"专栏，主导制定并发布《社区社会企业运营规范》团体标准，参与社区商业好项目展演，搭建社区社企对接平台，履行枢纽型组织的职责。

与北京类似，成都同样颁布了社会企业领域的专项培育政策。2021年10月，成都市人民政府办公厅正式印发《成都市社会企业培育发展管理办法》（以下简称《管理办法》）。《管理办法》包含一系列创新措施，如将农民专业合作社纳入社会企业认定范围；将社会企业认定有效期从2年延长至3年；探索分级认定制度，允许发展良好、效益突出的社会企业认定为"成都市金牌社会企业"，推动社会企业品牌化发展；简化外地社会企业成都子公司参与本地认定的流程。通过这些措施，成都更好地激发了本地社会企业发展活力。

成都还积极探索"社会企业+金融"的融合发展模式。2022年7月，由四川省地方金融监督管理局批准筹建，由天府股交中心、电子科技大学经济与管理学院可持续发展研究中心、成都市社会企业发展促进会共同发起的天府股交中心"社会企业板"正式开板，这是全国股交行业首个"社会企业板"，旨在聚集各类社会资本，开创性地探索建立社会公益资源市场化配置机制。设立该板块的目的，是通过市场信息发布机制、资源撮合与竞价机制，使社会资源流向最优秀的运营主体，实现公益资源的优化配置，最终有效解决各类社会问题；通过挂牌路演、商业模式搭建、拟上市培育孵化等措施，扶持四川省及西藏自治区的社会企业。截至2022年末，社会企业板共有24家挂牌企业。

（三）安徽社会企业政策创新

安徽是社会企业政策创新领域的后起之秀，在省级层面制定了社会企业培育专项政策。2021年，以培育多元慈善主体、优化省内慈善事业创新生态为目的，安徽省开始部署社会企业认定工作。作为牵头单位的安徽省民政厅于2021年赴北京、成都、深圳等地开展调研工作，综合研判三地不同社会企业认定模式，结合安徽省经济发展水平及公益力量发展现状，最终决定采用官方认定模式作为该省社会企业的主要认定模式。

2022年7月，安徽省民政厅联合省发展和改革委员会、省财政厅、省商务厅、省农业农村厅、省乡村振兴局、省市场监督管理局出台《安徽省社会企业认定培育试点管理办法（试行）》（以下简称《试点办法》）。《试点办法》明确由省民政厅对全省社会企业认定培育试点工作进行指导，各试点市民政部门负责本市范围内社会企业认定培育工作；社会企业的认定对象被限制为3A级以上社会组织、企业和农民专业合作社；社会企业的概念也得到明确界定。《试点办法》还规定了社会企业的认定程序，提出8条培育措施，明确"经济属性+社会属性"的双重监管体系，以及社会企业的摘牌退出机制。对于初次开展社会企业认定工作的省份来说，《试点办法》是极具操作性的政策文本。

政策发布之后，安徽省历经数月确定了相关政策的试点城市。2022年11月，安徽省民政厅等七部门确定了淮南、滁州、芜湖、安庆四市为社会企业认定培育工作试点市。这四座试点城市已基本达成共识，拟统一社会企业认定标准与方式，并根据各自城市的社会治理特色开展社会企业培育工作，加大对拟转型为社会企业的企业的支持力度。中国的地方社会企业认定工作有望在安徽出现新突破。

四 中国社会企业未来发展展望

从前述内容可发现，尽管中国社会企业的发展取得了一定进展，尤其在地方政策创新和社会企业认证方面颇具亮点，但仍然面临相关法律制度不完善、人才队伍建设滞后、资源获取较为艰难等困境。为此，本报告从以下四个方面（打造制度化支持体系、加强社会企业理念的传播和推广、发展社区社会企业、鼓励社会创业参与）提出建议，促进社会企业高质量发展。

（一）打造制度化支持体系，为社会企业汇聚资源

获得良好的制度支持和发展环境，仍然是中国社会企业成长的关键。本报告认为，中国社会企业发展面临的主要问题仍是相关法律制度不完善。因此，社会企业的未来发展也需要从制度层面率先实现破局。

社会企业的制度化支持体系建设工作可从以下几个方面着手。首先，可探索将社会企业作为独立的法人，并配套相应的成立认定、培育促进、监督管理等政策。可考虑制定社会企业的专门法律，明确"社会企业"的法律定义，并在国家层面采取第三方认证模式，建立专门机构开展社会企业认证工作。其次，可探索建立全国性的社会企业行业组织，在总结北京社会企业发展促进会和成都市社会企业发展促进会成功经验的基础上，在民政部层面成立中国社会企业发展促进会，发挥社会企业在行业服务、人才培育等方面的作用，后续还可承担社会企业认证主体功能。最后，在社会企业实现国家层面认证的基础上，可鼓励各中央部委及相关单位建立政府购买社会企业服务制度，在购买服务时适当优先考虑其业务领域内的优秀社会企业，为社会企业发展提供稳定资源支持。

（二）加强社会企业理念的传播和推广，提升公众对社会企业的认知水平

传播和推广社会企业理念，能起到优化社会企业发展舆论环境的作用。即使相关概念被引入我国已有 20 年时间，但对大多数人来讲，社会企业仍然是一个相对陌生的概念，其内涵、外延有时容易被无限扩大，有时又容易与社会组织相混淆。公众参与较少，也是社会企业在大多数地区难以获得政府支持和培育的重要原因。基于上述认知，有必要在全社会加强社会企业理

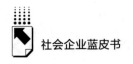

念的传播和推广，提升公众对社会企业的认知水平。

传播和推广社会企业理念可从以下三个方面开展工作。首先，尽快建立社会企业的中国话语体系，明确社会企业的概念内涵，支持社会企业相关理论研究，找准社会企业在各项重大战略尤其是中国式现代化建设进程中的角色定位，形成关于社会企业的通俗化解释。其次，在话语体系建立之后，可编写社会企业的宣传册、案例集等，在基层社区、学校、商圈楼宇等发放，普及社会企业理念。最后，可举办规格相对较高的社会企业论坛或展会等，通过赠票等方式吸引公众参与，使公众了解社会企业，为社会企业发展创造良好的舆论环境。

（三）发展社区社会企业，使其进一步融入基层治理体系

在加强基层治理体系和治理能力现代化建设的时代背景下，中国社会企业的未来发展趋势是社区化。随着城市化进程的加速推进，基层的社区服务需求日益增加。社区社会企业作为社会企业的一种形式，与社区居民有着天然的联系，其服务内容大多是国家层面无法直接提供、企业没有获利空间的事务，如居家养老、心理咨询、邻里矛盾化解、物业纠纷等。除此之外，社区社会企业更容易形成本土化运营的模式，建立稳定的客户群体，吸引社区资源。

发展社区社会企业可以采取如下思路。第一，建立基层党委领导的社区社会企业治理体系。既可以由社区"两委"作为控股法人成立社区社会企业，也可以引入外部投资方主导的社区社会企业，但应将其纳入基层党委的领导之下，避免使命或宗旨的偏离。第二，建立基层的供需对接机制，尤其注重发挥目录清单作用，制作基层社区需求清单和社区社会企业的可选服务供给清单，既赋予社区居民"点单"权利，也使社区社会企业能够根据自身能力与资源来满足社区需求。第三，完善基层协商机制，将社区社会企业纳入社区协商体系，鼓励其积极参与议事活动尤其是涉及社区服务和改造事务的议事活动，从而使社区社会企业能够及时了解居民需求变化情况，并在决策过程中充分表达自身意见，制订各方均可接受的服务方案。

（四）鼓励社会创业参与，培育经营者的企业家精神

党的二十大报告指出，要完善中国特色现代企业制度，弘扬企业家精神。理想状态下的社会企业经营者应是社会中的优秀群体，是兼具经营才能和公益情怀的跨界复合型人才，具备极强的创新特质、资源整合能力和拼搏精神，能带领社会企业持续发展，勇于解决自身所关注的社会问题。在现实层面，达到此标准的社会企业经营者数量有限，因此，要鼓励优秀企业家投身社会创业，同时从意识和能力层面培育社会企业经营者的企业家精神。

在鼓励优秀企业家投身社会创业方面，可通过不同渠道向所经营企业已稳定发展且展现出公益情怀的企业家介绍社会企业、社会创业等概念，使其了解经营企业同样可以以社会目的为导向，激发企业家投身社会创业的兴趣。在此基础上，可引导优秀企业家在已试点社会企业认证的地区完成本企业（或另外注册企业）的社会企业认证工作，明确认证社会企业的使命和宗旨。地方政府在招商引资、优化营商环境的过程中，也可考虑向完成社会企业认证的企业提供政策支持，从而吸引优秀企业家加入社会创业浪潮中。

在培育社会企业经营者的企业家精神方面，可通过优秀社会企业或高校研究机构举办培训班，向社会企业经营者提供社会企业家专题培训，激发经营者的开拓创新精神，使其了解社会企业经营者需要具备的能力素养和心理品质，从而成长为注重"价值引领"的社会企业家；鼓励社会企业经营者吸引优秀的管理人才和公益人才加盟社会企业，形成人才合力；还可充分利用现代传播方式与媒介，搭建社会企业交流互动平台，对社会企业和社会创业人才的成功经验进行宣传，树立社会企业家的良好社会形象。

参考文献

北京大成企业研究院编著，2022，《走向共同富裕——民营企业向社会企业转变研究》，社会科学文献出版社。

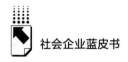

何兰萍、姚文凤、丁丽曼，2021，《资源依赖视角下民办非营利养老机构向社会企业的转型过程和结果——基于 L 机构的案例分析》，载徐家良主编《中国社会组织研究》第 22 卷，社会科学文献出版社。

金仁仙，2022，《中日韩社会企业——发展生态与实践案例》，社会科学文献出版社。

李姗姗、黄群慧，2022，《社会创业导向、跨界搜索与社会企业绩效：市场环境的调节作用》，《科技进步与对策》第 2 期。

刘蕾、周翔宇，2017，《非营利组织转型社会企业因素研究》，《福建论坛》（人文社会科学版）第 12 期。

刘志阳，2021，《创业型社会：中国创新五讲》，上海财经大学出版社。

卢永彬、魏培晔，2022，《下一站，社会企业？——创造共享价值的实践者》，上海社会科学院出版社。

彭伟、殷悦、郑庆龄，2022，《国内外社会创业研究的全景比较：知识框架、热点主题与演进脉络》，《管理学季刊》第 2 期。

《求是》杂志编辑部，2023，《以中国式现代化全面推进中华民族伟大复兴》，http：//opinion. people. com. cn/n1/2023/0815/c1003-40057088. html。

时立荣、王安岩，2019，《中国社会企业研究述评》，《社会科学战线》第 12 期。

陶传进、张丛丛，2018，《社会企业的新增潜力空间及其实现方式：以残疾人就业领域为例》，《学习与探索》第 8 期。

汪建成、林欣，2021，《社会创业的资源整合过程——多案例研究》，《管理案例研究与评论》第 2 期。

吴剑琳，2022，《在线营销能力对社会企业绩效的影响机制研究》，《大连理工大学学报》（社会科学版）第 6 期。

徐家良、何立军主编，2021，《中国社会企业发展研究报告（No.1）》，社会科学文献出版社。

雅克·迪夫尼、丁开杰、徐天祥，2009，《从第三部门到社会企业：概念与方法》，《经济社会体制比较》第 4 期。

郑刚、陈箫、胡珊，2022，《社会创业、合法性构建与社会企业成长——基于深圳残友集团的纵向案例研究》，《科学学与科学技术管理》第 1 期。

分 报 告
Sub-Reports

B.2
中国社会企业政策与本土化发展

王世强　王娜　陈燕*

摘　要：　社会企业在当前社会治理中所发挥的作用日益显著，党的二十大报告中提出完善社区治理共同体。各项政策的颁布往往体现出政府的态度与行为，本报告通过收集与社会企业相关的现行有效政策文件并进行分析，从类型、内容、作用三个主要层面研究有关政策文件，探寻我国社会企业政策颁布的特征及寓意。基于中国社会企业行业调查问卷（2023）数据，对中国社会企业本土化发展情况进行了梳理和分析。中国社会企业发展现状呈现以下特点：主要活动区域为发达地区；主要收入来源为产品或服务收入且整体收支状况良好；发挥作用的主要领域为教育、文化和环保以及妇女儿童。中国社会企业发展策略包括以下三个方面：完善行业政策，加强国际合作；注重人才培养，构建生态体系；发挥

---

* 王世强，首都经济贸易大学城市经济与公共管理学院副教授、硕士生导师，博士，主要研究方向为社会治理、社会工作、社会组织管理与政策；王娜、陈燕，首都经济贸易大学城市经济与公共管理学院硕士研究生，主要研究方向为社会治理、社会工作。

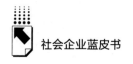

市场作用，促进社会投资。从长远来看，应通过以下三个方面推动中国社会企业持续发展：加强跨界合作，推动数字化转型；深度融入当地，发展社区社会企业；加强市场营销，生产有竞争力的产品。

关键词： 社会企业　政策分析　本土化　生态体系

2022年，党的二十大报告中明确提出，应完善社会治理共同体、健全社会保障体系，同时伴随技术更迭、数字中国建设的提出，社会企业的发展也逐渐翻开新的篇章，政府所提出的各项政策也发生相应的革新，值得肯定的是，政府针对社会企业出台的各项规定均体现出扶持态度。但同时关于社会企业的社会乱象，如虚假宣传、缺乏透明度以及对社会企业本身界定的争议等也逐渐引起包括政府在内的各界关注，社会企业在我国语境下的发展仍然需要深刻思考。

一　我国社会企业政策概况

一些国家已制定了明确的社会企业政策和法规，以支持和促进社会企业的发展，如对社会企业的定义和认证标准、税收优惠政策、融资支持、市场准入等方面的规定，但社会企业定义方面的探讨仍未有明确定论，能够达成共识的是社会企业具有的社会使命涵盖了广泛的有形社会需求，如脱贫、教育、健康和弱势群体关怀等，且出于明确的社会目的进行商业行为。正是社会企业兼具的市场与公益的双重特性（马更新，2021），使得在政策的筛选过程中，需要明确我国的社会企业在法律上及规定中存在的形态。根据《中国社会企业与社会投资行业扫描调研报告（2019）》，目前已知的社会企业登记注册的活动身份主要存在三种形式，包括民政部门主管的民办非企业单位和社会团体的社会组织形态、工商部门主管的企业形态及采取双轨形式的部分社会企业，双轨形式即若在民政部门注册，工商部门同样存在关联。中国社会企业行业调查问卷（2023）数据显示，工商部门主管的社会企业占比最大，约为74.62%（见图1）。因而，社会企业在国内的相关政策法规同样涉及所述三种形态。社会企业的注册时间同样显示，2010~2020年注册达到峰值，与政策出台年份相呼应（见图2）。

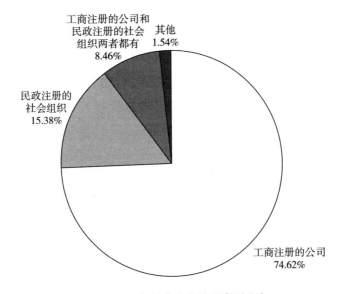

图1 2023年社会企业注册类型分布

资料来源：中国社会企业行业调查问卷（2023）数据。

（一）政策类型

我国较少有专门针对社会企业的政策，多为针对社会企业相关法律实体形式的政策。本报告通过中国知网、北大法宝、相关政府网站对我国有关社会企业的政策进行查找，并将条件设定为现行有效进行筛选，共收集相关政策文件52份，其中受众范围为全国的17份，占比为32.7%，地方性政策35份，占比为67.3%。从已有政策的类型来看，政策文件能够划分为四种形式：一是法律类；二是法规类；三是通知类；四是意见类。政策节选如表1所示。

第一，法律类政策文件。通过主管部门不同，一方面是有利于工商部门

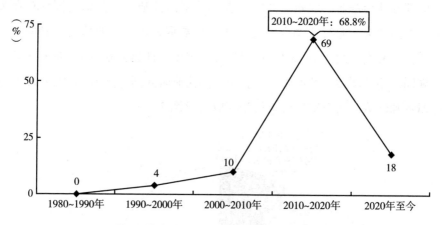

图 2　社会企业注册时间（截至 2023 年）

资料来源：中国社会企业行业调查问卷（2023）数据。

管理的《中华人民共和国公司法》及《中华人民共和国合伙企业法》，相比较来说，《中华人民共和国公司法》规定企业的经营范围由章程规定，《中华人民共和国合伙企业法》中并没有明确规定企业的经营范围，对于此，并不能排除社会企业希望基于此减少一定的限制；另一方面，对于民政部门主管的社会企业，我国对与社会企业相似的一些组织通过法律做出一定指示，虽然社会企业与非营利组织、慈善组织等具有一定的区别，但无疑这些组织皆具有社会使命，在国家社会治理中发挥协助作用。《中华人民共和国民法典》第 87 条规定："为公益目的或者其他非营利目的成立，不向出资人、设立人或者会员分配所取得利润的法人，为非营利法人。"该规定明确了社会企业与非营利组织在法人性质层面的不同，《中华人民共和国慈善法》专门对慈善组织做出一系列规定，慈善组织与社会企业采取的运营方式、资金获取方式存在明显差异。略显遗憾的是，我国目前并无专门针对社会企业的现行有效的法律政策，新修订的《中华人民共和国民办教育促进法》中指出民办学校具有营利或非营利选择权，对确切定位其为社会企业减少了一定争议，这是由于虽然我国目前对社会企业定义并未有确切说明，但对于其性质各界具有关联性共识。

表 1 所选相关政策文件发布时间及类型示例（节选）

类型	年份	文件名
法律类	2021	《中华人民共和国民办教育促进法》
	2018	《中华人民共和国公司法》
	2006	《中华人民共和国农民专业合作社法》
法规类	2021	《中华人民共和国市场主体登记管理条例》
	1998	《社会团体登记管理条例》
	1998	《民办非企业单位登记管理暂行条例》
通知类	2022	《北京市突发事件应急委员会办公室　北京市社会建设工作领导小组办公室印发〈关于促进北京市应急管理领域社会企业发展的指导意见〉的通知》
	2021	《民政部关于印发〈"十四五"社会组织发展规划〉的通知》
	2021	《成都市人民政府办公厅关于印发〈成都市社会企业培育发展管理办法〉的通知》
意见类	2022	《北京市社会建设工作领导小组关于印发〈关于促进社会企业发展的意见〉的通知》
	2018	《成都市工商行政管理局关于发挥工商行政管理职能培育社会企业发展的实施意见》
	2018	《成都市人民政府办公厅关于培育社会企业促进社区发展治理的意见》
	2018	《中共中央　国务院关于实施乡村振兴战略的意见》
	2017	《国务院办公厅关于支持社会力量提供多层次多样化医疗服务的意见》

第二，法规类政策文件。从国家层面来说，《民办非企业单位登记管理暂行条例》《社会团体登记管理条例》的公布有利于民政部对目前我国存在的以社会组织形态活动的社会企业进行相应管理，弥补了民政部对社会企业性质的组织在规范管理方面的欠缺，同时给予地方相关登记管理部门能够参考的社会企业认证方面的文件。从地方层面来说，法规类政策文件的制定颁布有利于更明确地管辖该领域，《成都市社会企业培育发展管理办法》对有关社会企业的认定做出一系列规定，《内江市社会企业登记管理办法（试行）》同样关注社会企业的登记注册。此外，以四川省为例，仅社会企业的扶持类文件出现频率已然较高，成都市武侯区、成华区、温江区、金牛区、郫都区等均出台相应社会企业培育扶持办法。可见，一些地方政府对具有本土化性质的社会企业发展持有积极态度。

第三，通知类政策文件。该类政策文件存在不同类别的划分，所收集政

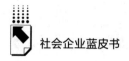
策涵盖社会企业培育发展、监督管理、运营资助及减免税金方面的通知，另外细化了养老服务业、乡村振兴、医疗服务、应急管理、助残等领域内社会企业的角色划分。一是关于社会企业的培育发展类文件，如2021年在《民政部关于印发〈"十四五"社会组织发展规划〉的通知》中总结了"十三五"期间社会组织发展取得的成就，形成量化数据为"十四五"打牢基础，该文件明确指出了社会组织在社会治理中涉及的领域包括上述所提及范围。二是监督管理类的通知类政策文件，通知类政策文件命名一般直接说明目的，如《民政部、国家税务局关于继续深入开展社会福利企业清理整顿工作的通知》。三是对社会企业的资金扶持方面，国家目前通过运营资助及减免税金进行扶持，如《国家税务局关于民政部门举办的社会福利生产单位征免税问题的通知》《国家税务局关于县级以上民政部门对所举办的社会福利企业减免税金提取问题的通知》。

第四，意见类政策文件。该类政策文件与通知类政策文件相互呼应。略显不同的是，2015~2018年，《国务院办公厅关于支持社会力量提供多层次多样化医疗服务的意见》《中共中央 国务院关于实施乡村振兴战略的意见》《国务院关于加快推进残疾人小康进程的意见》中在养老、医疗、乡村振兴及加快推进小康进程领域将社会企业作为国家社会治理中的协助主体之一，伴随国家治理体系和治理能力现代化的推进所发布的社会企业相关的意见类政策文件逐渐体现出侧重点。2022年，《民政部 公安部 市场监管总局 中国银保监会关于加强养老机构非法集资防范化解工作的意见》将关注点聚焦于该行业相应的负面影响，切实维护养老服务方面利益相关人的权益，整治乱象。2023年民政部公布的《民政部2022年政府信息公开工作年度报告》显示，社会公益组织该年处于停滞状态，即无新增，针对社会组织、救助服务等方面提出加大政策公布的力度及创新解读形式，进一步点明数据时代技术赋能红利的重要性。

（二）政策内容

在对已收集政策按照相关程度排序后，运用NVivo 12质性研究数据分析软件逐次对文件包含内容进行编码归类，编码至 13 份文件时，文件中主要包含的维度已基本提取出来，后通过继续编码比对进行饱和度检验，得出主要包含的六个维度，分别是总体要求、管理条例、相关政策支持、法律责任、监督管理、附则。如表 2 所示，每个维度下包含相应的要素说明，以下将通过国家与地方两个层面对政策内容进行探讨。

表 2　相关政策文件编码维度

维度	要素	进一步细化要素
总体要求	理念	
	原则	
	目标	
管理条例	管辖	
	成立登记	认证条件 认证程序 单位承办
	变更注销	
相关政策支持	减费降税	
	给予补贴	资助办法 财政支持
	保障措施	
	扶持措施	
法律责任	相应职责	
	承担义务	
监督管理	监督与管理	
附则	解释权归属、起止时间	

1. 国家层面

本报告主要通过发文机构与文件受众对象两方面区分国家及地方层面的政策文件。对国家层面的政策文件的探究，以法规类政策文件为主，国家层面所包含的政策文件中除上述维度外，《"十四五"社会组织发展规划》中还包含发展背景，《社会团体登记管理条例》中出现罚则，罚则的规定相较于管理条例维度中的变更注销所包含的范围更加广泛。此外，社会生态系统

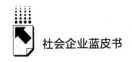

理论中包含的政策与法规维度涵盖政策战略与政策工具两方面，政策战略反映政府对社会企业的重视程度，政策工具是政府为实现目标采取的手段，牵引着社会企业的行动框架，进而影响政策目标的实现（李健，2018），《"十四五"社会组织发展规划》在一定程度上属于社会企业的政策战略方面，相关管理条例，关于减费降税、财政资助的，监管的通知类、意见类政策文件在一定程度上属于政策工具。

2. 地方层面

地方层面与整体维度略有不同的地方在于2021年发布的《成都市人民政府办公厅关于印发〈成都市社会企业培育发展管理办法〉的通知》中针对社会企业设定了构建生态系统的单独章节，该章节的设定体现出国家社会层面的治理方针，同时也是社会生态系统理论政策工具维度的体现。一方面，地方政策立足于总体要求、依据上级下发文件结合地区实际情况细化其他维度，主要涵盖社会企业目标、认定、政策支持、责任与监督管理的主要内容；另一方面，地方以通知类、意见类政策文件形式补充说明每个维度下的相应实施标准与办法，以期最大化发挥社会企业的作用。

二 现有政策发挥的作用

（一）国家层面的政策导向性作用

正如社会生态系统理论所表明的，政策战略方面的体现常见于是否出现在发展规划这样的政策文件中，对收集的发展规划类的文件，如《北京市"十四五"时期社会治理规划》进行词频检索，《中华人民共和国国民经济和社会发展第十四个五年规划和2035年远景目标纲要》出现频率覆盖近100%，毋庸置疑，国家政策必然为详细政策制定发挥导向性作用，这既是国家政策应该发挥的作用，是党的十九大报告中所提出的"发挥国家发展规划的战略导向作用"的应然，也是国家政策实际发挥的作用，是国家政策的实然。

（二）地方层面的政策管理性作用

地方政策具有服务于该地区的本土化特性，其执行范围往往带有一定的属地局限性，但多数地方政策的制定必然基于国家政策所体现出的主要任务与方针。在地方政策的实施所能发挥的作用方面，本报告依据社会企业的相关政策实施后直接影响方面，从微观层面——目标群体受益、中观层面——社会企业发展、宏观层面——获益聚合影响等角度进行叙述。

1. 微观层面：目标群体受益

根据相关政策的梳理，一般来说，社会企业能够吸纳残疾人劳动力，促进残疾人就业，救助老龄弱势人口以及突发公共事件中的受灾人群等。从就业层面来说，已有文献明确提出社会福利企业是为安置残疾人员劳动就业而兴办的具有社会福利性质的特殊企业。相关政策惠及一定数量的残疾人员，缓解部分残疾人家庭压力。从救助层面来说，社会企业通过不同的经营方式不仅从就业层面解决特殊困难群体就业问题，而且能够经社会合作关系网络与从事救助工作的组织进行合作，以达到承担社会责任、救助弱势群体的目标。从突发公共事件层面来说，社会企业的援助在缓解政府压力的同时，所帮助的个体仍然是受灾害影响的群众。

2. 中观层面：社会企业发展

所分析的政策文件中，政策对于社会企业普遍持扶持态度，相关政策支持都使社会企业的价值得到认可，多位学者提到，政府主导在建设社会企业过程中起到重要作用，政策作为政府态度和行为的载体，最为直观地体现出社会企业的发展前景。本报告将政策对于社会企业发展方面的作用归结为以下三点。

（1）促进社会企业时代适应性提升

虽然21世纪初社会企业这一概念在我国由相关学者翻译而来，但在此之前已然存在类似形式的企业。以科学技术水平为时代划分的依据，当前世界处于知识经济与信息时代，但我国由于历史因素技术发展史相较于西方社会跳跃性较大，在我国提出数字中国建设以前，国家治理和

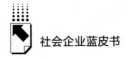

技术融合之间存在一定滞后性，数字中国建设的提出，本意旨在推动国家治理体系和治理能力现代化。而在此过程中，社会企业扮演社会治理领域中治理主体角色，政策中力求的时代前驱特性必然要求社会企业与新的时代背景融合。

（2）引领社会企业规范专业化发展

在社会企业的发展过程中，与政府之间的合作对社会企业来说，一是能够更有效地促进社会企业与社会之间的联系，社会企业也能够获取更多的信息，得到政府方有力支持。二是在政策践行的过程中，政府通过公布的政策规定社会企业应有的相关职责与义务，为社会企业提供信息帮助。三是社会企业通过政府所建立的社会关系网，扩大社会企业能够接触到的相关领域专家范围，增加为社会企业的建设提供有价值建议的机会。

（3）指明社会企业未来创新性方向

在社会企业发展的探索阶段，因社会企业的建设立足于我国社会，相关政策的出台无疑为社会企业指明了发展的方向。一方面，现今社会企业的发展研究中，多数认为应当与我国的具体情境相结合，这也是实践中所体现出的本土化建设，这种特性意味着政策必然发挥重要指引作用；另一方面，新政策的出台明确提出创新社会治理，基于社会企业的上述特性，未来社会企业的发展方向必将紧随政策指示。

3.宏观层面：获益聚合影响

各地方社会企业的建设产生效益于国家来说必然有限，但化整为零的反向作用过程，同样能够产生聚合效应，虽说社会企业在发展过程中不可否认地产生了种种问题，政府也采取了一定措施，但民政部在"十四五"规划中对"十三五"期间的总结，即中央财政投入资金支持社会组织建设，已累计直接帮助1300多万人次，各类社会组织实施的扶贫项目超过9.2万个，并明确指出社会组织的发展取得了长足进步，反映了政府视角下社会企业作为社会治理的重要角色，以各地方社会企业的获益取得总体成效为参考。

三　中国社会企业本土化发展现状

（一）中国社会企业的数量及地域分布

中国社会企业行业调查问卷（2023）数据结果显示，中国社会企业主要活动地域为四川省（44家）、广东省（24家）、上海市（13家）及北京市（10家）。此外，有少数社会企业在多个省级行政区进行了注册，也有部分省级行政区社会企业的数量很少甚至没有出现。同时，行业认证及其效力得到各社会企业的认可，92.1%的社会企业通过"社会企业"身份认证。

具体来说，首先，发达地区具备了社会企业发展所需要的资源，如稳定的经济保障、良好的政策环境、活跃的社会力量、高度的文化包容等，因此社会企业在发达地区发展势头良好；其次，媒体在社会企业传播中起到重要作用，发达地区的官媒、官微相比其他地区会受到更多关注，可以提高公众对社会企业的认知度和接受程度，从而促进社会企业扩张；最后，社会企业认证工作主要由深圳、北京、成都三地的机构负责，因此这些地区传播力度较大，社会企业数量领先。

（二）中国社会企业的多样性

中国社会企业行业调查问卷（2023）数据结果显示，社会企业发起方以个人为主，其中个人发起方占61.9%，企业发起方占25.4%，也有少数社会企业发起方为社会组织。社会企业现阶段排名前三的收入来源是产品或服务收入、政府支持和企业支持，其中最主要的收入来源为产品或服务收入（见图3）。整体来看，当前社会企业的收支状况良好。数据显示，31.0%的社会企业过去两年实现盈亏平衡，45.2%的社会企业过去两年实现盈利，但仍有23.8%的社会企业过去两年处于亏损状态。

近些年，北京、成都、安徽陆续出台对社会企业的扶持政策，为社会企

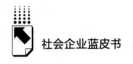

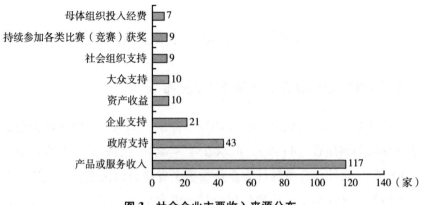

图 3　社会企业主要收入来源分布

业的发展提供良好的政策环境。随着社会企业的发展，越来越多的企业投资者开始关注社会企业，并投入大量的资金。资本市场的发展程度和市场环境促进社会企业多样性发展。政府和企业的大力扶持也使多数社会企业在实现收支平衡的基础上实现盈利。

（三）中国社会企业的活跃领域

中国社会企业行业调查问卷（2023）数据结果显示，目前社会企业正活跃在我国经济社会中的各个领域，包括教育、养老、医疗卫生、扶贫、文化和环保、妇女儿童、残疾人、信息技术、金融等多个领域。排名前三的领域分别为教育、文化和环保以及妇女儿童，这反映了当前我国社会企业发挥作用的主要领域（见图4）。社会企业业务范围广泛，不仅覆盖国内省、市、县及街道（乡镇），还开拓了境外业务。

解决社会问题的核心在于识别社会问题。中国作为发展中的大国，弱势群体的社会融入、农村发展等都成为未来社会发展需要重点考虑的问题。创新导向的社会企业，以创新的手段解决社会问题，同时在支持型的政策环境中，社会企业通过与政府、市场和公益组织协同合作的方式，更加高效地解决社会问题。

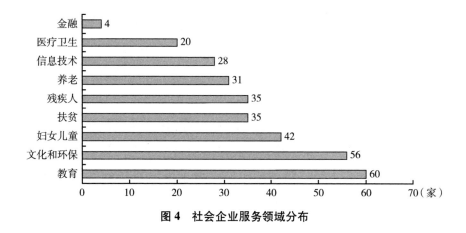

图 4　社会企业服务领域分布

四　中国社会企业本土化发展策略

（一）完善行业政策，加强国际合作

在法治化的框架下，中国政府为社会企业发展制定了更为明确、具体的支持政策，在税收、财政支持、人才引进等方面提供更多的优惠和支持。比如，在税收方面，社会企业可以享受到企业所得税、城建税等多项税收优惠政策；在财政支持方面，政府通过设立专项资金、给予贷款担保、提供投资补助等形式，对社会企业进行财政支持；在人才引进方面，政府鼓励和支持社会企业引进高层次人才，提供多种形式的奖励和支持。2022 年，北京市出台《关于促进社会企业发展的意见》，确定北京市于"十四五"末期在社会企业方面期望达成目标、社会企业认证、如何培育监管社会企业及星级评定，总体目标方面力求政策基本成熟，促进体制机制、体系建设，市场化与社会化双向属性的支持体系初步形成，认证社会企业超过 300 家，并以此为基础经过两个五年以争取完善政策体系。认证方面确定使命目标、信用状况、经营管理、社会效益、可持续发展、利润分配六个维度，满足条件申请后有效期为 3 年。社会

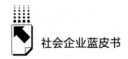

企业培育发展以政府为主要推手，重点扶持社区服务等民生保障类社会企业，资金支持方面鼓励基金会投资支持社会企业建设，通过市、区、街乡三级布局建立社会企业培育孵化基地，定期对社会企业进行社会属性监管。《民政部2022年政府信息公开工作年度报告》明确指出，加大政策发布及解读力度，一方面针对重点扶持的社会救助及社会组织管理等层面推动扩大受益人群，另一方面提出创新主导下的政策解读形式改革。2023年，中共中央、国务院印发《数字中国建设整体布局规划》，提出国际层面的数字领域发展合作与规则建立，对于未来发展趋势，数字背景下，政府不仅为社会企业发展制定了相关的支持政策，还注重加强国际交流合作，比如政府扶持社会企业"走出去"，在国际市场上寻求合作伙伴和商机；举办国际性的社会企业论坛、展览和培训活动，提升社会企业的国际化能力和竞争力等。

（二）注重人才培养，构建生态体系

注重人才培养也是社会企业能够实现可持续发展的重要因素之一。社会企业为了实现其社会使命和商业目标，需要具备高素质、专业化的人才队伍。不仅依靠政府出台的相关人才引进的政策，还依靠社会企业自身采取的合理措施，例如，社会企业制订人才培养计划、增加培训投入、优化薪酬福利机制、营造文化氛围等，这些措施有助于社会企业吸引、培养和留住高素质人才，提高社会企业核心竞争力，推动社会企业可持续发展。关于构建中国社会企业发展的生态体系，国内已经出现多元化的现象，国家层面有中国慈展会的认证，地方层面有顺德、成都、北京的认证。关于需求供给，各个地方围绕最需要解决的社会问题找到最有效的办法。例如，顺德作为中国最早出现社会企业的地区，对社会企业的支持体系比较全面，重点从社会使命确立、社会资本树立和商业运营能力建立三方面进行支持。除顺德外，北京、成都等地也在构建多样性的社会企业发展的生态体系。

（三）发挥市场作用，促进社会投资

社会企业在保障自主经营的同时，还不断加强市场导向。社会企业注重市场需求，通过引入市场机制，推动企业与市场接轨，开拓市场以获得更多的资源和支持。随着互联网的发展，社会企业还通过加强对市场信息的收集和分析，了解市场变化趋势。中国目前存在教育、医疗、环保等方面的问题，需要大量的投资，并且社会企业的目标与社会发展目标相一致。社会企业可以直面社会问题，亲近市场商业需求的社会问题领域，并获得各方支持。因此，鼓励社会投资机构和个人对社会企业进行投资，带动更多的社会资源支持社会企业是促进社会企业发展的重要策略之一。

五　中国社会企业本土化发展趋势

（一）加强跨界合作，推动数字化转型

从国家、市场、社会三元互动的角度来看，政府、企业、社会各有其运作机制以及优势所在。社会企业的发展涉及政府、企业、基金会等各式各样的直接参与者和间接参与者。社会企业的发展，在很大程度上需要政府部门的各项政策支持，也需要商业企业的运营经验、市场开拓能力以及资金支持等。因此，未来中国社会企业发展显然是政府和社会企业合作、协同创新的状态，比如政府可通过制定政策、深化社会企业标准、落实实施标准等促进社会企业服务水平的提升，由社会企业承接提供专业服务。随着数字化技术在各行各业的普及应用，社会企业可以利用互联网、大数据等技术手段提升效率、降低成本，提高社会效益。因此，数字化转型已成为社会企业本土化发展的必然趋势。

（二）深度融入当地，发展社区社会企业

随着社会经济的快速发展和城市化进程的加速推进，社会问题日渐显

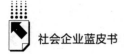

现，社区服务需求也日益增加。社区社会企业作为社会企业的一种形式，与社区居民有着天然的联系。社会组织一般通过慈善公益活动来实现社会目标或价值，社区社会企业则是通过市场活动来实现其社会目标。社区社会企业与国家和私人部门不同，为社区居民提供公共服务，社区社会企业具有很大的发展潜力。社区社会企业非常注重直接为社区居民提供公共服务的项目，如居家养老、心理咨询、邻里矛盾化解、物业纠纷等。同时，社区社会企业开展的社区公共服务大多是国家层面无法直接提供或因没有利润而市场不愿意去做的公共服务，并鼓励社区范围内的利益相关者积极参与公益服务，例如，高校、研究机构等合作机构，以及商业企业投资者等（李德，2018）。除此之外，社区社会企业更容易形成本土化运营的模式，有利于建立稳定的客户群体和社区资源，提高经营效益。因此，深度融入当地，发展社区社会企业是中国社会企业本土化发展趋势之一。

（三）加强市场营销，生产有竞争力的产品

随着市场经济的深入发展和消费者需求的日益多样化，社会企业需要更加注重市场导向和产品质量，才能在激烈的市场竞争中获得优势。与传统非营利组织不同，社会企业需要有自己的核心业务和持续收入。因此，相较于非营利组织，社会企业需要明确客户需求，并对市场需求做出反应，开发有竞争力的产品和服务。这种经受市场考验的服务能力体现在对市场顾客收取费用，或从公共机构获得长期服务合同等（李健、徐彩云，2023）。同时，市场营销有助于社会企业快速占领目标市场，生产有竞争力的产品则有助于提高社会企业的知名度和公信力，从而获得更多的投资和资源支持。因此，未来中国社会企业的发展需要敏锐地寻找市场痛点，意识到其目标市场中存在的社会需求，并相应地开发出与目标市场相匹配的、能经受市场考验的、有竞争力的产品和服务。

参考文献

邓辉、周晨松，2021，《我国社会企业的法律形式及其认定标准和路径》，《南昌大学学报》（人文社会科学版）第 5 期。

李德，2018，《发达国家（地区）发展社会企业对中国的启示》，《上海师范大学学报》（哲学社会科学版）第 1 期。

李健，2018，《政策设计与社会企业发展——基于 30 个国家案例的定性比较分析》，《理论探索》第 2 期。

李健、徐彩云，2023，《社会企业何以行稳致远？——基于解释结构模型的社会企业关键成功因素研究》，《软科学》第 10 期。

陆军、李佳巍，2016，《社会企业的财税支持政策：国际经验及启示》，《学习与探索》第 6 期。

马更新，2021，《社会企业的法律界定与规制》，《北京联合大学学报》（人文社会科学版）第 3 期。

Fiona，Henderson et al. 2020. "Social Enterprises' Impact on Older People's Health and Wellbeing：Exploring Scottish Experiences." *Health Promotion International* 35（5）：1074–1084.

B.3
中国社会企业认证与培育发展报告

夏 璇*

摘 要： 本报告以国际社会企业认证与培育发展现状为入口，通过对北京、四川成都、安徽等地开展的社会企业认证与培育工作进行分析，提示了有中国特色的社会企业发展之路，需因地制宜，趁势而上，从明确社会企业定义、开展社会企业认证、出台社会企业支持政策、构建社会企业行业生态、培育社会企业专业人才和实施社会企业影响力评价等方面入手，引导社会企业参与社区治理、社会发展和特殊群体服务，从而实现中国社会企业的高质量发展。

关键词： 社会企业认证培育 社会治理 生态系统

一 引言

社会企业是以商业的手段可持续解决社会问题，并以此为宗旨或首要目标的特定组织类型。在一定程度上解决了政府做不了、市场不愿做和公益慈善服务覆盖不足的社会难点、痛点、堵点，在带动经济增长、消除贫困、解决就业问题、改善环境、实现可持续发展等方面起到了积极的作用，成为社会发展的"第四推动力"。社会企业积极响应党和政府提出的"建设人人有责、人人尽责、人人享有的社会治理共同体"的号召，发挥改善

* 夏璇，深圳市社创星社会企业发展促进中心主任、成都市社会企业发展促进会会长、北京社会企业发展促进会专家委员会副主任、天府股交社会企业板发起人、深圳市慈善事业联合会社会企业专业委员会主任，主要研究方向为社会企业实践、培育与可持续发展。

社会服务、参与社会治理、创新社会管理、促进社区发展等方面的积极作用。

（一）国际趋势

在国际上，已有至少 32 个国家和地区正在发展社会企业事业，以积极回应联合国 2030 可持续发展目标（SDG），更好地应对当下全球性、系统性的社会问题。其中，有 22 个国家和地区已经具备较完整的社会企业认证与服务体系。在欧洲、北美国家则有多个认证模式，如英国社区利益公司（Community Interest Company，CIC）的政府认证模式、英国社会企业联盟（Social Enterprise UK，SEUK）和 SE Mark 的社会认证模式，美国的低利润有限公司（Low-Profit Limited Liability Company，L3C）、共益公司（Benefit Corporation）等得到了政府的认可与推动。在民间，美国共益实验室（B Lab）推行的 B 型企业（共益公司）认证模式在世界上也得到了广泛的应用。在亚洲，新加坡、日本、韩国、印度、中国香港和台湾地区有着实践多年的社会企业认证、培育、支持与影响力投资体系。

（二）国内发展

过去 50 年，社会企业以其创新性的问题解决方式和广泛的社会影响力，在全世界各国得到快速发展。但遗憾的是，国内外学术界和实务界对社会企业概念尚未形成统一定义。自 2017 年始，中国慈展会开始沿用中国人民大学商学院尤努斯中心赵萌副教授对于社会企业的定义，即"社会企业是以解决社会问题为组织使命，具有识别由政府和市场双重失灵带来的变革机会的能力，具有不同于传统公益慈善的创新的问题解决模式，并且具备行为或机制来保障对商业目标的追求不会损害社会使命的组织"。

社会企业的形态在我国自古有之，无论是北宋的范氏义田还是近代爱国企业家张謇都在践行着爱国爱民、服务社会的社会企业实践。在当代，社会企业（social enterprise）一词传入我国至今已有近 20 年的历史，这一组织形态的出现既是历史的选择，也是当前我国创新社会治理模式的实践选择。

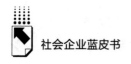
表1 国内外社会企业认定/认证模式

	政府主导模式			社会主导模式			政社合作模式	
模式代表	意大利社会合作社①	英国CIC②	韩国社会企业③	英国社会企业徽章④	美国B-Corp⑤	中国香港SEE MARK⑥	中国四川成都社会企业⑦	新加坡社会企业⑧
认证开始时间	1991年	2005年	2007年	2013年	2006年	2014年	2018年	2015年
注册/认证/认定	法律注册	法律注册	认证	认证	认证	认证	认定	认证
组织类型	社会合作社	CIC	公司为主，也有NPO，民法上法人、社会福利法人等	CIC、公司、慈善组织等	公司	公司为主，部分NPO	公司、农民专业合作社	不设限
是否出台法律	1991年《社会合作社法》	2005年《社区利益公司规定》；2013年《公共服务（社会价值）法案》	2007年《社会企业育成法》	2005年《社区规定》；2013年《公共服务（社会价值）法案》	否	否	否	否
认证部门	商会	社会企业规制办公室	雇佣劳动部（社会企业促进委员会）	SEUK	B Lab	香港社会企业总会	市场监督管理局+第三方（社创星）	政府+社会企业促进会
				认证指标				
社会目标优先/均衡	√优先	√优先	√优先	√优先/均衡	√均衡	√优先/均衡	√优先	√优先
商业收入比例	√致力于经济活动	√<35%	√>30%	√>50%		√分类要求	√自由选择	√>50%
利润分配限制	√有限分红	√	√有限分红	√过半利润再投入		√分类要求	√自由选择	√有限分红
资产锁定	√	√					√自由选择	

续表

	政府主导模式				社会主导模式		政社合作模式	
模式代表	意大利社会合作社①	英国CIC②	韩国社会企业③	英国社会企业徽章④	美国B-Corp⑤	中国香港SEE MARK⑥	中国四川成都社会企业⑦	新加坡社会企业⑧
民主治理	√	√	√	√	√		√	
透明与监督	√	√	√	√	√		√	
其他			强调为弱势群体提供社会服务和就业岗位	高度自治	员工利益;社区建设;环境;有影响力的商业模式	商业策略及执行;人力资源;财务管理;良心消费及社会价值传递;顾客满意度;社区参与	财务和可持续发展能力;创新性;行业影响力;党建引领	清晰的商业计划;具有实现社会效益的资源配置方式;创始人具有明确的初心
认证数量	11264（2011年）	15729（2019年3月）	2030（2018年9月）	1045（2017年5月）	3327（2020年5月）	189（2019年5月）	39（2020年5月）	358（2019年）
其他代表	美国13C、Benefit Corporation注册;泰国社会企业认证;中国北京社会企业认证				英国SE Mark;中国慈展会社会企业认证;社企星级		中国台湾社会企业认证;中国北京同天地社区社会企业认证	

资料来源：《中国慈展会社会企业认证发展报告》，2019年6月，路城、夏璐、游文佩、陈静雅、张亚西。

① 该部分信息来源于游文佩、李永军《意大利社会企业：制度化基础上的社会生长模式》，公益慈善学园青年论坛，2019。
② 该部分信息来源于Regulator of Community Interest Company，"CIC Annual Report 2018-2019"，2019。
③ 该部分信息来源于金仁仙《韩国社会企业发展现状、评价及其经验借鉴》《北京社会科学》2015年第5期，第122~128页。
④ 该部分信息来源于SEUK官方网站，https://www.socialenterprise.org.uk/，2020年5月16日。
⑤ 该部分信息来源于B Corporation官方网站，https://bcorporation.net/，2020年5月16日。
⑥ 该部分信息来源于香港社会企业总会官网，https://www.seemark.hk/，2020年5月16日。
⑦ 该部分信息来源于《成都市2018首届社会企业评价审认定手册》和2019年《成都市社会企业评审认定流程》。
⑧ 该部分信息来源于The Singapore Centre for Social Enterprise，"Pushing Boundaries：Annual Report 2018-19"，2019。

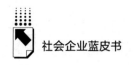

2015 年佛山市顺德区率先破冰认证、发展社会企业，此后，深圳市福田区、成都市、北京市（含市级及昌平区级试点区域）、安徽省、上海市、绵阳市、珠海市、武汉高新区等纷纷推出支持政策，有力地促进了社会企业的发展。中国的社会企业经过 20 年的成长，已经逐步形成了自己的体系和业态，加之全国和地方性社会企业支持机构不断涌现，我国社会企业在行业构建、培育孵化、认证倡导、政策支持等方面均已逐步形成体系化发展。

二 各地发展动态

（一）北京

近年来，随着国家治理重心下移，如何调动多元力量参与基层社会治理，成为中国国家治理体系和治理能力现代化亟待破局的关键问题。2016 年《中华人民共和国慈善法》出台后，公益慈善力量制度化参与社会治理拉开了序幕，这也成为基层治理创新的又一源头。作为最早将社会企业纳入合作治理视野的北京市，从 2018 年制度推动社会企业发展以来，逐步形成官方智库研究引路、党委/政府认可支持、枢纽组织协同落实、社会企业与各方支持力量共同参与的社会企业发展"北京模式"。

1. 发展历程

2011 年，《中共北京市委关于加强和创新社会管理全面推进社会建设的意见》提出要"积极扶持社会企业发展，大力发展社会服务业"，这是社会企业作为专有名词首次在省级政府文件中出现，开全国之先河。同年，《北京市"十二五"时期社会建设规划纲要》明确提出"积极扶持社会企业发展"。2016 年制定的《北京市"十三五"时期社会治理规划》也提出"发展社会企业"，要"开展专题调研，研究扶持政策，分类开展试点，大力推动以服务民生和公益为重点的社会企业发展"，为社会企业发展提出明确的规划目标和政策导向。自 2016 年起，北京市委社工委委托专业研究机构，持续开展社会企业行业调查及政策研究。2017 年下半年，北京市委社工委社会企业试点工作正式启动。

2018 年是北京社会企业探索制度化发展的启航之年。2018 年 3 月，北京市委社工委推动成立北京社会企业发展促进会，认识到社会企业在促进政府职能转变、参与社会治理、破解社会问题中的巨大潜力。同年 8 月，在北京市委社工委支持下，北京社会企业发展促进会、北京社启社会组织建设促进中心（中国社会企业与影响力投资论坛）共同主办中国社会企业论坛北京峰会，并发布《北京市社会企业认证办法（试行）》。同期，社会企业联盟成立，发挥党建引领、服务凝聚、专业助推的功能。2019 年，对《北京市社会企业认证办法（试行）》基本条件、认证流程、认证与分级等条款进行了修订，社会企业认证进一步规范合理。同年，社会企业认证手册及线上认证报名系统发布，社会企业认证的便捷性进一步提高。同年，《北京市社会企业管理办法（试行）》（征求意见稿）出台，社会企业规范化发展之路继续迈进。2021 年，社会企业认证电子化的综合服务平台网站搭建工作正式完成，通过开通、建设、运营北京社会企业综合服务平台，实现了线上认证报名、资料采集、数据库建设、数据整理、线上评审、公示等全流程。2022 年 4 月，北京市社会建设工作领导小组会议审议通过《关于促进社会企业发展的意见》，为推动北京社会企业发展奠定了新的基础。同年，《北京市社会企业认证办法》再次修订，《2022 年北京市社会企业认证手册》《2022 年度北京市社会企业中审评分表》再做完善，北京社会企业的各项制度性文件成为推动社会企业发展的稳定保障。

2. 发展成果

（1）社会企业发展政策日趋完善

《北京市社会企业认证办法（试行）》「以下简称《认证办法（试行）》」从使命任务、注册信息、信用状况、经营管理、社会参与、社会效益、可持续发展能力、创新性、行业影响等九个方面确立了北京社会企业的基本标准，并依据收入来源、社会效益和服务覆盖面三个方面对社会企业进行 1 星至 3 星分级认证，北京社会企业政策创制正式开篇。《认证办法（试行）》出台后，又先后推出《2018 年度北京市社会企业认证手册》、《北京市社

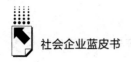

会企业认证中审资料表》及八份申报材料相关模板类附件文件，社会企业认证发展进一步规范化。2019年，《北京社会企业发展促进会第一个五年发展规划》进一步提升了社会企业发展促进的前瞻性和引领性。2022年，《关于促进社会企业发展的意见》出台，为北京做好社会企业的培育和服务、管理工作，促进北京社会企业健康有序发展提供了基本思路和工作路径。北京社会企业政策形成了从"入口"到"出口"立体式发展的四梁八柱。

（2）社会企业促进机制不断优化

2018年3月，北京社会企业发展促进会成立，政府部门、社会组织、研究机构"三方共促"工作机制得以构建。2018年8月，社会企业联盟成立，积极发挥在政策支持、资源整合、组织体系、品牌活动、社会公信度等方面的优势，在促进社企持续交流、规范发展、专业赋能、跨组织合作等方面提供了持续有效的支持。通过社会企业认证办法的不断优化，以确立机构资质、社会目标优先、创新解决方法、解决问题效能、社会参与、行业影响等基本判定标准，进一步完善了"申请、初期评审、中期评审、尽职调查、终审、公示颁牌"的具体流程，社会企业的"入口"更加规范。在"出口"方面，以"北京社会企业徽标"为例，获得认证的社会企业可将"北京社会企业徽标"张贴于本单位的办公场地、服务场所或经营场所，提高社会认可度，社会企业发展机制不断建立健全。

（3）社会企业发展量质并进

北京社会企业发展还将具备基本条件的商业企业和民生类社会组织纳入视野，注重从两个组织形态推动社会企业认证与培育，即鼓励更多的非公企业履行社会责任，逐步向社会企业迈进。鼓励更多社会组织向社会企业转型，转型为可造血的专业组织。北京社会企业发展促进会于2018年开始启动社会企业认证工作，2019年昌平区启动首届区级社会企业认证工作。截至2022年末，北京市认证的且在有效期内的社会企业共有110家（有20家社会企业因各种原因摘牌），社会企业行业认证的有105家，双认证的社会企业有110家。从业人员合计8358人（含兼职人员），平均每家社会企业提供了 38.87 个就业岗位。[①] 这些社会企业活跃在养老服务、就业促进、青少年教育、医疗健康、无障碍服务、社区经济、物业服务等多个社会服务领域，为北京市城乡社区发展治理和社会服务供给多元化发展增添了动力。北京社会企业经营地遍布 11 个区，海淀最多，朝阳次之，昌平进步明显。以"中国社会企业奖"[②] 中获奖的北京社会企业为例，2017 年 4 个，占总获奖数的 28.6%；2018 年 4 个，占总获奖数的 44.4%；2019 年 9 个，占总获奖数的 66.7%，还有两家社会企业获得年度社会企业奖。这些沉甸甸的奖杯彰显出北京社企发展的领先地位和蓬勃态势。

（4）社会企业生态系统不断完善

北京在推动非公企业履行社会责任和培育发展社会组织的基础上，还积极促进政府、市场、社会、公众多方互动，创新体制机制、完善政策措施，聚焦社会企业发展支持体系（生态圈）建设。出现了南都公益基金会及其倡导成立的"中国社会企业与社会投资论坛"、友成企业家扶贫基金会及其发起成立的"社会价值投资联盟"、北京乐平公益基金会推动的社会企业/B Corps 共益企业培育、恩派等企业发起并孵化的"社创之星"创业大赛、一众社会企业家自主推动开展的"中国社会企业周"及其系列活动等。学术重镇有清华大学公益慈善研究院、中国人民大学商学院及中国公益创新研究院、北京师范大学中国公益研究院、北京大学公民社会研究中心、对外经济贸易大学中日韩社会经济研究中心、华北电力大学社会企业研究中心等。因首都的地缘、业缘优势，以上生态系统的参与力量直接带动北京成为国内社会企业发展高地。

（5）社会企业参与社会治理作用显著

社会企业的社会使命使得社会企业参与社会治理的效能更加凸显。北京得人艺术发展有限公司（品牌名称"唱好一点"）积极参与回龙观天通苑大型社区治理，为居民送上专业声乐服务，以社会企业方式创造社区文化、

[①] 北京社会企业发展促进会官网，http：//www.bsep.org.cn/index.action，最后访问日期：2023 年 8 月 15 日。

[②] 现已更名为"向光奖"。

社区教育供给新模式，治理案例获得时任市委书记的肯定性批示。以 2020 年抗击疫情为例，面对突如其来的疫情，不少社会企业和机构以实际行动将自己的拳拳之心献给受灾的区域与民众，包括首铭社区文化服务中心、益博云天、睦邻社会工作事务所、北京和合社会工作发展中心、顺义区便民社区服务中心、北京爱侬养老科技发展股份有限公司、北京喜乐颂咨询有限公司、北京市城市再生资源服务中心、北京慈爱嘉养老服务有限公司等 9 家社会企业积极参与疫情防控，成为推动后疫情时代复工复产的重要力量。

3. 主要经验

（1）党政协同全面支持

一是党建引领，规范创新。北京市社会企业工作积极推动党建工作有效覆盖，以党建工作创新引领社会企业工作创新，以党建机制形成社会企业发展合力，以党建引领确保社会企业不发生使命漂移。发挥联合党委的联结作用和党员骨干的带头作用，推动社会企业党建，研讨社会企业发展中的共性问题，推动社会企业实质发展。二是政府购买，资源注入。北京市积极推动政府购买服务，为社会企业注入发展动力，社会企业的收入来源比较多样，参与政府购买服务的社会企业最多，主要客户包含政府的社会企业数量占总数的 73.4%（于晓静，2020）。政府成为推动社会企业发展"扶上马，送一程"的基础保障力量。

（2）专业力量研究引路

鉴于社会企业在中国尚在初步发展期，北京社会企业发展之初，就非常注重专业力量引领和研究带动实践发展。一是形成了一系列社会企业研究成果。2018 年启动了编写与出版"北京社会企业蓝皮书"项目。蓝皮书分总报告、政策篇和案例篇三部分内容，系统梳理北京社会企业发展状况。以社会企业案例集、社会企业蓝皮书、社会企业影响力评估报告为核心内容的社会企业研究素材载体成为社会企业专业发展的又一表征。二是形成了专家引领发展的局面。通过构建社会企业发展专家库，向通过认证的社会企业或者联盟会员社会企业家、社区领导者和年轻人提供技能培训、导师计划、专业支持及对接社会投资机会。先后邀请了袁瑞军、于晓静、夏璇、冯丹等担任北京社会企业发展促进会专家，不断提升促进会的理论和政策研究能力、指导和服务社会企业发展能力。

（3）枢纽组织协同赋能

北京社会企业发展促进会作为枢纽机构在推动社会企业发展中发挥着重要作用。自成立之初，促进会不断完善机构各类规章制度，制定出台了社会企业认证标准并开展认证，组织开展社会企业论坛，成立社会企业联盟，扩大社会企业的社会影响力，开展各类赋能活动，成为社会企业"北京模式"的实际推动者。北京社会企业发展促进会借鉴韩国社会企业振兴院、新加坡社会企业促进会等机构的经验，确立促进会的职能定位和组织模式，提高社会企业党建、专业咨询服务、社会企业信息门户和 App 运营、社会企业品牌推广、社会企业家培养和能力建设、信息备案和监管、社会企业研究、国际国内交流等方面的专业能力，不断优化北京社会企业发展环境。此外，在政策倡导上，促进会通过委托研究、人大提案、组织社会企业代表政策建言会等方式向各级政府相关部门宣传社会企业发展成果和进行政策呼吁，这一系列做法使得北京社会企业发展促进会成为转译社会企业需求，传达政府声音的关键纽带和桥梁。

（4）优势社会企业示范引领

一是选取优秀典型，精准传播。以评促建，扩大北京社会企业的影响力，2020 年开展首届北京优秀社会企业评选，通过优选机制促进优秀社会企业"冒头"。将北京一部分社会目标清晰、科技含量高、市场接受程度高、可复制性强、发展潜力巨大的社会企业进行榜样选树，这部分社会企业自身发展成熟、具有强大的行业影响力和社会动员能力。通过树立一批社会企业标杆、典范，在社会上进行宣传和教育，并建立有效激励机制，能够激发它们积极发展的内生动力，同时能够推动社会企业内部的示范机制更加明显。二是拓展渠道，扩大影响。开通了北京社会企业发展促进会门户网站（http：//www.bsep.org.cn/）和微信公众号（北京社会企业发展促进会），利用这些平台持续宣传，积极利用关键事件，整合各类社会媒体，不断提高社会企业的社会认知和认可程度。此外，还通过面向社会企业征集素材的机

制，利用展览会、论坛等机制进行社会企业宣传。

4. 建议与展望

（1）加大优秀社会企业培育力度

建议北京市相关部门积极推动"教育、养老、医疗、助残、环保、农业农村、公共文化及体育、社区服务、物业管理"等主管部门在行业政策中明确倡导社会企业发展模式。北京社会企业发展促进会也将积极利用行业协会平台优势，分年度、分层级对社会企业董事会、企业管理层、中层骨干、技术员工进行培训，加强社会企业人才储备。

（2）进一步加大社会企业扶持力度

以《关于促进社会企业发展的意见》为指引，北京社会企业发展促进会等深入开展了社会企业走访调研工作，摸清社会企业发展状况，细化社会企业分类，有针对性地制定指导发展帮扶意见。建立社会企业基本情况统计报表、生产经营动态统计报表、财务报表等信息资料，建立信息资料统计报送管理制度，详细了解发展需求。同时积极协调呼吁为社会企业的人才引进与落户、税收优惠与奖励、办公用房租赁、政府购买服务、上市融资提供落地支持。开展社企空间对接、生态圈建设、能力提升、行业交流、金融服务、管理支持、产品渠道对接等服务。

（3）加强社会企业发展能力建设

社会企业自身治理的专业性是影响社会企业发展可持续性的关键因素。未来应依托北京社会企业发展促进会的赋能机制，持续加强社会企业内部治理，建立健全适应自身业务发展实际的内部治理结构，帮助完善工作部门职责、运行规范和管理制度，提升团队人员的专业能力，不断提高社会企业依法执业能力、沟通协调能力、研究带动发展能力、社会使命践行能力，努力成为业务领域的行家里手、政府治理的得力助手、社会进步的重要推手。同时，积极搭建社会企业行业内资源整合平台，让社会企业家间碰撞出思维火花，推动创新创业的实现。

（4）继续加强行业间交流

走出去、请进来，组织社会企业骨干力量开阔视野、更新观念，充分学习借鉴国际、国内先进经验。定期组织国内外考察活动，坚持举办"社会企业（北京）峰会"等论坛交流活动，引入国外社会企业最新模式，了解社会企业发展资讯。每年开展一次跨区域社会企业发展枢纽和优秀社会企业联动，对成都、深圳、顺德等地的社会企业发展模式加强借鉴，不断提升组织发展和政策倡导能力。同时，积极鼓励社会企业参与全国性社会企业治理、发展交流论坛活动，不断提炼、输出社会企业发展经验。

（二）成都

成都市社会企业的培育工作紧密围绕市委、市政府建设公园城市示范区这一核心工作展开。在创新社会管理、参与社会治理、改善社会服务等方面社会企业发挥了积极作用。自 2018 年成都市开展首批社会企业认定工作以来，截至 2022 年底，成都市共认定各类社会企业 160 家，其中在有效期内的社会企业有 126 家（不含摘牌的社会企业 10 家），这些社会企业上一年度营业收入总额超过 6.68 亿元。从业人员合计 1329 人（含兼职人员），平均每家社会企业提供了 14.29 个就业岗位。这些社会企业服务各类城乡社区累计超过 700 个，受益人群超过 100 万人次。[①] 社会企业在成都已经成为调动社会资源参与社会治理的有效路径，是保民生、促就业、新发展的新生力量。目前，成都已成为全国认定社会企业数量最多、政策支持最完备、参与社区治理最广泛、业态最丰富、行业发展最为活跃的城市。

1. 取得的成效

2017 年以来，成都市在探索城乡社区发展治理改革中，紧抓发展历史机遇，创新性地将社会企业纳入城乡社区发展治理多元主体之中，以创新社会治理模式、服务城乡社区发展治理为目标，开启了社会企业培育发展的有益探索。作为全国首个在市级层面以政府文件形式推动社会企业培育发展的城市，成都将培育发展社会企业看作一项长期的系统性工程，从市场、社会和政策设计有机统一的角度出发，制定并实行了一系列政策、措施，社会企

---

① 资料来源：成都市社会企业发展促进会/成都市社会企业综合服务平台公众号。

业培育发展取得了明显成效。

①构建起一套完整的认定规范、政策完备、育管并举的社会企业发展培育制度体系。市级层面，在全国首创出台了《关于培育社会企业促进社区发展治理的意见》，制定了《关于改革公共服务供给体制机制加快社会企业培育发展的通知》等指导文件。成都市市场监督管理局作为牵头部门充分发挥职能作用，制定了《关于发挥工商行政管理职能培育社会企业发展的实施意见》《成都市社会企业评审管理办法》等涵盖顶层设计、认定、服务、培训、孵化、监督、信息透明等七个方面的重要配套文件。2021 年，为进一步贯彻落实《中共四川省委关于深入贯彻党的十九届四中全会精神推进城乡基层治理制度创新和能力建设的决定》《成都市国民经济和社会发展第十四个五年规划和二〇三五年远景目标》等决策部署，确保成都市社会企业培育发展工作的持续性以及在全国范围的领先优势，成都市根据《成都市社区发展治理促进条例》，结合成都市社会企业培育发展的制度成果和实践经验，印发了《成都市社会企业培育发展管理办法》（成办发〔2021〕90 号）（以下简称《办法》）。《办法》在《成都市人民政府办公厅关于培育社会企业促进社区发展治理的意见》（成办函〔2018〕61 号）基础上，做了调整和修订，为社会企业提供了政策支持和保障。

区级层面，武侯区、成华区、金牛区、温江江、郫都区、简阳市、大邑县、新都区、青白江区等 9 个区（市、县）结合辖区居民需求、本地产业优势与社会企业发展路径，研究制定了具体的支持社会企业发展的政策措施，高新区、成华区、武侯区、双流区、青白江区、崇州市、东部新区等区（市）均通过引入第三方支持的试点，建立了社会企业在地孵化基地 8 个。成都在现有法律法规框架下，通过创新政策设计、强化制度保障、营造良好的政策环境和社会氛围等方式创新构建了社会企业登记认定、扶持发展、监督管理、影响力评估、信息公开等社会企业发展的生态工作体系，这是国内领先的社会治理领域的系统性政策制度创新。

②切实促进了社会企业参与社区治理的新动能，契合了社区居民的多样化需求。社会企业已在各区（市、县）实现基本覆盖，并重点集中在社区

发展、托育早教、普惠养老、绿色环保、无障碍等重点民生领域，涌现出一批国内外知名的社会企业，有效弥补了公共服务供给主体不足的问题。

③有效探索了运用社会力量解决社会问题。社会企业已成为成都促进社区发展、促进集体经济有效转型、推动社会治理创新的新路径。社区是社会企业发挥作用的主阵地，潜藏着巨大的服务需求和商业机会，成都市社会企业综合服务平台作为成都市社会企业服务与培育的主要平台，在近年组织了各类社会企业活动超过 300 场次，组织社会企业社区对接会 10 余场，发布社区需求项目 1000 余个，超过 200 个社会企业和市场主体报名响应，吸引了来自国内外的 200 余家社会企业参与，其中 20 余家社会企业落户成都，在全国业内形成了强烈反响和良好示范。成都已成为全国社会企业数量、质量与影响力领先的城市。

④探索信托制物业社会企业培育孵化。根据成都社区发展治理优势，在成都市探索信托制物业社会企业发展，截至 2022 年 12 月，已有信托制物业社会企业 10 余家，服务小区超过 100 个，构建了以忠诚、勤勉、有效、透明、担当、利他为核心的信义关系，通过社区营造的深入和监督制衡机制的建立，有效解决了业主、业委会以及物业服务人之间存在的严重"信任赤字"，化解社会危机，筑牢韧性社会的基石。①

⑤创新社区社会企业参与社区治理的可持续发展模式。作为成都市社会企业与社会治理又一亮点及创新点，社区社会企业目前已有武侯区、郫都区、青白江区、新都区、东部新区、成华区、龙泉驿区等 7 个区出台了社区社会企业相关扶持政策。在成都市认定社会企业中，已有 18 家社区社会企业获得认定，超过 100 家社区社会企业正活跃在各自的社区服务中，盘活了社区资源，创新了社区营造路径，引导了社会资源赋能社区，提供了普惠性的社区服务，解决了部分群众就近就业的岗位。

⑥创设全国首个公益金融交易四板市场——天府股交社会企业板。社会企业板是在四川省地方金融监督管理局批复下成立的专门的社会企业和公益

---

① 信息来源于成都市社会企业综合服务平台。

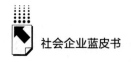
金融的四板市场。其秉持"忠诚、勤勉、透明、共益"的信义精神，立足川藏，辐射西部，影响全国，帮助更多社会企业实现安全、有效、便利的社会金融梦想；保护合格投资者合法权益，助力国家社会治理现代化建设。作为国内社会企业、社会创新机构直接融资的核心平台和主要渠道，社会企业板还将成为四川省各级政府扶持公益事业、社会创新、社会企业政策措施的综合运用平台，构建西部地区影响力投资与ESG金融的发展路径。未来还将成为川藏社会企业乃至全国社会企业多层次资本市场服务平台。

⑦连续四年发布《成都市社会企业发展白皮书》。记录和展示成都市社会企业的社会价值、商业价值与贡献，传播社会企业家精神。成都市市场监督管理局联合社创星等团队自2018年以来每年均牵头组织专家、研究团队、专业服务机构对已认定的社会企业进行案例采写，连续五年编纂《成都市社会企业发展白皮书》，在对已认定社会企业走访调研、深度访谈的基础上，通过挖掘创始人的创业故事进一步剖析已认定社会企业的社会目标和商业模式，扩大了成都市社会企业发展的品牌效应，为社会各界进一步认识和了解社会企业提供案例素材，为处于转型中的企业和社会组织提供模式参考，为相关学术研究提供文献资料。

⑧正式设立"成都市社会企业发展促进会"行业组织。发挥行业组织积极作用，以促进会为抓手，构建行业发展生态，为成都及周边城市的社会企业提供传播、咨询、培育、资源对接等服务，推动更多社会企业与社会资源参与公园城市示范区建设。未来还将支持更多有条件的区（市、县）成立分会组织。

2. 存在的问题

（1）合法性困境

目前成都市社会企业发展所面临的合法性困境体现在三个方面：首先，社会企业的发展缺乏相关上位法规、主管部门条例、行业规范等的支持和规制，即缺乏一定的"规制合法性"；其次，社会企业发展初期缺乏社会价值等对其的规范与约束，即缺乏规范合法性（或"道义合法性"）；最后，社会企业的传播、实践尚未获得大众的普遍理解和接受，即缺乏"认知合法性"。

（2）组织能力困境

从认定数据我们可以看到，当前成都市认定的社会企业中成立时间较短的中小规模企业仍占据主流，经营收入与社会影响力有待提高，治理结构落后，市场运作模式单一，有过于依赖政策与外部支持的可能，核心竞争力相对发达国家社会企业更显单一，特别是在科技赋能与后备人才培养上有一定差距，同时部分社会企业还存在创新性有限及财务不规范等亟待解决的问题。

（3）生态建设缓慢的困境

除上述两大困境之外，一个良性运转的生态资源对接系统发展较为缓慢，成都市社会企业生态体系还未能更有效充分地吸引与社会企业发展相关的全部利益相关方，包括政府、社区、居民、员工、社会企业的投资者、重要的合作伙伴、中介支持机构、独立评估方、研究机构、智库和学者等，未能有效解决社会企业之间缺少交流、交易、交智的痛点。

3. 建议与展望

随着北京、安徽、浙江等地开始或即将试水社会企业的发展，借助成都市社会企业政策优势、行业优势、社区发展优势及天府股交社会企业板的独特窗口优势，伴随着成德眉资同城化工作的推进，保持成都市社会企业工作的领先与特色，确保数量与质量的同步发展，确保社会企业更多投身到成都市城乡社区治理的工作，是未来三年的重要目标。

（1）推动创新领域社会企业认定工作开展

目前成都市相关部门正在草拟文件，推动成都市各级各部门以及基层社区建立观察社会企业发现机制，鼓励具有创新商业模式、行业引领地位以及深受社区居民认可的全龄友好、无障碍服务、信托制物业、乡村振兴、近零碳服务等行业领域的企业转型认定为社会企业。

（2）发展社区社会企业

成都市已有金牛、武侯、郫都等区出台社区社会企业支持政策，期待成都市及其他各区（市、县）积极创新出台社区社会企业支持政策、运营规范标准与财务治理评价制度，从而支持有条件的城乡社区以特别法人身份创办社区社会企业，围绕社区治理、发展、居民需求，充分挖掘社区资源禀

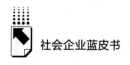
赋，开展项目经营，解决社区治理与发展问题，增加社区公共服务供给，所得利润用于持续反哺社区、促进社区发展治理、支持社区社会企业。

（3）搭建资源对接平台

搭建市级和区级社区社会企业、社区商业行业组织和供需对接平台，每年开展社区社会企业、社区商业新场景、新产品、新服务对接，建立社会企业供给清单等需求信息，促进资源链接、供需匹配。

（4）落实登记政策

支持青年人才通过创办社会企业创业就业，支持社会力量以公益创投、影响力投资、天府股交社会企业板等方式参与社会企业发展。规范成都市社会企业在办公场所、网站平台以及产品包装上使用社会企业标识。

（5）落实金融政策

推进税务部门通过成都信用信息系统等平台有序向金融机构共享社会企业纳税信用信息，鼓励银行业金融机构向纳税守信、经营状态良好的社会企业提供"税金贷"等信用金融产品，提升社会企业融资可获得性和便捷性。支持天府股交中心、成都市社会企业发展促进会等专业机构探索提供社会企业挂牌展示、融资等资本市场服务，推动社会企业登陆主板交易市场。积极引入乡村振兴基金、影响力投资基金等社会资本落地成都。

（6）加大政府购买力度

建议政府加大购买社会企业产品和服务的力度，鼓励和支持社会企业以市场公平竞争方式，参与政府采购。鼓励将社区居民有迫切需求、适合采取市场化方式提供、与保障和改善民生相关的公共服务项目，面向社会企业公开采购。鼓励社区无偿或低偿为社会企业提供公共空间开展居民服务项目。

（三）安徽省

"乔木参天、灌木茁壮、草木葱郁"是安徽慈善事业创新生态的表现。安徽立足于培育多元慈善主体的指导思想，2022年7月，安徽省民政厅联合省发展和改革委员会、省财政厅、省商务厅、省农业农村厅、省乡村振兴局、省市场监督管理局出台《安徽省社会企业认定培育试点管理办法（试行）》（以下简称《办法》）。《办法》明确了发展社会企业的原则：党的领导、政府引导、各方参与、市场驱动、社会共益等五项基本原则。

1. 背景介绍

安徽省民政厅作为社会企业发展的牵头单位，于2021年赴北京、成都、深圳等地开展调研工作，综合研判了现有的社会企业三种认定模式，结合安徽省经济发展水平及公益力量发展现状，最终决定采用以官方名义认定的模式作为主要认定模式，同时明确了以芜湖、安庆、滁州、淮南等四地市作为试点主体进行政策适用探索，不强制跨越社会发展和认知水平的社会企业认定培育发展策略。

2. 主要内容①

《办法》共计24条，分为总则、认定条件、认定程序、培育措施、监督管理、附则等六章。

①第一章"总则"。包括《办法》制定的目的依据、基本定义、基本原则、组织架构、制度安排等5条。《办法》明确由安徽省民政厅对全省社会企业认定培育试点工作进行指导，并联合省发展和改革委员会等6部门共同组织研究相关政策措施。各试点市由民政部门负责本市范围内社会企业认定培育工作。

②第二章"认定条件"。包括认定对象、基本条件等2条。明确了社会企业认定对象为3A级以上社会组织、企业和农民专业合作社，由试点市认定办公室按照要求具体开展社会企业认定工作。

③第三章"认定程序"。包括认定程序、信用公示等2条。其中要求各试点市市级民政部门建立社会企业公示制度，对辖区社会企业进行统一标识并向社会公示。

④第四章"培育措施"。包括发展重点、发现机制、登记政策、财税政策、政府购买、党建工作、人才培养、宣传推广等8条，从多个方面有效开展社会企业认定培育。

---

① 信息来源于安徽省民政厅《〈安徽省社会企业认定培育试点管理办法（试行）〉政策解读》。

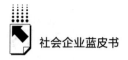

⑤第五章"监督管理"。包括经济属性监管、社会属性监管、社会监督、摘牌退出等4条，多管齐下，有效防止社会企业目标漂移。

⑥第六章"附则"。包括办法解释、地方配套、实施时间等3条，明确要求各试点市根据自身实际制定具体实施细则。

3. 亮点与特色

①《办法》明确了安徽省社会企业的概念。社会企业是指经企业、农民专业合作社登记机关和社会组织登记机关登记注册，以协助解决社会问题、改善社会治理、服务特定群体或社区利益为宗旨和社会目标，以创新商业模式、市场化运作为主要手段，所得部分盈利按照其社会目标再投入自身业务、所在社区或公益事业，且社会目标持续稳定的特定法人主体。简单来说就是符合条件的社会组织、企业和农民专业合作社。

②《办法》明确了安徽省社会企业的认定条件和程序。社会企业认定标准区别于其他非营利组织和纯商业企业。结合当前国内社会企业认定工作的实践情况，《办法》一方面明确试点市可通过引入专业机构或自行设立认定办公室实施认定工作，给予了认定工作的自主权；另一方面在认定条件和认定程序上，《办法》做出了明确的规定，杜绝社会企业认定走形变味。

③《办法》明确了与现有财税、行业支持政策的对接。社会企业作为一种特殊的市场主体类型，在支持社会企业发展的探索阶段，很难在现有的法律法规和政策体系之外给予社会企业专门的支持政策，一方面，面临法律法规和政策的限制；另一方面，支持政策的针对性也不强，专门的支持政策需要视社会企业的培育、发展情况逐步研究制定和实施。因此，依托现有的支持发展政策体系，《办法》实现了与社会企业支持政策的协调和衔接。

④《办法》明确了安徽省社会企业的登记政策。《办法》放宽试点市社会企业名称变更登记条件，支持企业在认定为社会企业后在名称中使用"社会服务"等字样作为经营特点表述。放宽企业住所登记条件，允许其以集群注册方式、住所申报方式办理企业登记。支持社会企业在办公场所、网

站平台以及产品包装上规范使用社会企业标识。

⑤《办法》明确了社会企业"经济属性+社会属性"的双重监管体系。探索实施社会企业分离式监管创新，即将对社会企业的监管划分为经济属性监管和社会属性监管。所谓经济属性监管，指政府相关行政监管部门、行业主管部门依法对社会企业实施的监管；所谓社会属性监管，指按照政社合作方式，引入专业机构，采用评估、预警等方式对社会企业社会目标稳定性进行的监督，从而进一步完善了社会企业监管体系，强化了社会企业风险管控，有利于维护社会企业品牌价值。

⑥《办法》明确了社会企业的摘牌退出机制。为了防止社会企业目标漂移，在按照现有企业监督体系，依法履行对社会企业经济属性监管职责的同时，通过建立社会企业资格取消制度，对以社会企业之名行商业企业之实，利用优惠政策套利，搭优惠政策便车的企业予以监督和制约。

⑦《办法》强调加强社会企业党建工作。鼓励符合条件的社会企业建立党组织，建设一支对党忠诚、热心公益、注重创新、勇担使命的社会企业家队伍，发挥党员在社会企业工作中的先锋模范带头作用，强化党组织在社会企业发展中的政治引领和组织功能。

⑧《办法》明确了创新社会企业人才培养模式。通过建立专业导师工作机制，提供政策讲解、党建工作、财务管理、风险评估、社会创业、营销等咨询和服务，培养一批熟悉国际规则、具备国际视野的社会企业家。

4. 发展现状

安徽省社会企业发展起步晚，数量少，影响力弱。目前可查的已认定的社会企业仅有安徽沐阳之家洗涤科技有限公司、安徽亚井雨水利用科技有限公司、安徽运深财名管理咨询有限公司等，尚未形成"乔木参天、灌木苗壮、草木葱郁"的公益慈善事业创新生态，大量基础性工作有待开展。经过调研交流发现，安徽省四个试点城市基本达成共识，拟统一社会企业认定标准与方式，并根据各自城市社会治理发展特色开展社会企业培育工作；大力发展以社区为场景的社会企业服务业态，加大企业转型社会企业支持力度。可以预见安徽省的社会企业发展将是在坚持党建引领下，以人民为中

心，通过市场化运作方式盘活社区公共资源、链接社会资源解决社区居民共同关注的公共议题，美化社区环境，增加社区居民就近就业、创业的机会，实现社区治理可持续发展的安徽模式。其中，合肥市、芜湖市等地市社会组织发展基础较好，在就业支持、空间运营、养老助餐、托育早教、物业服务、绿色低碳社区等方面涌现出一批社会企业种子，诸如汪太养老、心暖花开、爱心小屋等。中国科技大学、安徽大学等在皖高等院校也开始加大对社会企业的理论研究与政策支持力度。加强社会企业在高校内的宣传推广，鼓励大学生参与公益创新创业项目大赛，推动社会企业人才储备工作，把社会企业创新创业融入双创教育体系之中。安徽省未来还将通过举办主题会议、培训研讨、调研考察、竞赛评比、产品对接等多种形式，加大社会企业宣传力度，让社区"两委"、社会各界认识社会企业、关注社会企业、支持社会企业。

三 小结

通过上述研究发现，社会企业在中国的实施路径主要是解决政府做不了、市场不愿做、慈善做不好的社会问题；满足受制于精神困境、经济困境、社会困境与身体困境的相对弱势群体的生活、社会、健康、就业等发展需求；基于创新公共服务供给，创新社会问题解决模式，创新绿色与金融可持续发展；基于城乡社区发展治理的需求，希望通过社会企业来解决社会发展、社区治理、弱势群体服务、绿色环保等领域"输血低效""供应不佳""资源闲置"等问题。现有的案例也表明，社会企业作为一个特定的企业类型，确实为社会、为环境、为弱势群体等带来了积极影响，包括完善居民生活服务、盘活社区资源、实现社区造血、解决本地就业问题，以及引导居民参与社会治理，改善社区人居环境、实现社区互助保障等。同时也要看到，社会企业由于定义不清晰、影响力评估不完善、相关法律滞后、公众认知存在偏差等，不可避免地面临各种风险。北京、四川成都、安徽等地勇敢地走出了探索社会企业认证与培育的第一步，使社会企业成为解决城乡社区发展治理问题、支持弱势群体服务与就业、改善生态环境建设、促进商业向善与社会组织转型的重要主体。

在中国，社会企业的实践形式多种多样。除了企业身份注册外，相当一部分的社会企业以民办非企业单位、福利企业、社会团体的身份运营，还有农民专业合作社、互助组织、集体经济组织、社区服务组织等多种形式，这表明中国有相当数量的社会企业还未觉醒或尚待发现。

发展有中国特色的社会企业是中国社会治理的创新实践。社会企业积极响应了国家社会治理能力现代化建设的要求，体现了党建引领下，我国社会力量深入贯彻新发展理念，主动融入新发展格局，以可持续发展方式实现社会价值与经济价值的全面发展。

综上所述，建议各地积极学习北京、四川成都、安徽等地社会企业的发展经验，因地制宜，趁势而上，从党建引领、社会目标、股权架构、治理结构、制度规范、利润分配、资产锁定、绩效评价以及信息公开等方面加大对社会企业探索力度，并建议加强政产学社的合作，进一步建立健全社会企业相关制度研究、规范标准制定等，加大引导扶持力度，探索建立完善社会企业生态服务系统，明确社会企业的功能定位与发展路径，积极探索具有中国特色、时代特征以及可复制可推广的社会企业发展模式，走出一条有中国特色的社会企业发展之路，为中央和国家层面出台相关政策提供实践基础。

参考文献

金仁仙，2015，《韩国社会企业发展现状、评价及其经验借鉴》，《北京社会科学》第 5 期。

游文佩、李永军，2019，《意大利社会企业：制度化基础上的社会生长模式》，公益慈善学园青年论坛。

于晓静，2020，《北京社会企业发展研究报告》，载徐家良、何立军主编《中国社会企业发展研究报告（No.1）》，社会科学文献出版社。

B.4
中国社会企业的业务模式研究

朱晓红　朱嘉琪　杨丽弘[*]

摘　要： 社会企业的业务模式是指社会企业通过运营创造价值，同时实现
经济利润和社会或环境影响的策略或框架，业务模式描述了社会
企业组织资源、提供产品或服务、与利益相关者互动，以实现其
社会使命并确保经济可持续性的方式方法。社会企业业务模式的
构成要素包含战略目标、服务对象、核心竞争力、营收模式与合
作网络，根据各要素在社会企业运营中的作用不同，可以把社会
企业业务模式划分为技术创新驱动模式、社区经济驱动模式、资
源整合平台驱动模式、服务终端交付驱动模式四种。梳理深圳市
社创星社会企业服务平台认证的 555 家社会企业，技术创新驱动
模式的社会企业占比最高，其次为服务终端支付驱动模式。社会
企业业务模式载体以工商注册的企业居多，有效实现了社会价
值，组织技术创新能力和资源整合能力优势明显，重视受益对象
与合作网络构建，形成了自我造血机制。然而社会企业业务模式
还存在一定的问题，党支部建设情况影响了社会企业的资源整合
能力；70%的社会企业业务模式成熟度不够；早期成立的社会企
业面临业务模式变革压力；无论当地经济是否发达，社会企业营
收能力均需提升；养老领域业务模式急需创新。为此，应该强化
党建引领，实现党建与业务模式的有机融合，探索以要素驱动社

---

[*] 朱晓红，华北电力大学人文与社会科学学院教授，社会企业研究中心主任，回天治理研究院
社会组织研究中心主任，主要研究方向为社会组织与社会治理、社会企业、志愿服务；朱嘉
琪，华北电力大学人文与社会科学学院公共管理专业本科生，主要研究方向为社会治理、社
会企业；杨丽弘，华北电力大学人文与社会科学学院公共管理专业硕士研究生，主要研究方
向为社会组织与社会治理、社会企业、志愿服务。

会企业业务模式的创新路径，鼓励社会企业之间的交流、借鉴与创新，拓展社会企业认证范围，关注热点、难点领域的社会创新。

关键词： 社会企业 业务模式 党建引领

伴随着社会企业政策的不断出台与完善，各种类型的社会企业也不断出现，社会企业服务对象不同，提供服务类型不同，具体的运用要素不同，其业务模式也大不相同。社会企业的业务模式是指社会企业通过运营创造价值，同时实现经济利润和社会或环境影响的策略或框架，业务模式描述了社会企业组织资源、提供产品或服务、与利益相关者互动，以实现其社会使命并确保经济可持续性的方式方法。回顾相关文献，在明晰中国社会企业业务模式概念及核心的基础上，对深圳市社创星社会企业服务平台所认证的社会企业①（时间截至 2023 年 8 月）的业务模式类型进行梳理，结合中国社会企业行业调查问卷（2023）结果，总结我国社会企业业务模式现状及其成就，针对存在的问题，提出相应的对策建议。

一 文献回顾

（一）关于社会企业商业模式的研究

学界对社会企业的商业模式研究较为充分，与社会企业业务模式密切相关的概念是商业模式，主要有四类研究视角：一是基于和商事企业、公益组

---

① 深圳市社创星社会企业服务平台（CSESC），由深圳市社创星社会企业发展促进中心作为运营主体，是国内第一家开展社会企业标准制定、研究、咨询、评价、孵化、培育、对接与影响力投资的非营利性机构（官网为 https：//www.csedaily.com/）。本报告主要根据该平台官网中所录入的认证社会企业目录中的信息，以及各个社会企业相关媒体报道信息，梳理社会企业的业务模式。

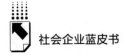

织、政府相比的视角，二是基于商业模式要素的视角，三是基于精益画布价值创造的视角，四是基于个案或多案例比较研究的视角。

一是基于和商事企业、公益组织、政府相比的视角。迪斯的社会企业光谱理论通过比较商事企业、公益组织与社会企业三者，指出社会企业的组织目标受到使命与市场的双重驱动，其成长维度是非营利组织与商事企业二者的混合价值（Dees，1998）。丁敏（2010）同样将三者进行比较，研究社会企业商业模式的创新过程，指出社会企业商业模式兼具公益性与经营性，既追求社会利益又追求经济利益，二者之间可以实现协同发展。赵萌将社会企业的商业模式分为替代技术解决方案、社区循环经济、供需对接平台与"最后一公里"解决方案四种。替代技术解决方案是指立足于技术，能够精确满足目标受益群体和客户特定社会需求的产品/服务。社区循环经济是指通过销售社区中的目标受益群体所生产的产品来获取利润（通常卖给社区居民），然后把利润重新投入社区建设中。供需对接平台是指企业为受益群体之间，以及受益群体和资源提供方之间提供合作与交易的平台，从而创造社会价值。"最后一公里"解决方案通过完善价值链，让目标受益群体获得以往接触不到的产品/服务（Zhao，2020）。四种模式既可以解决社会问题，又兼具成本效益优势、产品/服务差异化等商业竞争力。由此可见在此视角下，学者基本认可社会企业商业模式需要满足社会和商业双重目标，既创造社会价值，又创造商业价值。

二是基于商业模式要素的视角。谢家平等（2016）基于商业模式的三维体系，将客户价值主张作为目标、企业资源和能力作为支撑、盈利模式作为基础，从目标定位、运营创新和理念更新三个方面重新构建社会企业的商业模式，在目标定位方面主张突破传统的价值主张，在运营创新方面主张融资模式与经营模式的双重创新，在理念更新方面坚定社会企业的使命任务。杨光等（2015）基于融资渠道、产品定价、营销渠道建设与利润四大要素构建了社会企业与政府融合的全新商业模式。Weill 和 Vitale（2001）通过对互联网上的商业模式进行分析，提出了"原子商业模式"的概念，提出共有八种原子商业模式,并指出每种原子商业模式都具有战略目标、营收来源、关键成功因素和必须具备的核心竞争力这四个特征,任何商业模式都可以被分解为一种或多种原子商业模式的组合。这里的原子商业模式,就等同于业务模式,虽然对商业模式组成要素还有一定的局限性,对于社会企业这种特殊的企业而言,缺少了对客户价值视角的考虑。Hamel(2000)则认为商业模式应分为客户界面、核心战略、战略资源、价值网络四大要素。可以看出该视角下对社会企业业务模式中的盈利模式分析具有借鉴意义,如果同时考虑社会企业价值的复杂性,以及社会目标的实现与社会价值的创造,将比较适用于社会企业业务模式的要素梳理。

三是基于精益画布价值创造的视角。在该视角下研究社会企业业务模式不仅注意到了社会企业商业模式中所具有的传统商业模式价值要素,还注意到了社会企业价值的复杂性,从价值创造到获取的角度来分析社会价值与商业价值。金仁旻、刘志阳(2015)以此构建了社会企业商业模式的理论框架,从价值定位到价值体系再到价值实现,价值定位回答了服务对象与价值构成的问题,价值体系则对产品和服务、价值链、核心能力、伙伴关系等进行分析,价值实现描述收益来源和企业成本结构,即经济价值与社会价值如何实现。他们还在此视角下构建了包括社会价值创造能力和经济价值获取能力双重维度的社会企业商业模式分类框架,其中经济价值获取能力和社会价值创造能力都相对较低的是项目型社会企业,有相对较高的经济价值获取能力和较低的社会价值创造能力的是嵌入型社会企业,经济价值获取能力和社会价值创造能力都很高的是成熟型社会企业,有较高的社会价值创造能力和较低的经济价值获取能力的是潜在型社会企业(刘志阳、金仁旻,2015)。由此可见该视角重视构建经济价值与社会价值在社会企业组织中的逻辑结构,更加关注社会企业的特征。

四是基于个案或多案例比较研究的视角。胥思齐等(2020)基于公益性小额信贷行业进行多案例比较研究,探索可持续的社会企业商业模式运行过程,发现社会价值与经济价值之间存在互动与相互转化的可能进而实现社会企业商业模式的社会价值与经济价值自循环,维持冲突的组织目标的可持

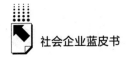

续性。郑娟等（2014）通过国内外6家社会企业对 Hamel 的商业模式进行分析，验证了客户界面、核心战略、战略资源、价值网络四大要素并不是孤立的，四大要素紧密地联系才可以保证企业的可持续发展，同时指出该商业模式并不完全适用于分析社会企业，还需增加社会企业商业模式的配置方式、公司利益和顾客利益三个要素以更加匹配社会企业的运营。

（二）对社会企业业务模式的研究

对社会企业业务模式的研究相对较少。赵萌（2015）认为社会企业业务模式是社会企业的社会活动和商业活动的组合形态，与社会价值创造模式、社会创新模式共同构成了社会企业的商业模式。郝甜莉（2018）采纳了赵萌的研究逻辑，从业务模式、社会价值创造模式和社会创新模式三个方面研究了"中和农信"和"第一反应"的商业模式。顾远（2012）从社会企业平衡经济利益与社会效益关系的角度，把社会企业业务模式分成补贴模式、权衡模式、同步模式三类。补贴模式是指业务本身并不直接产生社会效应，但会把其所带来的利润部分或全部地用于直接产生社会效应的事业；权衡模式指业务本身能够产生直接的社会效应和社会效益，但需要权衡二者之间的关系；同步模式是指业务本身直接产生社会效应的同时也能因此获得利润。孔翔（2013）从政府支持、企业化经营、公益目标三个角度研究了四川省仪陇县乡村发展协会的运作模式，并梳理了该协会的扶贫小额信贷、扶贫资金互助社、社区志愿服务三项业务。可以看出，他是从业务模式的范畴研究"运作模式"的。

（三）文献评述

综上所述，可以发现，第一，对于社会企业的业务模式和商业模式的研究视角不同，但是相同的是，学者都关注其社会价值和商业利润如何实现。第二，学界已从商业和社会两个角度分析了社会企业业务模式，核心是如何获得竞争力，从而获得经济收入和社会认可，实现社会企业的可持续发展。第三，对业务模式的研究相对较少，目前研究主要集中于对社会企业商业模式的研究。对二者的区分并不严格，业务模式和商业模式在英文中是同一个词（business model），因此在部分研究中模糊了两者的界限。

二 社会企业业务模式的概念、价值及其要素

（一）概念：与商业模式区分的视角

在本报告中，社会企业的业务模式是指社会企业通过运营创造价值，同时实现经济利润和社会或环境影响的策略或框架，业务模式描述了社会企业组织资源、提供产品或服务、与利益相关者互动，以实现其社会使命并确保经济可持续性的方式方法。

尽管有学者认为业务模式和商业模式内涵没有什么区别，但是这两个概念还是有一定差别的：商业模式的外延大于业务模式，商业模式描述的是包含社会企业的所有经营要素及其相互关系的全局性、整体性战略，业务模式则是商业模式实现的路径，是社会企业某一个或者多个产品线或服务链的生产或供给方案，即对某个特定社会问题的解决方案或者对某类利益相关方的服务方案，是社会企业为特定市场设计的运营模式。业务模式和商业模式的联系也是非常明晰的，即核心逻辑相同，都是追求社会企业的社会价值主张基础上的可持续发展，即商业逻辑和社会逻辑的平衡，成功的业务模式和商业模式有助于组织形成核心竞争力。

（二）核心价值：商业逻辑与社会逻辑的平衡

社会企业业务模式作为社会企业社会活动与商业活动的整合状态，其核心是化解商业逻辑与社会逻辑之间的冲突，实现二者的平衡，最终形成相互融洽的共享目标，形成共生的组织行为治理系统。因此社会企业的业务模式是否行之有效应当关注其能否较好地平衡商业逻辑与社会逻辑，使社会企业在采用商业模式的同时，还致力于社会问题的解决，促使其创造性地把商业逻辑与社会逻辑整合和统一起来，最终实现社会价值和商业

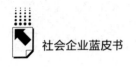

价值。

正是由于社会企业的业务模式需要与其双重属性相契合，其业务模式一方面要具备商事企业的特点，做好自身的定位、研发、销售等工作，另一方面要具备公益项目运作的能力，做好社会问题需求调研、项目评估、社会公益资源的整合如志愿者招募等工作。如何平衡好两边关系，构建一个兼具二者特点，能够实现双方价值的业务模式是社会企业实现可持续发展的重要问题。

（三）业务模式的构成要素

借鉴 Weill 与 Hamel 以及其他学者的研究成果，本研究构建了社会企业业务模式的要素体系，认为社会企业业务模式构成要素包括战略目标、服务对象、核心竞争力、营收模式与合作网络，如表1所示。

表1　社会企业业务模式构成要素

要素	战略目标	服务对象	核心竞争力	营收模式	合作网络
子要素	社会目标	用户利益	战略资源	产品/服务收费	供应商
	商业目标	客户界面	核心流程	捐赠	伙伴关系
	产品和服务		组织技术	政府资助或购买利润分配管理	联盟

第一，战略目标。战略目标包括三个子要素，指的是借由产品和服务所实现的社会企业的社会目标和商业目标。战略目标具有双重性，强调对社会价值与经济价值的双重追求。

第二，服务对象。服务对象包括用户利益与客户界面两个子要素。用户利益强调社会企业追求直接的服务对象即用户效益与社会效益并存，既能满足目标市场用户（核心是受益对象）的需求，又能在行业内推动公益发展。目标市场是社会企业根据选择实施销售策略的细分群体，如社区居民、农村妇女、困境群体等。客户界面则指的是社会企业面对的目标市场与其制定的定价结构。

第三，核心竞争力。核心竞争力是指在社会企业内部培养的有助于发展其业务模式的能力，具有独特性、难以替代及难以模仿或复制成本高的特点。核心竞争力包括战略资源、核心流程、组织技术三个子要素。战略资源是指社会企业可以利用的内部及外部的资源，包括人力资源、物质资源、社会资本等；核心流程则是指社会企业实现社会价值与商业价值的价值链或价值创造步骤；组织技术是指组织投入转换为产出的过程中所使用的决策流程、沟通方式、科学技术、工具、装备、工艺和设施的总称。

第四，营收模式。营收模式主要包括捐赠、产品/服务收费、政府资助或购买以及利润分配管理等不同组合比例所形成的营收模式。社会组织认证为社会企业的，往往几种模式都具备，部分以捐赠和政府资助或购买为主；商事企业认证为社会企业的，多以产品/服务收费为主。

第五，合作网络。合作网络是组织间的资源互补与共享，主要包括供应商、伙伴关系与联盟三部分。伙伴关系是合作网络中非常重要的子要素，社会企业与社区有着天然的亲近关系，其擅长与多方主体构建伙伴关系（张维维，2020），在价值链各个方面开展活动。

（四）基于要素驱动的业务模式类型划分

本研究根据上述要素在社会企业运营中的作用不同，把社会企业业务模式划分为技术创新驱动模式、社区经济驱动模式、资源整合平台驱动模式、服务终端交付驱动模式四种。社会企业的战略目标，或者说追求的核心价值都是社会价值和商业价值的平衡，是目标使命驱动的社会创新模式。但是，不同的社会企业在运营过程中，其业务驱动要素略有差别。技术创新驱动模式的核心特征是组织技术的创新；社区经济驱动模式的核心特征是营收模式的创新；资源整合平台驱动模式的核心特征是合作网络的创新；服务终端交付驱动模式的核心特征是其回应服务对象需求的回应方案的创新。不同要素驱动作用不同，由此形成了社会企业不同的业务模式（见表2）。当然，除了核心驱动要素之外，其他要素也对业务模式形成有重要影响。例如，核心

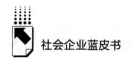
竞争力要素对各种业务模式的影响显而易见，如服务终端交付驱动模式必然有组织流程的创新与变革，资源整合平台驱动模式必然在组织资源方面有特殊优势。

表2　基于要素驱动的业务模式类型

业务模式	模式说明	战略目标	服务对象	核心竞争力	营收模式	合作网络
技术创新驱动模式	立足于技术，提供产品/服务	社会价值与商业价值	—	组织技术创新	—	—
社区经济驱动模式	为目标群体提供发展机会，将盈利投入社区建设	社会价值与商业价值	—	—	社区循环经济	—
资源整合平台驱动模式	促进多元利益相关方沟通合作实现资源供需对接	社会价值与商业价值	—	—	—	合作网络供需对接
服务终端交付驱动模式	完善价值链，帮助目标群体更便利地获得产品/服务	社会价值与商业价值	服务对象"最后一公里"的交付需求	—	—	—

三　中国社会企业业务模式现状与成就

基于上述模型构建，本研究对深圳市社创星社会企业服务平台认证的555家社会企业的业务模式进行划分，一个社会企业可以拥有多种业务模式。

（一）社会企业现有业务模式梳理

根据深圳市社创星社会企业服务平台的数据，作者梳理了深圳市社创星社会企业服务平台认证的555家社会企业，并依照四种业务模式类型对其业务模式进行划分（见表3），进而对每种业务模式中存在的五大要素进行分析。

表3 深圳市社创星社会企业服务平台中社会企业的业务模式

单位：%

业务模式	采用该业务模式的社会企业占比	业务模式	采用该业务模式的社会企业占比
技术创新驱动模式	56.4	资源整合平台驱动模式	15.3
社区经济驱动模式	19.0	服务终端交付驱动模式	37.6

第一，技术创新驱动模式。深圳市社创星社会企业服务平台认证的社会企业中共有56.4%的社会企业采用了技术创新驱动模式。运用技术创新驱动模式的社会企业立足于其特有的技术，解决特定的社会问题，能够精确提供目标受益群体所需要的产品与服务。采用这种业务模式的社会企业的服务对象较为广泛，其独有的技术使其有着较强的核心竞争力，其通过运用技术提供产品和服务以获取盈利。

典型采用这种业务模式的社会企业是北京抱朴再生环保科技有限公司（以下简称抱朴再生）。抱朴再生的母公司盈创回收，拥有完整的饮料瓶回收及再生全流程产业链，以可控闭环的形式，实现了生产环节的全流程可追溯。① 依托完善的可追溯回收再生体系，抱朴再生一方面为政府和企业设计零废弃活动方案，另一方面对回收物进行再生、设计、推广、销售，促使其在获取盈利的同时也实现了对塑料瓶的全过程再生设计，实现了商业逻辑与社会逻辑的平衡，解决了塑料瓶不回收、塑料瓶二次污染的问题，最终实现了在全社会范围内低碳环保行为的普及。

第二，社区经济驱动模式。深圳市社创星社会企业服务平台认证的社会企业中共有19.0%的社会企业采用了社区经济驱动模式。采用社区经济驱动模式的社会企业为目标群体提供发展机会，并将企业盈利所得投入社区建设当中，促进社区的发展。采用这种业务模式的社会企业的服务对象以附近社区居民为主，因此其可以较为便捷地使用本地资源，精准匹配当地实际需

① 资料来源于微信公众号"抱朴再生BOTTLOOP"。

求，其营收来源主要是产品/服务收费以及政府购买服务。这种社会企业的合作网络主要集中于社区内。

典型采用这种业务模式的社会企业是北京叁间房文化创意有限公司（以下简称叁间房）。叁间房通过对村庄闲置房屋进行改造与运营，打造成酒店式公寓和文化创意园区，同时引入美术馆、书画院、古玩、陶艺等产业，在实现自身盈利的同时，也改善了村庄环境，将村庄打造为产业规范、房屋安全的美丽乡村。另外叁间房盘活闲置房屋、改造公寓还解决了村庄附近 2000 余名员工住房问题。为了帮助居民就业，叁间房还为村民开设创业培训活动，帮助孵化了美食、休闲娱乐、美容美发等多家商铺，带动了大量村民就业，增加了村民收入，还丰富了村庄内产品与服务的供给。同时叁间房还承担了村庄的物业与环境维护工作，自主开发"三间美房智慧乡村平台"，采用线上方式对租客进行管理，实现对村庄房屋的智能化专业管理，帮助村庄实现有效治理，促进村庄的可持续发展。①

第三，资源整合平台驱动模式。深圳市社创星社会企业服务平台中有15.3%的社会企业采用了资源整合平台驱动模式。采用资源整合平台驱动模式的社会企业为目标受益群体之间和目标受益群体与资源供给方之间提供沟通、合作、交易的平台，帮助多主体之间实现资源的流通与协同共享。社会企业往往依托互联网平台来链接产业链的供给端与需求端，因此其管理的成本较低，收益较高。采用这种业务模式的社会企业的服务对象较为广泛，其善于链接多主体的特性也拓展了其合作网络的深度与广度，其供应商、伙伴关系、联盟均较为丰富。

典型采用这种业务模式的社会企业是北京同心互惠企业管理咨询有限公司（以下简称同心互惠）。同心互惠通过建立同心互惠商店来多渠道回收二手衣服，对于回收的旧衣有三种处理方式：一是捐赠给有需要的困难工友或打工子弟；二是以较低的价格销售，让爱循环，商店中长裤定价 8 元，夏天的短袖上衣 6 元，冬天的棉衣、羽绒服 20~30 元，这可以大大降低打工人

---

① 资料来源于微信公众号"叁间房文化创意公司"。

群的生活成本；三是改造新生，将不适合捐赠及低价售卖的衣物送到同心女工合作社，让为了照顾孩子不便外出工作的女工妈妈对其进行改造，赋予衣服新的生命的同时也帮助社区流动女性发展。如此同心互惠通过打造一个旧衣交换平台，链接供给方与需求方，帮助需求方减轻生活压力与降低生活成本，回收再利用社会闲置资源的同时也实现了自我造血。

第四，服务终端交付驱动模式。深圳市社创星社会企业服务平台中37.6%的社会企业采用了服务终端交付驱动模式。采用服务终端交付驱动模式的社会企业通过完善价值链与产业链，为目标受益群体提供之前难以获得的产品与服务。该类型的社会企业针对特定地区的人群所缺乏的产品或服务建构其产品和服务体系，服务对象明确，目标市场相对单一。采用这种业务模式的社会企业的服务对象以附近社区居民为主。完善价值链与产业链给予企业联系利益相关方与弱势群体的机会，因此这种社会企业的价值网络较为多元，包含了政府、企业、社会等多元主体，其也可以运用多元主体所提供的多种资源，因此其具有较强的战略资源。其营收来源主要是产品/服务收费以及政府购买服务。

典型采用这种业务模式的社会企业是北京星星雨教育研究所（以下简称星星雨）。星星雨通过搭建完善孤独症群体教育服务的价值链，引入最适合孤独症群体的应用行为疗法，为孤独症患者及其家庭提供孤独症的治疗方法，促进孤独症儿童良性发展。星星雨主要通过为孤独症儿童家长、孤独症儿童提供专业支持和课程培训来为其提供服务，另外星星雨还开设日间服务中心为18岁以上的孤独症人群提供支持，探索成年孤独症人群日间服务模式及就业支援模式。星星雨还充分利用社会资源，每年星星雨所获的社会捐赠体量在1000万元左右，星星雨将其教育服务所获的创收与社会捐赠全部投入企业的发展当中。[1] 通过这种业务模式，星星雨提高了核心竞争力，有效兼顾公益与商业双重目标，有机结合市场经济和公益，实现了自身的可持续发展。

（二）社会企业业务模式取得的成就

第一，业务模式的载体以工商注册的企业居多。工商注册的企业占比达

---

① 资料来源于微信公众号"星星雨"。

到 78.92%，社会组织占比为 19.82%，还有 1.26% 的社会企业以农业专业合作社的形式运作（见表 4）。可见，企业更加有积极性参与社会企业认证工作。此外，社会组织中，社会服务机构占比较高，意味着社会服务机构转型社会企业更有优势和便利。

表 4　业务模式的组织载体

单位：家，%

组织类型	计数	比例
企业	438	78.92
社会组织	110	19.82
农业专业合作社	7	1.26
合计	555	100

第二，现行业务模式有效实现了社会价值。一方面，在业务领域中，教育培训占比最高。平台中的社会企业涉及不同业务领域，其中，主营业务领域中，教育培训最多，达到 86 家，占比为 15.50%，其次是社会支持服务（12.25%）、社区经济（10.27%）、无障碍服务（10.27%），占比排在最后三位的是住房与居住改善（2.88%）、科技创新与互联网（1.44%）和普惠金融服务（公益金融）（0.72%），如表 5 所示。

表 5　社会企业的主营业务领域

单位：家，%

序号	主营业务领域	数量	比例
1	教育培训	86	15.50
2	社会支持服务	68	12.25
3	社区经济	57	10.27
4	无障碍服务	57	10.27
5	农牧渔与乡村发展	54	9.73
6	绿色经济与生态环保	46	8.29
7	文化、体育与艺术	39	7.03
8	养老保障服务	39	7.03

序号	主营业务领域	数量	比例
9	就业促进与技能	38	6.85
10	食品与生命安全	25	4.50
11	医疗与健康	18	3.24
12	住房与居住改善	16	2.88
13	科技创新与互联网	8	1.44
14	普惠金融服务（公益金融）	4	0.72
	合计	555	100

次营业务领域中同样教育培训占比最高，达到21.08%，其次是就业促进与技能（15.68%）、社区经济（11.17%），占比排在最后三位的是住房与居住改善（2.52%）、无障碍服务（1.62%）、普惠金融服务（公益金融）（0.72%），如表6所示。

表6 社会企业的次营业务领域

单位：家，%

序号	次营业务领域	数量	比例
1	教育培训	117	21.08
2	就业促进与技能	87	15.68
3	社区经济	62	11.17
4	社会支持服务	54	9.73
5	文化、体育与艺术	44	7.93
6	绿色经济与生态环保	37	6.67
7	科技创新与互联网	32	5.77
8	养老保障服务	31	5.59
9	医疗与健康	24	4.32
10	食品与生命安全	21	3.78
11	农牧渔与乡村发展	19	3.42
12	住房与居住改善	14	2.52
13	无障碍服务	9	1.62
14	普惠金融服务（公益金融）	4	0.72
	合计	555	100

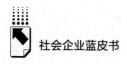

另一方面，税后盈余保留用于社会公益目的的比例较为可观，2023年问卷调查数据显示，选择将税后盈余保留用于社会公益目的的比例控制在10%~20%的社会企业占比最高，达到27.78%；而21.43%的社会企业把超过50%的税后盈余保留用于社会公益目的（见表7）。

表7　税后盈余保留用于社会公益目的的比例

单位：家，%

选项	小计	比例
≤10%	23	18.25
10%~20%	35	27.78
20%~30%	27	21.43
30%~40%	9	7.14
40%~50%	5	3.97
>50%	27	21.43
本题有效填写人次	126	

第三，社会企业技术创新能力和资源整合能力优势明显。据统计，2023年问卷调查结果显示，71.43%的社会企业表示其将新的运营流程、实践和规范引入业务（见表8）；有56.35%的社会企业表示该组织进行了大规模精简组织架构（问卷面向平台所有社会企业发放，填写提交问卷的社会企业应为活跃的社会企业）。

表8　社会企业对技术创新能力和资源整合能力的重视程度

单位：家，%

题目/选项	非常不同意	不同意	中立	同意	非常同意
本组织将新的运营流程、实践和规范引入业务	1(0.79)	2(1.59)	33(26.19)	57(45.24)	33(26.19)
本组织大规模精简组织架构	2(1.59)	6(4.76)	47(37.30)	40(31.75)	31(24.60)
本组织提供产品、服务和信息的新组合	1(0.79)	2(1.59)	18(14.29)	53(42.06)	52(41.27)

2023年问卷调查结果显示，活跃的社会企业其整合资源的能力也较强，分别有55家（43.65%）和43家（34.13%）社会企业同意和非常同意本组织善于在资源稀缺的情况下，通过多种关系网络获取资源。

第四，社会企业重视服务对象与合作网络构建，形成自我造血机制。2023年问卷调查结果显示，分别有43.65%和29.37%的受访者同意和非常同意"本组织吸引了许多新客户"的说法；分别有45.24%和37.30%的受访者同意和非常同意"本组织建立了以客户为中心的经营管理制度与流程"的说法；分别有43.65%和42.86%的受访者同意和非常同意"本组织管理以客户为中心，致力于提升客户满意度"，表明受访者对于组织建立以客户为中心的经营管理制度与流程持积极态度，重视服务对象反馈，并致力于提升客户满意度，这就成功吸引了新的客户（见表9）。

表9 对服务对象的重视程度

单位：家，%

题目/选项	非常不同意	不同意	中立	同意	非常同意
本组织吸引了许多新客户	1(0.79)	3(2.38)	30(23.81)	55(43.65)	37(29.37)
本组织建立了以客户为中心的经营管理制度与流程	1(0.79)	1(0.79)	20(15.87)	57(45.24)	47(37.30)
本组织管理以客户为中心,致力于提升客户满意度	1(0.79)	0(0)	16(12.70)	55(43.65)	54(42.86)

此外，除了客户，其他合作伙伴也是社会企业关注的要素。分别有38.89%、24.60%的受访者同意和非常同意"本组织吸引了许多新的供应商和合作伙伴"的说法；分别有38.10%和34.92%的受访者同意和非常同意"本组织以新颖的方式将新的市场参与者聚集在一起"的说法（见表10）。

基于上述要素优势，社会企业建构了自我造血机制，在深圳市社创星社会企业服务平台中，有99.91%（$n=523$）的社会企业实现了自我造血的营收模式，有服务性收入（产品收入或者服务收入）。2023年问卷调查结果也

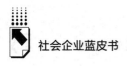

验证了这一结论，如表 11 所示，53.97%的社会企业市场销售额占年度总收入的比例在 40%及以上。

表 10　合作伙伴要素

单位：家，%

题目/选项	非常不同意	不同意	中立	同意	非常同意
本组织吸引了许多新的供应商和合作伙伴	2(1.59)	2(1.59)	42(33.33)	49(38.89)	31(24.60)
本组织以新颖的方式将新的市场参与者聚集在一起	1(0.79)	3(2.38)	30(23.81)	48(38.10)	44(34.92)

表 11　2022 年市场销售额占年度总收入的比例

单位：家，%

选项	小计	比例
<20%	38	30.16
20%~40%	20	15.87
40%~60%	21	16.67
60%~80%	10	7.94
≥80%	37	29.37
本题有效填写人次	126	

四　社会企业业务模式存在的问题与建议

（一）存在的问题

第一，党支部建设情况影响了社会企业的资源整合能力。如图 1 所示，成立独立的党支部的社会企业，资源整合能力强，盈亏平衡的比例达到60.00%。而没有党员的社会企业，其盈亏平衡的比例仅为 30.59%。

第二，70%的社会企业业务模式成熟度不够。2023 年问卷调查数据显示，仅有 30.95%的社会企业实现了盈亏平衡。有 45.24%的社会企业盈利，

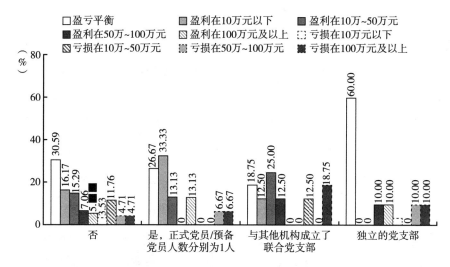

图1　党支部建设情况与社会企业盈亏能力的交叉分析

而其中36.84%的社会企业盈利在10万元以下（见表12）。可见，业务模式的商业价值目标没有完全达到。

表12　社会企业过去两年的收支平衡情况

单位：家，%

选项	小计	比例
盈亏平衡	39	30.95
盈利在10万元以下	21	16.67
盈利在10万~50万元	19	15.08
盈利在50万~100万元	9	7.14
盈利在100万元及以上	8	6.35
亏损在10万元以下	3	2.38
亏损在10万~50万元	12	9.52
亏损在50万~100万元	6	4.76
亏损在100万元及以上	9	7.14
本题有效填写人次	126	

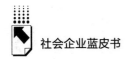

第三，早期成立的社会企业面临业务模式变革压力。2023年问卷调查数据显示，初创期（成立时间为2020年至今）的社会企业盈利能力较强，超过一半处于盈利或盈亏平衡状态，在2010~2020年创立的社会企业中，27.59%为盈亏平衡，还有一些分布在其他盈利范围内，亏损比例较低。而在1990~2000年创立的社会企业中，60%为亏损状态，如图2所示。需要注意的是，社会企业的盈亏影响因素也包括疫情、市场环境、经济条件等。

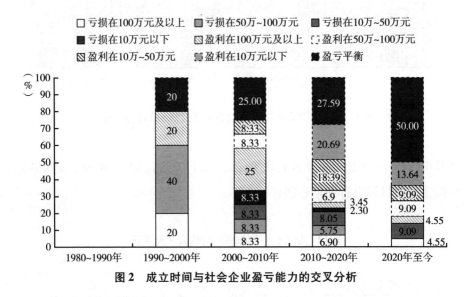

图2 成立时间与社会企业盈亏能力的交叉分析

第四，无论当地经济是否发达，社会企业营收能力均需提升。2023年问卷调查数据显示，提交问卷数量相对较多的北京、上海、广东、四川等地，其社会企业过去两年总体盈利情况较好，实现盈亏平衡或者盈利的占比较高，分别为80.00%、61.54%、62.50%、70.45%。但无论在发达地区（包括一线城市）还是其他地区，社会企业均面临较大的营收压力，上海、广东、江苏等地均有亏损在100万元及以上的社会企业。

第五，养老领域业务模式急需创新。社会目标与商业目标平衡在养老领域难度较大，如表13所示，养老领域亏损额在100万元及以上的比例达到9.68%，居各领域之首。老龄化时代到来之际，养老领域社会企业创新业务模式任重道远。

表 13　各领域社会企业盈利能力

单位:%

领域	盈亏平衡	盈利在 10 万元以下	盈利在 10 万～50 万元	盈利 50 万～100 万元	盈利 100 万元及以上	亏损在 10 万元以下	亏损在 10 万～50 万元	亏损在 50 万～100 万元	亏损在 100 万元及以上
教育	35.00	21.67	10.00	6.67	3.33	0	10.00	6.67	6.67
养老	38.71	9.68	22.58	9.68	0	3.23	6.45	0	9.68
医疗卫生	35.00	10.00	15.00	15.00	5.00	5.00	10.00	0	5.00
扶贫	28.57	14.29	22.86	2.86	17.14	0	2.86	2.86	8.57
文化和环保	23.21	28.57	19.64	5.36	3.57	0	8.93	5.36	5.36
妇女儿童	30.95	30.95	16.67	2.38	0	2.38	7.14	4.76	4.76
残疾人	25.71	14.29	20.00	11.43	8.57	2.86	8.57	2.86	5.71
信息技术	42.86	0	17.86	7.14	7.14	3.57	7.14	7.14	7.14
金融	75.00	0	0	25.00	0	0	0	0	0
其他	33.33	4.76	23.81	9.52	14.29	0	9.52	0	4.76

（二）对策建议

第一，强化党建引领，实现党建与业务模式的有机融合。党建工作可以提供社会企业内部的组织引领力、凝聚力和资源整合能力。将党建工作与社会企业经营管理有机融合，党组织可以在企业内部推动社会责任、企业文化、道德建设等方面的工作，为社会企业的健康发展提供坚强的组织保障。加强党建工作，有利于建立社会企业与政府之间的信任，增加了解沟通渠道，便于出台更多对社会企业有利的政策，可以促使政府更加关注社会企业的需求，增加政策供给，提高政策的针对性和增强实施效果，为社会企业创造更好的运营环境。

第二，探索以要素驱动社会企业业务模式创新的路径。社会企业需要立足社会目标和商业目标之间的平衡，将社会使命融入业务模式中。这可以通

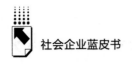

过制定明确的社会目标、建立社会绩效评估体系来实现。同时，社会企业还需明确自身的商业目标，确保营利性，以保障经济可持续性。社会企业以要素驱动的方式来思考业务模式创新，要素包括战略目标、服务对象、核心竞争力、营收模式和合作网络等。社会企业可以根据这些要素来调整和改进业务模式，以更好地满足市场需求和社会使命。

第三，鼓励社会企业之间的交流、借鉴与创新。社会企业之间的交流可以促进业务模式的借鉴与创新，寻求与其他社会企业和组织的合作，共同解决资源整合的难题，实现社会使命和盈利目标的更好平衡。较早成立的社会企业随时调整业务模式以适应变化的市场需求，寻求行业知识的更新和培训，以保持竞争力。参加行业活动和网络，与其他社会企业分享经验和最佳实践。如果市场情况发生变化，社会企业需要重新评估自己的战略，并考虑是否需要调整目标和业务模式。

第四，拓展社会企业认证范围。扩大社会企业认证范围可以鼓励更多的组织成长为社会企业，增强社会创新的力量。政府和相关机构可以考虑扩大社会企业认证的范围，鼓励更多的组织投身社会创新和可持续发展领域。

第五，关注热点、难点领域的社会创新。如随着社会老龄化的加剧，养老领域成为一个重要的社会创新领域。社会企业可以积极探索在养老服务、养老科技、老年文化等方面的创新，在满足不断增长的老年人需求的同时，提高自身的盈利能力，缓解社会和个人的养老压力。

许多社会企业仍处于发展的初级阶段，尚未形成成熟稳定的业务模式，面临诸如资金不足、人力资源缺乏、信息化水平低等难题的制约。在缺乏成熟业务模式的条件下，社会企业难以形成规模化的业务模式，难以充分利用整合资源，最终难以实现社会企业的使命（徐家良、何立军，2021）。因此我国社会企业应当在清楚自身定位的基础上，进一步优化巩固业务模式，在形成较为成熟的业务模式后，进一步改善业务模式或是提高业务模式的规范化程度，最终打造成可复制的业务模式，从而实现社会逻辑与商业逻辑之间的平衡。

参考文献

丁敏，2010，《社会企业商业模式创新研究》，《科学·经济·社会》第 1 期。

顾远，2012，《社会企业的业务模式》，《IT 经理世界》第 21 期。

郝甜莉，2018，《我国社会企业商业模式构建研究——基于"中和农信"和"第一反应"的案例分析》，硕士学位论文，华北电力大学（北京）。

金仁旻、刘志阳，2015，《社会企业商业模式理论框架的构建》，《吉林工商学院学报》第 2 期。

孔翔，2013，《社会企业运作模式探究——以四川省仪陇县乡村发展协会为例》，硕士学位论文，华中师范大学。

刘志阳、金仁旻，2015，《社会企业的商业模式：一个基于价值的分析框架》，《学术月刊》第 3 期。

谢家平、刘鲁浩、梁玲，2016，《社会企业：发展异质性、现状定位及商业模式创新》，《经济管理》第 4 期。

胥思齐、李会军、席酉民，2020，《可持续的社会企业商业模式运行过程及实现机制——基于公益性小额信贷行业的多案例研究》，《管理学报》第 6 期。

徐家良、何立军主编，2021，《中国社会企业发展研究报告（No.1）》，社会科学文献出版社。

杨光、梁玲、刘鲁浩，2015，《社会企业与政府融合的全新商业模式构建研究》，《商业经济研究》第 4 期。

张维维，2020，《社会企业与社区邻里关系的重建——以四个社会企业为例》，《浙江社会科学》第 4 期。

赵萌，2015，《社会企业商业模式分类》，在北京大学社会企业研讨会上的发言。

郑娟、李华晶、李永慧等，2014，《社会企业商业模式要素组合研究——基于国内外社会企业的案例分析》，《科技与经济》第 4 期。

Dees, J. G. 1998. "Enterprising Nonprofits." *Harvard Business Review* 76 (1): 55-67.

Hamel, G. 2000. *Leading the Revolution.* Boston: Harvard Business School Press.

Weill, P and Vitale, M R. 2001. *Place to Space: Migrating to Ebusiness Models.* MA: Harvard Business School Press.

Zhao, Meng. 2020. "Social Entrepreneurship for Systemic Change: The Case of Southeast and South Asian Countries." *Journal of Asian Public Policy.*

B.5
中国社会企业人才队伍
发展报告

武静 李萍*

摘 要： 在实现中国式现代化的新时代背景下，社会企业人才队伍建设面临新的要求。中央政策的调适激励与地方政府局部创新推动了中国社会企业人才政策体系的初步形成。调研数据表明，中国社会企业人才发展呈现以下特点：组织规模逐渐扩大，但是专业人才数量与现实需求存在差距；员工身份认同感强，党建引领作用有待深入；呼唤本土伦理型领导，员工对领导者伦理领导力认可度高；跨界复合型人才稀缺，人力资源管理效能较低。为实现社会企业人才队伍的高质量发展，应加强党建引领、完善政策体系、培育企业家精神等。

关键词： 社会企业 人才队伍 高质量发展

一 社会企业人才建设的时代要求与政策体系建设

（一）新时代社会企业人才建设的价值要求

2020 年 7 月 21 日，习近平总书记在企业家座谈会上从"爱国、创新、诚信守法、社会责任和国际视野"等五个方面阐述了新时代企业家

---

* 武静，管理学博士，山东农业大学公共管理学院副教授，主要研究方向为社会企业、社会组织与社会治理；李萍，兰州大学政治与国际关系学院硕士研究生，主要研究方向为基层社会治理。

精神的内涵,[①] 赋予了社会企业人才建设新的时代要求,社会企业家精神、企业家的先前经验、强有力的领导力等被视为社会企业成功的根源因素(李健、徐彩云,2023)。2022 年 10 月,党的二十大报告强调"以中国式现代化全面推进中华民族伟大复兴",把实现全体人民共同富裕摆在更加重要的位置,并提出"完善分配制度",引导、支持有意愿有能力的企业、社会组织和个人积极参与公益慈善事业,通过资源整合、主体赋能、经济助推、功能融合等,社会企业可以发挥在第三次分配中的作用(何立军、李发戈,2022),这赋予了社会企业人才建设新的时代任务,为社会企业发展和功能发挥提供了更广阔的空间。在加快完善社会治理体系、健全志愿服务制度和工作体系的背景下,以富含创新精神和社会责任感的社会企业家为引领,组建以崇德向善的多元化专业人才为中坚力量的结构合理、素质优良的人才队伍,不仅是社会企业可持续发展的内在要求,更是助力新时代慈善事业高质量发展、强化现代化建设人才支撑的题中应有之义。

社会企业的可持续发展离不开高质量人才队伍的支持,而社会企业的双重属性对所需人才提出了更高要求:一是具备企业家精神,能够敏锐察觉社会问题、擅长整合跨界工具、拥有使命驱动感;二是拥有胜任力,具备创造社会财富和解决社会问题的责任感,富有合作意识,具备整合社会网络资源的能力。目前,社会企业普遍面临人才短缺的现象,"人才难求更难留"成为限制行业发展的瓶颈之一。这主要归结为公众对社会企业的认知程度不高,社会企业的激励评价机制不健全,公益人才职业地位较低、上升路径狭窄等原因。人力资源是组织的核心战略要素,为推动社会企业高质量发展,社会企业仍需增强对人才的吸引力,破解各类人才困境。

（二）社会企业人才队伍建设的政策体系建设

作为一种新兴的组织形式,社会企业人才队伍建设的政策文件相对较

[①] 习近平:《在企业家座谈会上的讲话》,2020 年第 22 号《中华人民共和国国务院公报》,https://www.gov.cn/gongbao/content/2020/content_ 5532611. htm,最后访问日期:2023 年 8 月 27 日。

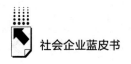

少。但是，近年来国家越发重视社会力量在公共服务领域中的功能发挥，针对社会工作和社会组织专业人才培养出台了一系列专门性政策和配套支持措施，这对于培育社会企业人才队伍具有重要的启示意义。同时，我国在激发人才创新创业活力方面打出多张政策"组合拳"，为社会企业家精神的培育创造了良好的制度环境，也为吸引更多的创新人才到社会企业领域干事创业提供了文化土壤。

1. 社会企业人才队伍建设的中央政策

目前我国尚未出台一项全国性的社会企业政策，人才政策更是空白。但是，社会组织培育政策、社会组织人才政策、创新创业政策、社会工作人才政策等多重政策体系建设已经起步，在政策创制与变迁过程中，表现出典型的调适性回应的特征，并带有显著的激励导向，这将为社会企业人才政策建设和人才队伍建设提供重要的指导。

早在 2006 年，社会工作专业人才培养规划便正式被纳入国家顶层设计，党的十六届六中全会做出了"建设宏大的社会工作人才队伍"的决策部署，社会工作正式进入专业化、职业化发展的轨道。2010 年 4 月 1 日，中共中央、国务院印发《国家中长期人才发展规划纲要（2010—2020 年）》（中发〔2010〕6 号），把社会工作人才作为第六类主体人才队伍，同时提出要将非公有制经济组织、新社会组织人才开发纳入各级政府人才发展规划。随后，中央组织部联合民政部等部门陆续出台了《关于加强社会工作专业人才队伍建设的意见》（中组发〔2011〕25 号）、《社会工作专业人才队伍建设中长期规划（2011—2020 年）》（中组发〔2012〕7 号），提出建立社会工作专业人才培养、使用、评价、激励保障等方面的配套政策制度要求。社会工作人才队伍建设政策的相继出台，不仅为社会工作人才培育提供了纲领和指导，也为社会企业人才队伍建设提供了经验借鉴和参考样本。

党的十八大以来，党和国家充分肯定了社会组织在国家治理体系中的角色和作用，明确将"激发社会组织活力"作为"创新社会治理体制"的重要内容。民政部积极联合有关部门，围绕推动社会组织能力建设、完善社会组织人才培养机制出台了一系列政策文件（见表1），力图建设一支与社会组织发展相适应的数量充足、结构合理、素质优良、甘于奉献的专业人才队伍。

表 1　社会组织培育和人才相关的中央政策（部分）

序号	政策名称	主要内容
1	《关于加强和改进社会组织教育培训工作的指导意见》（民发〔2015〕206 号）	加快开发教育培训课程和教材，着力抓好教育培训师资建设，扎实推进教学方式方法改革，建立健全教育培训工作保障制度，切实做好教育培训工作的组织领导
2	《关于加强和改进社会组织薪酬管理的指导意见》（民发〔2016〕101 号）	合理确定薪酬标准，及时足额兑现薪酬，着力规范薪酬管理，逐步建立薪酬水平正常增长机制，不断完善社保公积金缴存机制，切实加强薪酬管理工作的组织领导
3	《财政部　民政部关于通过政府购买服务支持社会组织培育发展的指导意见》（财综〔2016〕54 号）	建立社会组织负责人培训制度，将社会组织人才纳入专业技术人才知识更新工程。推动社会组织以承接政府购买服务为契机专业化发展，完善内部治理，做好社会资源动员和整合，扩大社会影响，加强品牌建设，发展人才队伍，不断提升公共服务提供能力

资料来源：依据相关材料自行整理。

2016 年 8 月 21 日，中共中央办公厅、国务院办公厅再次联合颁布《关于改革社会组织管理制度促进社会组织健康有序发展的意见》（以下简称《意见》），明确指出完善人才政策，首次在中央文件中提出"把社会组织人才工作纳入国家人才工作体系"，对社会组织的专业技术人员执行与相关行业相同的职业资格、注册考核、职称评定政策。这一系列政策的发布，激发了社会组织从业人员的积极性、主动性和创造性，社会组织进入快速发展时期。作为社会企业人才体系的后备力量，社会组织人才政策的不断完善与高质量发展为社会企业人才队伍壮大提供了源源不断的内生动力。

在创新社会治理体制的背景下，社会企业数量不断增长。然而，非公有制经济组织从业人员在职业发展方面仍然面临晋升渠道闭塞、发展空间狭小等窘境。2016 年 3 月，中共中央印发《关于深化人才发展体制机制改革的意见》，针对阻碍人才发展的国家制度束缚和一系列关键症结问题做出具体回应（孙锐，2022），特别指出改革职称制度和职业资格制度，畅通非公有

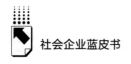
制经济组织和社会组织人才申报参加职称评审渠道。2016年11月1日，中共中央办公厅、国务院办公厅配套出台《关于深化职称制度改革的意见》，要求创新职称评价机制，推进职称评审社会化，满足非公有制经济组织、社会组织以及新兴业态职称评价需求。以上政策的发布进一步拓宽了职称评价人员范围，也在一定程度上解决了社会企业职业化发展的"后顾之忧"。

开放的社会创新创业环境是社会企业蓬勃发展的必要条件。2015年6月11日，国务院印发《国务院关于大力推进大众创业万众创新若干政策措施的意见》（国发〔2015〕32号），就健全创业人才培养与流动机制做出具体要求，提出将创业教育纳入国民教育体系、完善创业课程设置、加强创业导师队伍建设、建立创新创业绩效评价机制等四项利好政策，同时还将大学生设为创新创业的核心群体之一，充分发挥青年在创新创业中的生力军作用。2017年7月21日，国务院发布《国务院关于强化实施创新驱动发展战略进一步推进大众创业万众创新深入发展的意见》（国发〔2017〕37号），强调"实施社团创新创业融合行动"，推介创新创业典型人物和案例，推动创新精神、企业家精神和工匠精神融合。2017年9月8日，中共中央、国务院印发《中共中央　国务院关于营造企业家健康成长环境弘扬优秀企业家精神更好发挥企业家作用的意见》，首次在中央文件中明确企业家精神的价值和内涵，要求营造企业家健康成长环境、弘扬优秀企业家精神。借助宣传推广的力量，创新创业已逐渐成为全社会共同的价值追求和行为习惯，社会企业工作人员的社会认同和自我认同得到了显著的提升。

2. 社会企业人才队伍建设的地方政策

尽管中国已初步具备了规范要求社会组织人才的政策体系，但不可否认的是，社会企业在中国仍属于新鲜事物，尚没有建立起专门性、针对性、系统性的顶层制度设计。在这种背景下，地方政府推动社会企业人才建设的动因更多地指向了自发性制度扩散，这就使得中国社会企业人才队伍建设的地方探索带有强烈的试验性与创新性。部分地方政府围绕社会企业的培育孵化、认证倡导等积极开展了创新性探索，陆续出台了相关支持政策。其中，政策建设起步较早的北京市、四川省成都市、广东省佛山市顺德区和安徽省等地区，以供给型政策工具为推动力，为社会企业人才培养提供了多元化的要素支持（邵任薇等，2021），呈现共性规律和区位差异。

第一，北京市。北京是全国最早明确提出鼓励社会企业发展，启动社会企业试点工作的城市，在社会企业人才培养方面的举措具有价值导向和引领示范作用。昌平区于2019年7月31日发布了《昌平区回天地区社会企业认证与扶持试点办法（试行）》，规定经政府认证的社会企业高层次专业人才，可享受区级人才政策支持，并依托"青年菁英计划"为社会创业者提供个人能力建设经费。2022年5月5日，北京市印发《关于促进社会企业发展的意见》（京社领发〔2022〕3号，以下简称《意见》），首次全面提出针对社会企业的重点扶持、培育和支持政策，明确提及"加强社会企业人才培养"，将建立社会企业家培育机制、制定社会企业从业人员培训规划、探索人才引进机制作为重点工作。北京市格外重视社会企业党建工作，《意见》中的一大亮点便是"鼓励党员创设或加入社会企业"，充分发挥党员在员工队伍中的先锋模范作用。

第二，成都市。成都在社会企业政策和实践方面一直处于全国领先地位。2018年以来，成都市逐渐构建了从登记备案、评审认定、专项扶持到市场退出的全生命周期政策保障体系，各辖区也结合当地实际情况出台了社会企业人才培育相关政策。武侯区率先出台了《成都市武侯区社会企业扶持办法（试行）》（成武社治委〔2019〕1号），并在2021年进行修订和调整，从高层次人才支持、技能培训支持、学术研究支持、柔性引才支持四方面着力，为社会企业发展提供人力和智力支撑。成华区则在《关于印发成华区社会企业可持续发展管理办法的通知》（成华府办〔2021〕14号）中，提到实施社会企业创始人关心关爱"熊猫计划"，并统一组织通过认定的社会企业和观察社会企业参加2次以上主题培训活动。大邑县、郫都区、崇州市等县（市、区）建立起了社会企业孵化中心和平台，按需求为社会企业提供能力建设、品牌培育、业务拓展、人才引进、社企金融等服务。在成都市社会企业发展势头迅猛的背景下，2021年10月25日，成都市印发《成都市社会企业培育发展管理办法》（成办发〔2021〕90号），对社会企业家和社会创业者、社会企业工作从业人员的能力培养都做出具体要求，鼓励本地高校建立社会企业研究中心，并支持本地技工院校等单位开展专业技能培训。这些政策措施，鼓励和规范了社会企业人才队伍的建设，也为其他省份提供了可资借鉴的经验。截至 2022 年末，成都市共认定各类社会企业 189 家（有效期内 127 家），年度营业收入总额超过 7 亿元，从业人员合计 2785 人（包含兼职人员），平均每家社会企业提供了 21.93 个就业岗位。①

第三，佛山市顺德区。顺德区是全国首个破冰开展社会企业认证的地区，在社会企业人才培养方面先行先试、持续深耕，探索出可推广的路径。顺德区委、区政府于 2012 年成立了法定机构"顺德社会创新中心"（以下简称"社创中心"），扮演顺德社会治理创新枢纽和智库的法定机构角色。社创中心在推动社会企业本土实践、挖掘培育社会企业人才方面发挥显著作用。此外，为深入实施顺德区民营企业家素质提升工程，顺德区每年还组织一定比例的社会企业参加由不同单位承办的"转型升级培训班"，做好企业领军人才培训。社创中心也组织开展"益起社创"2022 顺德社会企业家高级研修班等活动，帮助社会企业管理者开阔视野、拓宽思路。通过"汇贤社会创新人才计划"和"众创共善"计划等，搭建社会建设领域的人才交流合作平台，以项目实践为导向，鼓励跨界合作，全面提升社会创新领袖人才的专业能力、领导能力和创造力，拓展其参与社会创新的途径和空间。②

第四，安徽省。安徽省通过扩大宣传、培育人才等举措积极构建有利于社会企业发展的外部环境。2021 年，共青团中央主办的第八届"创青春"中国青年创新创业大赛首次增设"社会企业专项"，总决赛在安徽合肥举办，赛事比拼和论坛交流受到社会各界广泛关注，推动了社会企业家精神和双创精神的传播。2022 年 7 月，安徽省民政厅等七部门联合出台了《安徽省社会企业认定培育试点管理办法（试行）》（皖民慈社字〔2022〕66

---

① 数据源自"成都市社会企业发展促进会"微信公众号，https：//mp. weixin. qq. com/s/S2yZo1TaaJ5UyWkX1ycMfw，最后访问日期：2023 年 6 月 14 日。
② 资料来源于顺德社会创新中心官网，http：//www. ss-ic. org. cn/，最后访问日期：2023 年 6 月 14 日。

号），重点推进社会企业的培育管理。针对社会企业的人才培养，安徽省从建立社会企业智库、开展专项服务培训、支持社会企业人才引进三方面着手推进，并创新性地提出建立专业导师工作机制，提供政策讲解、党建工作、财务管理等专业咨询和服务，培养一批熟悉国际规则、具备国际视野的社会企业家。2022 年 11 月，安徽省民政厅等七部门确定淮南、滁州、芜湖、安庆四市为社会企业认定培育工作试点市，鼓励试点市因地制宜制定政策措施，主动探索人才引进新路径，大力弘扬企业家精神。

从某种意义上讲，地方试验构成了中国政策变迁的实践根基，是中国制度创新与演变的动力源泉（董雪兵等，2020）。北京市、四川省成都市、广东省佛山市顺德区和安徽省等地方政府围绕社会企业进行的各种政策创新和实践，为推动中国社会企业人才队伍建设进行了有益的探索，各地的制度学习、引进和创新将推动中国社会企业人才制度逐步完善。

二　中国社会企业人才队伍的发展与困境

为进一步了解中国社会企业成长动态，上海交通大学中国公益发展研究院与深圳市社创星社会企业服务平台分别于 2020 年 10~12 月、2023 年 4~8 月对中国社会企业进行了两次行业调查。其中，2023 年的调查涵盖了北京、上海、四川、广东、山东、云南等地的 126 家社会企业，问卷内容包括组织业务与运营、组织人员、组织财务等关乎社会企业发展的重要问题。通过数据分析与纵向对比，本报告发现中国社会企业人才队伍建设取得新发展，同时也面临一些困境。

（一）社会企业组织规模逐渐扩大，但是专业人才数量与现实需求存在差距

社会企业的执行层（包括全职员工与兼职员工）是社会企业业务推广、产品服务、贯彻价值理念的中坚力量。中国社会企业行业调查问卷（2023）数据显示，在受访的 126 家社会企业中，57 家社会企业全职员工数量在 10

人以下，占比为 45.2%；10~50 人的社会企业 57 家，占比为 45.2%；50 人以上的社会企业 12 家，占比为 9.5%。就兼职员工数量而言，126 家企业中近七成（69.0%）的社会企业兼职员工人数在 10 人以下；10~50 人的社会企业共 33 家，占比为 26.2%；50 人以上的社会企业共 6 家，占比为 4.8%（见图 1）。纵向对比 2020 年数据，社会企业的员工数量和组织规模都有了一定程度的提升，社会企业人才队伍与社会企业呈现同步发展态势。

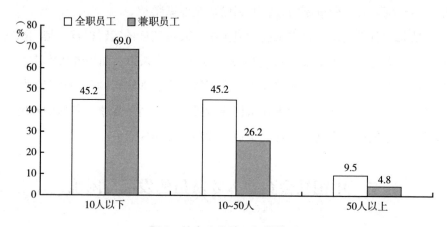

图 1　社会企业员工规模情况

虽然社会企业员工总量在日益增加，但社会企业专业人才的储量未能很好回应现实需求。数据显示，在"组织发展的主要挑战"这一多选题中，"专业人才缺乏"居于榜首，占有效填写人次的 63.5%，成为社会企业公认的老大难问题，社会企业员工的专业知识技能、创新能力和执行能力明显存在不足，难以满足社会企业可持续发展的需要。

（二）社会企业员工身份认同感强，党建引领作用有待深入

社会企业员工在社会责任感和公益理念的驱动下投身于社会企业事业，相较于传统企业群体，更加注重自我价值的实现。他们的自我社会企业身份认同感越高，则越具有"主人公心态"，越能将工作热情转化为工作绩效。由调查数据可知，大部分社会企业员工的身份认同感较高或很高，占比分别

为 43.7%和 37.3%。

党组织在增强员工身份认同、凝聚人心共识过程中同样发挥着重要作用，党的二十大报告也明确要求加强新经济组织、新社会组织、新就业群体党的建设，为社会企业指明了道路方向。但调查数据显示，67.5%的社会企业尚未成立党支部，仅 11.9%的社会企业成立了党支部；12.7%的社会企业与其他机构成立了联合党支部，7.9%的社会企业成立了独立的党支部（见图 2）。

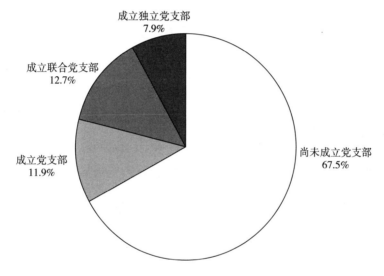

图 2　社会企业党建工作情况

与 2020 年数据相比，尚未成立党支部的社会企业比重增大，说明社会企业的党建工作相对薄弱，思想认识不足。目前，大多数社会企业仍处于成长发展阶段，面临诸多问题和挑战，社会企业人员结构的复杂性与流动性加大了党建工作的难度。

（三）社会企业呼唤本土伦理型领导，员工对领导者伦理领导力认可度高

相较于西方伦理型领导，中国本土企业伦理型领导并非简单的柔性管理模式，而是融合德行修养、人文关怀和行为问责三个维度的复杂结构（李建玲、刘善仕，2017）。"对组织领导者伦理领导力看法"一题中，大多数人对本组织领导层的伦理领导力给予了正向评价。员工对"领导层做决策的时候会思考什么是应该做与正确的事"认可度最高，"同意"和"非常同意"的占比高达96.0%。其次是"领导者会考虑员工的切身利益"，"同意"和"非常同意"的占比达95.2%。还有94.5%的员工认为"领导层用心倾听员工的声音"。

社会企业在追求经济价值的同时，更致力于实现社会目标，因此社会企业的企业文化和伦理价值观至关重要。而在伦理管理过程中，领导者应通过榜样示范、角色期望、双向沟通、奖励约束等方式增加下属伦理行为，实现伦理领导力和伦理规范的扩散效应（朱珈毅、戴昀弟，2021）。因此评价社会企业领导者的优劣不应仅仅关注其是否提高组织经济效益，而应更加注重领导者德行素养的构建，进而提升组织伦理水平。

（四）社会企业跨界复合型人才稀缺，人力资源管理效能较低

在加强社会治理和社会创新的双重政策背景下，社会企业获得快速发展，发展速度与质量的不对称催生了社会企业对跨界复合型人才的迫切需求。社会企业以商业化手段去实现社会目标，单一要素的人才评价机制已成为过去，兼具专业知识与实务技能，拥有公益情怀和商业头脑的复合型人才才能满足社会企业的发展之需。在激烈的市场竞争过程中，谁能吸引和培养跨界复合型人才，谁能任用和留住跨界复合型人才，谁就能获得竞争优势和发展动能。

结合调查数据，社会企业开展服务和业务支持的领域较为广泛，大多数社会企业涉足两个及以上的服务领域，如一家健康科技公司在教育、医疗卫生和信息技术三方面提供服务，一家文化传播公司从事扶贫、文化和环保方面的工作，这些跨度极大的服务领域更加需要跨界复合型人才的加入。但受访人在反馈中提及市场上几乎没有此类人才的供应，人才不能选、不会用也不易留。

人力资源管理效能，是衡量人力资源管理一系列活动在实现目标过程中的效果评估体系，有利于更好地发现组织管理存在的问题，进而通过提升人力资源管理水平去更好地实现组织目标（马俊等，2020）。人力资源效能是彰显人力资源有效性的重要指标，更是反映企业员工工作结果的标尺，但社会企业目前的人力资源效能相对较低。在本次调研反馈中，"人力成本上升""难以实现营收平衡""现金流不畅"居于"组织运营的主要挑战"前三位，其中"人力成本上升"占有效填写人次的 77.8%，远远超出其余选项。在"组织人力资源管理的主要挑战"问题中，"人效低但成本高"也同样突出。

在社会企业发展过程中，社会企业通过吸收招募员工的形式不断扩大组织规模，但存在盲目增加人才数量、忽视人才结构层次、忽视人才岗位适配度的问题，导致"钱少人多"现象的出现，久而久之，社会企业员工薪资发放也会成为社会企业的负担。

三 社会企业人才队伍建设的域外经验

20 世纪 90 年代以来，社会企业逐渐在全球范围内崭露头角，在优化社会公共服务供给、激发社会经济活力领域中展现出独特优势，得到各国政府的支持和推进。本报告选择英国、韩国和新加坡三个国家的人才政策作为分析对象，原因在于：英国作为社会企业发展势头强劲的欧美国家，社会企业已获得长足发展，政策工具的选择和组合具有典型性；韩国、新加坡同属于受儒家思想熏陶的亚洲国家，与中国有较为相似的文化结构和经济背景（李健，2018），总结其成功经验对中国发展社会企业具有借鉴意义。

（一）英国

英国社会企业发展历史久远，最早可追溯到 1844 年的罗奇代尔合作社，英国是目前世界上社会企业发展最活跃的头号强国。早在 2001 年，英国贸工部便设立社会企业工作小组以支持社会企业发展，对社会企业的监管也日益完善。在专业人才建设方面，2002 年，英国政府拨款 1.25 亿英镑成立

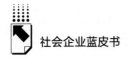

"英格兰未来建设者基金",旨在为社会企业提供人才培训,帮助社会企业拓宽在公共领域内的业务范围。2006年,英国政府启动实施"能力建设者"项目,项目包括面向社会企业员工提供多样化的指导与培训,以期提升社会企业竞标力和项目执行力。英国贸工部还资助成立了"社会企业培训支持联合会",为社会企业员工提供广泛的培训课程(陈雅丽,2014)。为挖掘和培育青年社会企业家,英国政府与多所知名高校达成合作,开展社会企业相关研究,成立于2003年的牛津大学斯科尔社会企业中心已成为社会创业的先驱。此外,英国政府还着力构建民众对社会企业的认知体系,多渠道宣传奖励社会企业成功案例,并设立"企业化方案奖"等社会企业专项奖项(赵萌,2009)。

（二）韩国

韩国是亚洲首个颁布社会企业专门性法律的国家,2007年《社会企业育成法》的实施为韩国社会企业发展提供了法律支持和制度保障。在人力资源支持方面,韩国于2011年成立了促进社会企业发展的机构"韩国社会企业振兴院",其基本任务包括社会企业人才培养等,面向社会企业提供创业知识、领导力、专业能力提升等教育培训,突出社会企业能力建设(金仁仙,2015)。2013年,韩国开展"学院项目",在三所主要大学中推出了"社会企业领袖计划",2015年釜山大学还设立了首个社会企业硕士研究生专业,以便深入推进储备社会企业高级人才(李庆,2020)。韩国政府还高度重视社会企业的宣传推广,将每年的7月1日设定为"社会企业日",并将从社会企业日起的一周制定为社会企业周,加深公众对社会企业家精神的认知和理解。2018年11月,韩国社会企业振兴院启动"第三次社会企业育成基本计划(2018~2022年)",从2019年开始,在九个区域开设"社会企业成长扶持中心",并通过为初创社会企业提供场地和专业咨询等服务加强物质基础建设,提供"社会企业再创"(Re-Start)扶持机制,即如遇创业失败或经营不善,提供3000万韩元的再创基金等,同时积极提升社会企业的公众认知度(胡敏等,2021)。

（三）新加坡

新加坡通过宏观政策的力量建立起孵化社会企业的生态系统，在社会企业人力资源储备方面进行了丰富的实践，致力于加强青年与社会企业的链接，通过多种途径吸引和培养人才。2011年，新加坡政府设立"总统社会企业奖"，用于表彰帮扶弱势群体和经营情况良好的社会企业，在新加坡政府的鼓励和倡导下，新加坡人民对社会企业的认知度不断提高。2012年，新加坡社会青年体育部发起"青年社会企业精神培育计划"，旨在通过资金支持鼓励各级学校传播社会企业家精神相关知识，培养青年创新创业能力。与此同时，新加坡政府也大力支持社会创业教育工作，致力于将社会企业纳入新加坡学校创业教育的通识体系，目前新加坡国立大学等多所院校均已开设相关课程，提供社会企业管理方面的学位（李健、于明洋，2017）。此外，新加坡政府重视社会创业教育，鼓励青年创新创业，支持SCAPE新加坡国家青年发展中心、DBS青年领导中心等机构，为新加坡青年提供创新创业平台，使其成为社会企业的储备人才。

综合对比英、韩、新等国的社会企业人才政策及其演进脉络，不难发现三国存在以下相似之处：一是政府政策的引导作用显著；二是注重弘扬社会企业家精神，在全社会营造对社会企业的文化认同氛围；三是重视社会企业的能力建设，设有专门机构负责推动社会企业人才发展；四是重视青年社会企业家的功能发挥，将社会创新纳入国民教育体系，吸引和鼓励更多的民众投身社会企业工作。三国的社会企业人才政策各有侧重，对我国社会企业人才队伍建设具有积极的借鉴意义。

四　中国社会企业人才高质量发展的对策建议

（一）加强党建引领

党建引领是促进社会企业健康发展的有效手段，是提升人才培养质量的

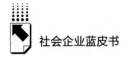

重要因素。为建设高质量的社会企业人才队伍，应在人才培养、管理等过程中开展有针对性、实效性的新时代党建工作。

第一，社会企业应通过各种渠道和形式，不断加强与人才培养单位的联系，有针对性地发掘潜在人才，进行跟踪培养，将社会企业发展需要的专业素质、技能训练等贯穿到人才培养过程中去。

第二，社会企业人才队伍建设过程中应建立符合现代企业制度和慈善事业发展要求的人才培养机制，积极推进人力资源管理制度变革；完善人才保障机制，了解社会企业发展的现状，对未来发展需求进行预测，制定本机构的短期规划与长期发展计划；针对不同层级的人才分类确定不同的发展规划，使人才队伍建设呈现梯形化，增强其整体效能表现。

第三，发挥思想政治工作优势。充分发挥党支部"传帮带"的辅导作用，从根本上激励社会企业从业人员对岗位的热爱，为人才的快速成长创造有利条件。

（二）完善政策体系

公共政策的本质是通过宏观调控分配公共利益。英、韩、新等国的经验已经彰显了政府政策在推动社会企业人才发展中的积极作用。为实现社会企业人才队伍的壮大，中央和地方应继续发挥政策引擎作用，从以下三个维度完善政策体系。

第一，鼓励一般性政策的制定。一般性政策包括地方性规章和部门规章，前者最能体现地方特色和创新，后者一般针对特定的领域制定专门性人才政策。因此，地方性规章应对本地社会企业发展、人才队伍建设中的有益探索予以肯定，在符合中央政策基本原则的前提下，鼓励地方性创新，为顶层制度设计贡献地方政策经验，从而形成"自上而下"与"自下而上"相结合的社会企业人才政策演进路径，如广东顺德的探索即属此类。部门规章则可制定本领域具有特殊性、技术性要求的职业资格、薪酬标准等，以符合不同领域社会企业人才的差异性需求。

第二，加快指引性文件的制定。社会企业人才队伍建设的过程实质上包含人才培育、人才引进、人才管理、人才发展等过程。因此，为规范人才队伍建设，有必要制定一系列相关的指引性文件，比如社会企业的职业资格、薪酬保障、人才培训等。政府相关部门可基于既有经验，加快推进指引性文件的制定，为社会企业人才的引育、管理和发展提供可操作的指引，保障人才队伍的持续性。

第三，加强配套政策建设。缺乏相对成熟的公益人才市场，社会企业将难以正常发展。因此，中国亟须通过配套政策的建设，促进社会组织、社会企业人才队伍的发展。为此，需要建立政府与社会组织的合作战略，推广社会企业认证制度，引导社会公众、教育部门等关注公益人才的培养，通过配套政策来积极完善国内社会企业行业的人才生态。

（三）培育企业家精神

党的二十大报告指出，要完善中国特色现代企业制度，弘扬企业家精神。社会企业的创始人、管理者等是社会中的优秀群体，是慈善界、企业界的复合型人才。他们具有极强的创新特质、资源整合能力和拼搏精神，在社会企业发展和社会问题解决中起着至关重要的作用。应从个体、组织和社会等层面形成培育企业家精神的良好氛围，促进社会企业人才的良性发展。

第一，企业家精神强调了企业精神、技能等领域的集合，这种人格特质是由企业家的决策特征、管理风格和内心追求决定的。因此，社会企业、高校或教育部门可以有针对性地培养高层管理者开拓创新的精神、较高的自我认知能力、包容开放的胸怀、坚忍不拔的毅力和诚信示范的品性，从而培育、筛选能够对社会企业、对整个社会实现"价值引领"的后备人才。

第二，能够带领社会企业实现持续发展、对社会问题进行关切回应的企业家、管理者，往往拥有极具个人风格的管理理念与管理方式。对社会企业成长发展而言，管理者应保持开放态度，不拘泥于学习、模仿某一种单一的知识体系、管理观念，而是海纳百川、集众家之所长，充分学习、吸收优秀

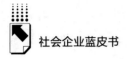

的管理理念、管理模式，从而引导社会企业内部形成广泛的组织认同，进而吸引优秀人才的加盟，形成人才合力。

第三，企业家精神对社会具有良好的示范引导作用，应充分利用现代传播方式与媒介，对社会企业发展和创业人才的成功经验进行宣传、推广和表彰，树立社会企业的优秀典型与良好社会形象，形成社会企业的品牌效应，赢取社会和公众对社会企业使命和价值的认可与支持。

参考文献

陈雅丽，2014，《社会企业的培育与发展：英国经验及其对中国的启示》，《社会工作》第 3 期。

董雪兵、李霁霞、徐曦磊，2020，《政策创新：来自地方自发试验的力量》，《经济社会体制比较》第 2 期。

何立军、李发戈，2022，《社会企业在第三次分配中的作用机理研究》，《社会政策研究》第 1 期。

胡敏、王佳桐、郭源埈，2021，《节俭式创新：韩国社会企业发展现状与创新模式分析》，《当代韩国》第 1 期。

金仁仙，2015，《韩国社会企业发展现状、评价及其经验借鉴》，《北京社会科学》第 5 期。

李建玲、刘善仕，2017，《中国企业伦理型领导的结构特征、伦理渗透与伦理反思——基于 Z 公司的案例分析》，《管理案例研究与评论》第 3 期。

李健，2018，《社会企业政策：国际经验与中国选择》，社会科学文献出版社。

李健、徐彩云，2023，《社会企业何以行稳致远？——基于解释结构模型的社会企业关键成功因素研究》，《软科学》第 10 期。

李健、于明洋，2017，《新加坡与韩国社会企业政策设计比较研究——基于社会建构的理论视角》，载王名主编《中国非营利评论》（第二十卷），社会科学文献出版社。

李庆，2020，《韩国社会企业发展脉络、新动向与启示》，《经济论坛》第 3 期。

马俊、林珈忻、吴维库，2020，《员工企业社会责任感知影响人力资源管理效能？——基于领导行为协同中介模型》，《技术经济》第 5 期。

邵任薇、李明珠、许雯雯，2021，《基于政策工具理论的社会组织政策分析与评估——2008～2019 年政策文本研究》，载徐家良主编《中国第三部门研究》（第 21 卷），社会科学文献出版社。

孙锐，2022，《实施新时代人才强国战略：演化脉络、理论意涵与工作重点》，《人民论坛·学术前沿》第 18 期。

王婷，2015，《行政体制改革的中国语境与中国命题》，《江海学刊》第 2 期。

王婷，2018，《中国政策结构的内在逻辑——以农村社会养老保险政策为例》，《政治学研究》第 3 期。

赵萌，2009，《社会企业战略：英国政府经验及其对中国的启示》，《经济社会体制比较》第 4 期。

朱珈毅、戴昀弟，2021，《垂滴与整合：三重叙事视角下伦理领导力三元传导机制分析》，《领导科学》第 14 期。

B.6
我国社会企业影响力
投资模式、测评与发展[*]

朱志伟　张晓亮[**]

摘　要： 社会企业影响力投资是用商业手段解决社会问题的重要方式，是金融投资与公益慈善融合发展的创新工具。社会企业影响力投资与传统的财务回报、服务领域具有很强的耦合性。通过分析我国社会企业的发起方、主要收入来源、服务需求点发现我国社会企业影响力投资仍然处于初级阶段。尽管如此，实践中也已经形成了政府支持型、企业支持型、社会组织支持型三种社会企业影响力投资模式，且每种模式都存在一定差异。现阶段社会企业影响力成效评测也已经取得很好的发展，但成效评测指标仍然需要突破"义"与"利"的框架，因地制宜地做出调整。未来，我国社会企业影响力投资须加大政策支持力度，提升社会企业影响力投资合法性；打造投资生态系统，提升社会企业影响力投资持续性；以回应问题为先导，提升社会企业影响力评估实效性。

关键词： 社会企业　影响力投资　成效评测

---

* 本报告系苏州大学人文社会科学科研项目"社会企业参与社区服务供给的持续性机制与效能优化策略研究"（21XM2009）与苏州大学国家级一流本科社会学专业建设项目和江苏省高校品牌建设工程社会学专业建设项目（YS102）的阶段性成果。

** 朱志伟，苏州大学社会学院副教授、硕士生导师，主要研究方向为社会组织、社会企业；张晓亮，苏州大学社会学院硕士研究生，主要研究方向为社会企业。

社会企业由于用商业模式解决社会问题，这种独特的运作模式受到了社会各界的关注。正因如此，社会企业也成为影响力投资的重要对象。"影响力投资"是指通过投资实现商业价值和社会价值的融合。作为一种投资战略，影响力投资的目标是获得积极的社会与环境影响的同时，获得一定量的投资回报，因此它也被称为"三重底线投资"。社会影响力投资处在传统投资与不求财务回报（如慈善捐赠）的中间位置，可用的投资工具既包括私募股权、可转换债券、天使投资等，也涉及公益创投、社会影响力债券等多种形式（刘蕾、陈绅，2017）。洛克菲勒基金会是社会影响力投资领域的先驱与倡导者。2007 年，洛克菲勒基金会在意大利贝拉吉奥中心召开的一次关于慈善和发展金融的会议上，首次正式使用了"社会影响力投资"一词，用以形容它们过去所做的那些希望创造社会和环境效益的投资，并强调社会影响力投资是希望达成财务和社会影响的双底线概念，即投资行为要获得社会价值、环境价值和财务价值的协同，同时要求影响力是可衡量的。摩根大通与洛克菲勒基金会在 2010 年发表的《影响力投资：一种新兴的投资类别》中提出影响力投资作为一种新兴的投资类别正在走向世界（Global，2010）。社会影响力投资在我国虽然起步比较晚，但也有一些积极的探索。如 2018 年深圳市福田区发布的《福田区关于打造社会影响力投资高地的扶持办法》，成为我国第一份社会影响力投资的专门性政策文件，为其他地区开展影响力投资提供了很好的参考。

一 社会企业影响力投资的多元内涵耦合分析

（一）财务回报和社会影响的耦合

21 世纪之初，就有学者倡导摒弃追求短期高回报率的破坏型投资模式，提倡投资可以创造可衡量的社会效益和财务回报。作为一种新兴的投资方式，影响力投资最大的特点就是关乎财务回报与社会效益之间的杠杆平衡。Niggemann 和 Bragger（2011）指出影响力投资只追求能够覆盖通胀成本的低

回报率。影响力的投资回报率理应低于整个社会的平均经济回报率。过高的回报率意味着将会吸纳更多的社会资本，大量的社会资本涌入必然导致商业性增强，社会效益减少。影响力投资因具有可辨识的、有意识的产生社会和环境效益的战略而与传统投资大相径庭，其打破了传统的风险-回报模型。在此基础上，影响力投资的财务回报要将其与拨款资金和公益区别开来，这也是为了后期更好地进行效益测量。虽然影响力投资追求高社会效益，但是它并没有完全摒弃它的商业属性，商业所具有的活力与效益追逐可以很轻易地发现社会环境的痛点，在利益驱动的基础上附加使命驱动与影响力投资机制不谋而合。现阶段，我国影响力投资根据投资目的和预期回报的差别分为两类，分别是基于可预期的财务回报的社会影响力投资和强调社会与环境效益的可测量的影响力投资。

（二）嵌入领域和社会影响的耦合

影响力投资的嵌入领域与社会影响之间存在紧密的耦合。影响力投资者通过将资金注入特定领域中，创造就业机会，提供可持续的解决方案，改善社区基础设施等，从而直接对社会产生影响。这种耦合效应可以促进可持续发展和社会公正，并为投资者提供同时实现经济和社会回报的机会。影响力投资因具有独特的投资模式而可以在许多领域发挥作用。来自新生代投资者的价值取向以及新兴市场的吸引力、消费者的压力这三大趋势的促进，使得影响力投资正在被社会各界关注。作为可以将慈善产业由被动转为主动的方式，影响力投资可以瞄准30亿处于"金字塔底端"的消费者人群以及庞大的新兴市场。欧美国家21世纪之初就尝试将慈善公益和影响力投资植入商业战略和财务管理。不仅是在商业方面，在教育方面，如美国犹他州优质学前教育项目也采用影响力投资的方式利用社会资本开展学前教育（武欣、潘懿，2016）。对我国而言，影响力投资方兴未艾。我国最早的影响力投资形式是非公募基金会，其通过吸纳社会资金作用于公益带来社会正效应。但是这种非公募基金会是以捐赠为主，并没有完全容纳影响力投资的理念机制。如今我国部分地区也开始接受影响力投资的理念，在不同的领域因地制宜发展特色运行机制，徐州淮海农村商业银行探索的"金融+党建"的普惠金融模式与影响力投资内核契合，推动金融普惠的同时积极探索自身转型。但是就主要对象而言，社会企业无疑是影响力投资的主体。社会企业是以解决社会问题为目标，通过商业运作方式实现社会价值的企业，作为行为主体，社会企业可以连接政府、市场与社会三大主体。

社会企业之所以成为投资的主体，是因为社会企业独具的企业社会价值让那些"害怕"涉足这个领域的投资者把它当作"第一机构投资者"。有学者则认为因为影响力投资兼顾商业属性和公益属性，所以社会企业所具有的可衡量的社会影响可以很好地诠释影响力投资带来的价值（Bouri，2015）。重视非财务回报的社会资本凭借影响力投资成为显学而进入公共服务项目领域，它们需要像社会企业这样注重社会效益的运作载体。在影响力投资行业，实现经风险调整后的市场回报率非常可行，所以正确的投资选择才是最重要的，社会企业也正是符合投资者回报期待的选择。社会企业以不同的方式挑战传统商业模式，提供新的解决方案来解决社会和环境问题，这就意味着投资社会企业可以使投资者成为变革的推动者。

二 我国社会企业影响力投资现状概貌

近年来，我国社会企业影响力投资有一定的发展，但整体上仍然处于发展初期。社会企业影响力投资的产业链仍然处于构建中，包括投资管理公司、融资顾问、第三方评估机构、社会企业孵化器、社会影响力投资联盟、社会企业、上市交易市场等机构。就社会影响力投资而言，2016年4月发行的扶贫专项金融债及地方政府扶贫专项债就是很有代表性的投资形式，现阶段已经形成了相对完善的配套政策体系，对扶贫债券的发行规范、募集资金使用有明确的规定。但社会企业接收到的影响力投资相对较弱。从上海交通大学中国公益发展研究院与深圳市社创星社会企业服务平台（CSESC）共同实施的中国社会企业行业调查问卷（2023）数据中可以看出我国社会企业影响力投资的现状概貌。

（一）我国社会企业发起方

发起成立社会企业是很多投资机构的有效选择。但从图1分析可知，个人是社会企业的主要发起方，占总有效填写人次的61.9%。这表明个人在发起组织活动中起到了重要的作用。企业是第二大发起方，占总有效填写人次的25.4%。这显示了企业在社会责任和公益事业方面的积极参与。社会组织（基金会）占比为5.56%，属于较少的一部分。这可能意味着社会组织（基金会）在发起组织活动中的参与度相对较低。其他发起方占比为7.14%，虽然不是主要发起方，但也不能忽视其对组织活动的贡献。综上所述，个人已经成为社会企业的主要发起方，他们的积极参与对于社会企业活动的顺利进行起到了重要作用。同时，值得关注的是社会组织（基金会）和其他发起方的参与度，可以进一步探索如何提高它们的参与度，以推动组织活动的多样化和全面发展。

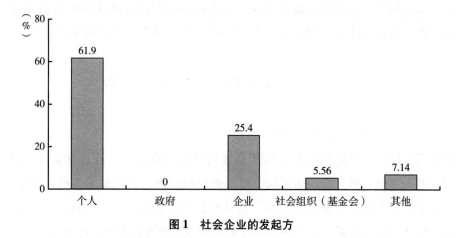

图1　社会企业的发起方

（二）社会企业主要收入来源

从社会企业主要收入来源（见图2）来看，产品或服务收入是社会企业目前的主要收入来源，占总有效填写人次的93.65%。这说明社会企业的收入主要依靠自身盈利，并且能够带来相对稳定的收入。政府支持是第二大收入来源，占总有效填写人次的 34.13%。这表明社会企业能够积极争取政府的支持和资助，进一步改善财务状况。企业支持和大众支持分别占总有效填写人次的 16.67% 和 7.94%。这说明社会企业能够吸引企业和大众的捐赠和赞助，为财务收入提供一定的支持。资产收益、社会组织支持、母体组织投入经费和持续参加各类比赛（竞赛）获奖的比例较低，分别为 7.94%、7.14%、5.56% 和 7.14%。这意味着社会企业在这些方面的收入还有提升的空间，可以进一步开发和利用资产、争取社会组织的支持、增加母体组织的投入和积极参与各类比赛以提高收入。其他收入占总有效填写人次的 3.97%，这可能是一些特殊或不常见的收入来源，具体情况需要进一步了解。综上所述，社会企业的主要收入来源是产品或服务收入，政府支持占比也有所增加，同时也能够获得部分企业和大众的支持。

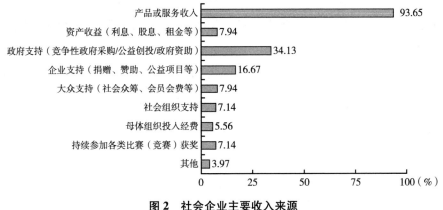

图 2　社会企业主要收入来源

从社会企业过去两年的收入平衡情况（见图 3）来看，有接近 1/3 的社会企业可以达到盈亏平衡，处于盈利状态的社会企业累计接近一半，达到45.24%。但是从盈利等级来看，仅有 6.35% 的社会企业可以获得 100 万元及以上的盈利，占比比较低。

从社会企业最需要的服务类型（见图 4）来看，最需要的服务是公益创投，占总有效填写人次的 61.90%。这表明社会企业对于融资与投资方面的支持和帮助需求较高。提升运营能力和提升品牌是同样受欢迎的服务，分别占总有效填

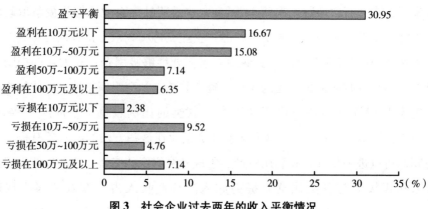

图3　社会企业过去两年的收入平衡情况

写人次的58.73%，说明社会企业对于提升自身运营能力和品牌形象的需求较为均衡。人才引进是第三受欢迎的服务，占总有效填写人次的57.94%，反映出社会企业在人才招聘和人才管理方面有一定的需求。渠道打造是受欢迎的服务之一，占总有效填写人次的53.17%，反映出社会企业对于拓展市场和销售渠道有一定的需求。总体来看，社会企业最需要的服务主要集中在公益创投、提升运营能力、提升品牌、人才引进和渠道打造等方面。这些服务可以帮助社会企业在融资、运营能力、品牌形象、人才管理和市场拓展等方面获得更好的发展。

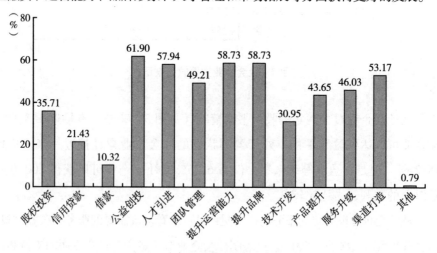

图4　社会企业最需要的服务类型

考虑到处于不同发展阶段的社会企业对于服务诉求可能有所不同，在对不同发展阶段的社会企业需求做出交叉分析（见图5）后发现，刚成立1～3年，处于初创阶段的社会企业最需要的是公益创投服务，占比达到69.44%；其次是人才引进服务，达到66.67%；同时，对股权投资、信用贷款与借款的服务诉求也很高，分别达到了50.00%、27.78%以及22.22%。与处于初创阶段的社会企业相比，成立4～8年，处于早期成长阶段的社会企业，公益创投、股权投资、信用贷款与借款的比例都有所下降，说明社会企业发展阶段不同会直接影响到对影响力投资的需求。这一观点也在成熟阶段的社会企业服务诉求中得以体现。数据显示，成立8年以上，处于成熟阶段的社会企业对股权投资、信用贷款的诉求比处于初创阶段、早期成长阶段都有所下降，分别达到26.47%、14.71%。以上数据分析直接反映出各投资机构应该加强对处于初创阶段社会企业的支持。

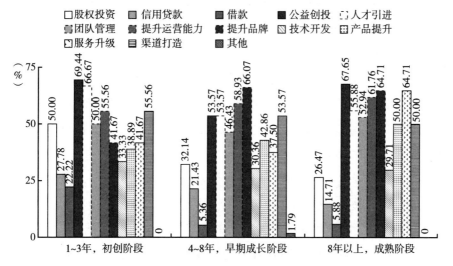

图5　不同发展阶段的社会企业需求交叉分析

三　我国社会企业影响力投资主要模式

作为兼具社会性和商业性双重属性的影响力投资形式，社会企业影响力

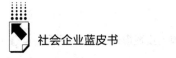

投资最重要的是，在投资过程中保持平衡，将财务回报和社会影响力作为双重目标，并定期评估投资的效果和成果。社会企业影响力投资带来的社会效益和经济回报不是简单的堆叠，而是要探索不同类型效益重整组合带来的融合性的综合价值。根据社会企业影响力投资主体进行划分，我国社会企业享有的投资模式主要有政府支持型、企业支持型、社会组织支持型三种。

（一）政府支持型

政府支持型的社会影响力投资是政府凭借其在财力与体制上的优势向特定社会服务领域做出的旨在实现社会效益最大化的投资。在该模式下，政府部门的需求或行政偏好会直接影响到社会影响力投资的领域，扮演的角色也比较多元，既是投资发起者、资金提供者，也是投资效果评估者，甚至是服务提供者。现阶段，这种模式是我国社会企业接收到社会影响力投资最重要的模式。北京、成都、深圳等地都广泛存在该模式。

1. 实践发展

2011 年，北京市发展和改革委员会在《北京市"十二五"时期社会建设规划纲要》中，提出要积极扶持社会企业的发展；2014 年，推出《关于进一步加强金融支持小微企业发展的若干措施》，支持符合条件的创业投资企业、股权投资企业、产业投资基金发行企业债券，以扩大投资企业或基金的资本规模，专项用于投资小微企业；2018 年，推出《大兴区推进大众创业万众创新的实施办法（试行）》，鼓励创业投资企业和天使投资人投资，对获得国家政策支持的，对其剩余 30% 未抵扣应纳税所得额部分，给予最高不超过 100 万元的一次性资金支持；2022 年 4 月，北京市社会建设工作领导小组印发《关于促进社会企业发展的意见》，建立社会企业的认证制度，重点扶持养老助残、托幼服务、环境保护、社区服务等民生保障类社会企业，明确社会企业重点扶持方向、完善社会企业监管体系并提出一系列保障措施规范社会企业的发展。2012 年，上海市民政局主办，上海公益事业发展基金会承办了"2012 年上海社区公益活动"，共筹集了 500 万元资金用于资助和扶持养老、助残、扶贫等有关的公益服务项目，在此资助形式的影响下很多社区开展了社区自治金项目；2014 年，上海发布《关于加快上海创业投资发展的若干意见》，鼓励地方资本参与公益创投领域，完善对公益创投的投资管理和服务体系；2020 年，财政部、生态环境部与上海市政府共同发起设立国家绿色发展基金，首期募资规模为 885 亿元，用于对可持续发展项目进行扶持；2021 年，上海浦东新区民政局发布《探索大城治理的浦东样板》，以探索和应对社会影响力投资的发展，并鼓励发展社会企业等"善"经济。

2010 年，深圳市人民政府发布了《关于进一步鼓励和引导社会投资的若干意见》，鼓励和引导社会投资，以促进经济社会较快发展，提高经济社会发展质量，加快民生幸福城市建设。2018 年，福田区人民政府办公室发布了《福田区关于打造社会影响力投资高地的扶持办法》，根据"分类扶持、重点培育、盘活存量、提升增量"的原则，按照社会影响力投资的特点以及投资业态的不同运作模式，分类予以扶持，如支持发行社会影响力债券，设立社会影响力投资子基金，支持责任投资机构、支持社会企业发展等，推动实现"用五年时间打造全球社会影响力投资高地和公益金融中心"的发展愿景。2017 年，成都市印发《关于深入推进城乡社区发展治理建设高品质和谐宜居生活社区的意见》，鼓励社区探索创办服务居民的社会企业。2018 年，成都市工商行政管理局发布《关于发挥工商行政管理职能培育社会企业发展的实施意见（征求意见稿）》，明确了"社会企业"字样在企业名称中的使用标准，并对社会企业的认定进行了规范。2020 年，成都市人民政府办公厅印发《成都市促进创业投资发展若干政策措施》，以加快创业投资企业和创业投资资本的聚集，打造具有国际影响力的创业投资高地。2021 年，成都市人民政府办公厅印发的《成都市社会企业培育发展管理办法》进一步规范了社会企业的定义，完善了社会企业的评审认定制度、支持政策以及监管体系。2021 年 9 月，武侯区委社治委联合区委组织部、区民政局、区市场监管局出台了《武侯区关于培育发展社区社会企业的实施办法（试行）》，对社会企业给予了主体支持、业务支持、财税支持、创新支持、资源支持等多方面的优待。

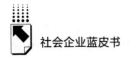

2. 运行特征

（1）行政力量作为投资的主要动力。政府支持下的社会企业影响力投资可以得到很好的执行，离不开政府部门自上而下行政力量的支持。政府部门凭借其行政力量可以很好地将投资事项布置到相关职能部门，在做好协同沟通的基础上也可以实现跨部门的资源动员。北京、上海、成都等地政府对社会企业的支持实践依靠行政力量，链接了财政部门、民政部门、住建部门等多个跨部门资源，在社会企业税收、人力资源、注册登记等方面都给予了很大支持，这对于社会企业的发展至关重要，因为政府支持是提升社会企业政治合法性的基础条件。

（2）投资领域与政府基层治理领域相契合。现阶段，政府对社会企业影响力的投资领域更多的是出于基层治理的需求。以成都市为例，2021 年，成都市人民政府办公厅印发的《成都市社会企业培育发展管理办法》中提出优先培育发展社会企业的行业领域或服务项目，包括但不限于就业援助、扶贫帮困、养老助老、助残救孤、医疗救助、妇女儿童成长发展等基本民生服务项目，社区环境保护、垃圾分类、食品安全、物业服务等居民生活服务项目，社区文化、社区教育、卫生科普、体育健身等公共服务项目，面向农民的普惠性小额信贷、农业经济合作等乡村振兴项目，以及开展碳中和、大气治理、污水处理、土地修复、社会创新支持等新经济项目。这些都是基层政府服务过程中的重要内容。这也解释了很多地方政府为何会十分重视社会企业的发展。

（3）采用多主体合作运作机制。在政府主导下的社会企业影响力投资运作过程中，政府、社会企业及社会组织都有参与，以期最大限度地发挥各主体的潜在优势，以此构建起多元化的合作支持网络。各个主体通过契约化的形式确定资助者、执行者、监管者、评估者，实现了所有权的分配。政府凭借其行政优势，除了围绕特定的服务领域对社会企业进行投资之外，还会扮演日常监管者角色。社会企业则会根据与政府的约定在物业管理、社区教育、文化服务等领域开展服务。在此过程中，有些社会企业因为是从社会组织转化而来，它们既会用社会企业的身份从事一些营利性服务，也会通过社会组织承接政府项目，并与其他社会主体展开合作。有些地方政府也会委托专业性很强的社会组织对社会企业影响力投资的投资标准与投资效果进行评估。如成都市委托深圳市社创星社会企业发展促进中心从事本地社会企业的认证工作，极大地促进了政府与社会组织、社会企业间的合作。除此之外，有些地方政府还会为社会企业创造一些投资或服务机会，促进社会企业与传统企业、社会组织、基层社区等主体的跨界合作。

（二）企业支持型

企业支持型社会企业投资模式主要是指以商业性的投资公司或企业为主要的推动主体，它们基于市场机制来选择可投资的社会企业与领域。企业支持型的投资模式反映的是投资企业自身的理念，它们在投资过程中主要发挥选择投资对象、确定投资领域、监督投资过程等作用。与政府支持型社会企业投资模式相比，企业支持型的投资逻辑具有双重性，即注重经济效益与社会效益的获得，它们一方面出于创造利润的目的，期待通过投资获得一定的市场回报率；另一方面出于承接企业社会责任的目的，协同社会企业从事一些社会问题的解决。但是，经济效益的获得会因投资主体的价值观差异、服务内容、成果潜伏期长短有所不同。

1. 实践发展

市场借助资本优势、技术优势对社会影响力投资反应比较快。目前，由企业支持开展社会影响力投资的主体已经开始呈现不断递增的趋势，也涌现出了一批在社会企业社会影响力投资领域做出积极探索的企业。如 YH 资本是一家从事股权投资的投资机构，致力于支持、投资旨在规模化解决社会和环境问题的创新企业。该公司创立之初就以社会价值取向为导向，明确表示不投资对社会和环境产生负面影响的行业和项目。YH 资本发起并设立了社会影响力投资专项基金，由公益基金会作为基石有限合伙人，结合国内实际进行投资。现阶段，YH 资本主要有社会主题与环境主题两大投资类型，其中社会主题涉及优质普惠的健康医疗与养老、公平的教育与就业、可持续普惠的金融产品及服务、优质的经济适用房、缩小城乡差距与新农村建设、灾害的应急管理、食品安全、多样性文化的传承与传播。环境主题包括清洁能源及其新材料新技术、提高资源效率与公平获取资源、废弃物管理与循环经济、保护和可持续利用水土资源、大气污染物处理和温室气体减排、可持续性消费、可持续农业和渔业、可持续运输和未来出行。YH 资本投资范围涉及养老、科技、教育、农业等方面。

2. 运行特征

（1）经济回报与社会影响作为投资的主要动力。企业支持下的社会企业影响力投资具有双重性，一方面，投资公司期待通过对选择企业投资获得一定的经济回报，为企业发展提供各方面支持。以 YH 资本为例，该投资公司投资很多大规模的公司之后直接带动了公司股权交易价格的持续增长，而这些还不包括投资公司后续获利。另一方面，投资公司在选择投资对象时往往会优先选择那些业务成熟、社会影响力大的企业。内在原因主要有两点，一是规避投资风险，那些业务成熟、社会影响力大的企业在企业管理、市场占有量、服务或产品竞争力上都比较稳定，短期之内不会出现公司破产、产品或服务淘汰等影响企业生存的风险。二是扩大投资公司自身的社会影响力，提升其在社会影响力投资行业的知名度。YH 资本投资的 LK 医养，是一家为半失能、失能老人及残疾人提供医养结合养老服务的连锁医疗公司，在全国共设有 17 家连锁医疗机构，总管理床位数有 10000 余张，先后制定行业标准、企业标准 500 多项，还在业内首创了"志愿者时间银行"模式，是目前中国最大的为半失能和失能老人提供医养结合养老服务的连锁医疗机构，先后多次获得国家级奖项。该公司本身的社会影响力就比较大，YH 资本对其进行投资可以有效地实现互惠共利。也正因如此，企业支持下的投资对象往往对业务成熟、社会影响力大的社会企业关注度更高，忽视了那些处于初创期，面临资金不足、产品或服务不成熟的社会企业，而这些社会企业在很大程度上比成熟的社会企业更加需要扶持。

（2）市场机制仍然是双方遵循的主要运作机制。虽然社会企业影响力投资会遵循市场的"利"与社会的"义"，但当明确了要解决的社会问题之后，实际的解决方案制定、合作机制完善都是以市场机制为主，这一点在企业支持型的投资过程中体现得尤为突出。企业支持型的社会企业投资合作是基于市场机制的合作，它们会根据市场的变化调整合作资源的投资力度、成本、合作形式。在前期投资效果比较好的情况下，投资公司很有可能会有持续性的下一轮投资以期获得最大的收益回报。与政府支持型社会企业投资模式相比，企业支持型社会企业投资模式更加灵活、高效，且对产出成果有很高的要求，对资源投入与新技术应用的感知度更高。

（3）合作过程的互惠共生。正如前文所言，企业支持型的社会企业投资主要基于市场机制，它们在投资过程中会通过私募股权基金与被投资的社会企业确定契约条件，双方共同约定投资总额、合作策略、经营模式、投资产出及预期成果，且在契约的约束之下双方的权利与义务观更强。社会企业在享受到投资公司的资源投入、服务支持、能力提升的同时也要向投资公司履行相应的义务，定期向它们提供资金使用情况、资源利用率、服务或产品市场销售等方面内容，也要及时回应投资公司的诉求，给予相应的回馈。整个合作过程彼此互利，形成了一种良性的、持续性的合作关系。

（三）社会组织支持型

社会组织投资社会企业则是以社会组织作为投资社会企业的主体，围绕着特定的社会问题对某社会企业进行资源投入的投资模式。社会组织从事社会企业投资往往是基于组织的使命与价值观，对与组织自身业务或服务范围相似的社会企业给予资金、技术、服务等方面的支持以帮助其更好地成长。在实践过程中，社会组织支持社会企业影响力投资主要有两种形式：一是社会组织出资成立相应的社会企业，二是社会组织对已有的社会企业进行投资。前一种更多的是采用自己出资、团队管理的方式运作，社会组织与投资的社会企业关系非常紧密，在人员不足的情况下甚至会出现"一套人马，两套牌子"的情况；后一种则是社会组织与投资的社会企业彼此独立，两者除了投资项目有所合作之外，社会组织并不会过分地介入社会企业自身的管理或服务过程。

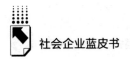

1. 实践发展

善品公社是一家利用电商创新帮助贫困农户开拓农产品销售渠道的社会企业。2014年四川雅安芦山发生地震后，当地农业生产和农民生活受到严重影响。中国乡村发展基金会（原中国扶贫基金会）开始尝试"互联网+扶贫"的模式，首次将当地的猕猴桃和樱桃在淘宝上进行众筹推广，仅3天就卖光了这批农产品。这促使中国乡村发展基金会意识到电商扶贫可能是连接农民与市场的最佳模式。2015年1月，中国乡村发展基金会正式成立了善品公社。善品公社以社会企业的方式运营，其股东是中国乡村发展基金会。作为公益电商品牌运营商，善品公社为供应商，以京东、天猫、微商、苏宁易购等线上销售平台和线下实体超市作为销售渠道。善品公社由此诞生并不断发展壮大，目前已经形成了一套较为成熟的核心运营模式，即"小农组织有序化、农产品品质管理标准化、农产品公共品牌市场化、经营管理团队本土化"。这套运营模式体现了社会企业在解决贫富差距问题上的优越性，形成了政府统筹监督、企业主体多维对接、合作社组织赋能、社员充分参与的相关利益共同体共享共建的"全链式"产业扶贫新格局。善品公社的合作社规模一直不断发展，至今已惠及包括四川、云南、陕西、新疆等在内的19个省（区、市）127个县（市、区）的150家合作社，有效地巩固了我国脱贫攻坚的成果，助力我国乡村产业的创新发展。在实际的运作过程中，善品公社通过合作社孵化、品质提升、品牌打造、市场推广，带动农村地区小农户充分参与生产发展，提升产品市场竞争力和溢价能力，增加农民和村集体收入，助力欠发达地区巩固拓展脱贫攻坚成果和全面推进乡村振兴。善品公社不仅是一个销售平台，更可以结合自身优势，联系各个合作社，努力将自己建设成为集经济和社会服务功能于一体的综合性产业助农平台。在2018年成都市首届社会企业评审中，善品公社被认定为首批社会企业。成立至今，善品公社已荣获50余项全国性行业奖项及荣誉、2项联合国奖项。2021年，善品公社-云南红河梯田红米产业帮扶项目荣获"第二届全球减贫案例征集活动"最佳减贫案例。

经过持续不断的发展，善品公社产业助农模式围绕"品质+效率+品牌"，通过整合各类社会资源，有序系统地导入资源，支持地方特色农业全产业链赋能升级，在政府统筹下构建起"政府+社会力量+农民合作社"合作机制，创新探索出农民充分参与和充分受益的产业帮扶新模式。在市场化运作上，善品公社以"共享品牌"理念与当地政府合作，联合打造区域公共品牌，动员主流电商平台、新媒体、明星名人等资源，以整合营销为载体开展立体营销推广。除此之外，善品公社还通过策划和开展农产品主题营销推广活动，整合明星和网络达人等资源，邀请多位知名艺人参与传播和直播活动、为农户站台点赞，极大提升了县（市、区）特色农产品在全国尤其是互联网市场领域的品牌知名度，扩大了影响力。

2. 运行特征

（1）从事投资的社会组织具有很强的资源动员能力与问题回应能力。社会组织是以利他主义价值观为指导从事社会公益服务活动的非营利性法人，其资金来源主要是社会捐赠、政府购买服务、自我造血等，这一点与企业则不同，因为企业是以营利为目的。这就意味着从事社会企业影响力投资的社会组织必须有相对充足的运作资金与较强的筹款能力，这样才可以满足投资主体的需求。与此同时，无论是社会组织通过社会影响力投资成立一家新的社会企业还是直接对其他社会企业进行投资，都是社会组织对社会问题的一种回应，此类社会组织具有清晰的问题意识与敏锐的洞察力，而进行社会影响力投资则是它们解决社会问题的一种理性选择。

（2）社会导向下的市场化学习倾向明显。社会企业影响力投资的最终目的是通过商业化的市场投资来解决特定的社会问题。与企业相比，社会组织普遍缺少可以市场化运作的能力，对于新技术的引入与市场敏感度普遍不足，但随着社会组织市场化与社会化相融优势的显现，很多社会组织在积极地向企业学习新理念与新模式，社会组织支持型影响力投资即社会组织想运用市场化策略解决社会问题的典型实践。如案例中的中国乡村发展基金会内设机构中就有品牌传播部、信息技术部、资源发展部、移动互联网部、国际发展部、产业发展项目部等，以处理市场化过程中的各项事务，2022 年度

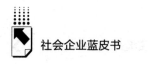

接到 1000 万元以上捐赠的企业就不少于 20 家，这些都离不开该基金会长期以来的市场化学习，正是这种社会导向下的市场化学习策略的实施为基金会创新发展提供了新的动力与品牌。

（3）与政府部门具有良好的合作关系。社会组织运作具有很强的公共性，其服务开展与政府部门公共服务职能具有很强的契合性，且在现有的政策语境中，在政府购买服务的收入在社会组织总收入中占比较高的情况下，社会组织对政府本身具有一定的依赖关系。在社会企业影响力投资过程中，为了为社会企业发展创造良好条件，很多社会组织会充分动员它们在与政府合作方面的关系，以促进社会企业影响力效应最大化。如中国乡村发展基金会在对善品公社开展影响力投资过程中，积极地构建"政府+社会组织+合作社"共同参与、"社会组织+合作社+农户"协同管理以及"村集体+合作社+农户"利益链接的产业振兴架构和运营模式，善品公社在此模式中作为政府与合作社互动的桥梁、协助合作社管理的伙伴，对当地农户与区域经济的发展起到重要的助推作用。

四　社会企业影响力投资成效评测重点

社会企业影响力投资并非不计成本的投资，其本质上仍然遵循"风险共担，利润分沾"的基本原则，而成效评测则是评价社会企业影响力投资是否达到预期效果的重要方式，甚至有学者直接提出量化与透明的影响力是社会影响力投资区别于捐赠和非营利慈善的本质，没有测量就不会有社会影响力投资（曹堂哲、陈语，2018）。其中，社会企业影响力投资的商业回报与社会问题的解决即重要的测量维度，也受到了学术界与实务界的广泛关注。如徐永光（2017）指出社会影响力与商业回报率两者是一体两面的关系，社会影响力需要有非常明确的目标、追求社会问题的解决、财务回报要做到持续，且这个过程是可量化、可评估与产生规模化效应的。熊凤娥（2015）认为评价社会影响力要考虑到三个方面的内容：其一，环境、社会及财务回报；其二，新理念下的投资行为；其三，注入资金的规模化扩展。刘蕾、邵嘉婧（2020）在讨论社会影响力投资综合价值的实现机制时指出社会影响力投资需要实现社会价值、经济价值及环境价值的三元统一，其中专业化支持与社会公信力提升是社会价值要考虑的，资金使用率提高与产业链形成可以促进经济价值更好地显现，政策环境与领域变革则是环境价值需要重视的。影响力投资的标志就是社会环境正效应与经济回报的可测量化。作为公共治理的新方式，对投资后社会企业的正效应的测量是提升该新型治理方式治理水平的必要一环，而可测量的社会价值和可持续的经济回报可以激励政府、投资者、投资中介和服务提供商寻求更加灵活自主的管理创新。

我国对社会企业开展影响力评估的实践主要集中在成都与北京。实践中评估工作的开展更多的是采用由政府发起，社会组织与专家学者共同参与的多元合作模式。以成都为例，在开展社会企业影响力评估之前，成都市社会企业还要接受常态化评估，主要从社会属性监督和社会目标漂移监督两个层面进行。社会属性监督依托成都市社会企业综合服务平台，引导社会企业按承诺履行社会企业信息公开披露义务，建立与社会第三方的信息互通共享机制；社会目标漂移监督从社会企业认定后的社会目标稳定、管理架构、社会问题解决成果、财务规范与透明、利润投入社会效益与资产锁定情况等方面展开影响力评估。发现认定后存在《成都市社会企业评审管理办法》（成市监党组〔2019〕72 号）所载明的情形的，严格落实退出（摘牌）制度并向社会公示。2022 年成都市社会企业影响力评估工作由成都市社会企业综合服务平台联合深圳市社创星社会企业服务平台（CSESC）、成都市社会企业发展促进会，针对成都市 2020 年已认定且在有效期内的 43 家社会企业（包含 2018 年认定且复审通过的 10 家社会企业）开展评估工作，邀请社会企业行业专家、财务专家等成立专项影响力评估小组，以评估经认定的社会企业的经济绩效和社会影响力，考察社会企业所开展的业务活动是否能带来积极的社会效益，是否能为所服务的群体带来福利，是否能减轻公共服务的压力，是否关注到利益相关方群体和社区利益，是否在环境影响上有着正面影响。经过连续多年的探索，成都市社会企业影响力评估现已形成一套成熟的评估体系。现有的评估体系由根据 16 大领域形成的四维影响力评估[①]问卷（250 分）、客户满意度调研问卷（10 分）、员工满意度调研问卷（10 分）、实地走访（30 分）四个环节组成，总共为 300 分。通过以上四个环节综合评定，分为"A-（不合格）、A、A+"三个等级，让企业在完成社会企业影响力评估的过程中明晰本机构所创造的社会影响。2018 年，北京正式探索通过推动社会企业用创新理念和市场化机制有效解决社会问题，提高保障和服务民生水平。与此同时，针对获得认证的北京市社会企业的影响力评估工作也正式开展，最终北京市第一批社会企业共 46 家获得认证。同时，针对首批获得认证的 46 家社会企业的相关评估工作由北京市社工委委托深圳市社创星社会企业发展促进中心执行，这也注定了北京市社会企业影响力评估的内容和指标与成都市在很大程度上具有相似性。

长期以来影响力投资以"义"与"利"的"双底线"思维支持社会企业，在评估测量时也要以双底线的形式呈现。在评估中既要呈现社会企业所带来的社会正效益，也要兼顾社会企业的财务回报。再者为进行社会影响评估，主要方法是量化社会企业的影响力和成果来评估效益，另外还有持续性非财务报告的测量形式，这些评估内容包括企业的社会使命和价值观、社会和环境目标的实现进展、利益相关者参与和合作等方面的信息，最终还是为了实现可持续发展目标。但社会企业影响力评估需随着社会企业的发展情况做出调整，因地制宜地对评估指标、评估方法、评估细则等内容进一步优化。之前就有学者在研究社会企业认证时指出社会企业认证评估标准除了要考虑到公益性的"义"与商业性的"利"之外，还要考虑到公信力的"信"与创新性的"新"，创建一种整体性认证评估的体系框架（朱志伟、徐家良，2021），也有学者引入堆叠资本（blended value）的方法，堆叠资本的方法将财务回报、社会影响和环境可持续性视为综合的价值创造（Emerson，2003）。社会企业影响力投资者与评估者可以开发综合的评估框

[①] 四维影响力评估主要包括社会使命、社会企业利益相关方、价值创造与利润分配、环境与可持续发展四个维度的指标。

架，考虑到多重因素对社会企业发展与投资实效的影响，以全面评估投资社会企业影响力的综合实效。

五 社会企业影响力投资的优化路径

（一）加大政策支持力度，提升社会企业影响力投资合法性

目前，我国社会企业影响力投资更多地集中在地方实践，尚没有上升到国家层面，整体上有关社会企业影响力投资的相关政策和立法支持不足，未形成制度化和规范化投资流程，社会企业影响力投资缺乏规范性指导是现存的重要难题。政策可以直接影响到市场投资的流向与领域，良好的政策环境可以扩大市场投放规模，放大社会企业影响力投资的综合效能。相关政府部门需要填补有关社会企业影响力投资的政策空白，明确社会企业影响力投资的发展目标，鼓励多元主体参与到投资全过程，平衡多方利益关系。政策一方面要倡导营造开放、包容、充满竞争的投资环境，尊重社会企业影响力投资的社会价值、商业价值及环境价值，让更多的市场主体创新投资与运作模式，改变投资形式、回馈范式；另一方面需要赋能，对从事社会企业影响力投资的机构给予相应的优待，创造更多的社会福利或满足公共利益诉求的服务项目，借助行政优势与财政优势对一些重点项目进行担保，且良好的创业与培训支持供给使得政府可以帮助社会企业家掌握商业技能和影响力投资的知识。同时，要厘清政府投资和社会投资的界限，建立对社会企业影响力投资的考核体系，改善传统商业投资与影响力投资两极分化的困境，探索出构建资本金融的三元模式，把政府-非营利组织-企业三方主体都纳入进来，引导社会资本流入影响力投资领域，以此从整体上提升社会企业影响力投资的合法性。

（二）打造投资生态系统，提升社会企业影响力投资持续性

社会企业影响力投资是一项系统性、复杂性的生态系统。现阶段，我

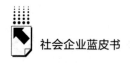

国社会企业影响力投资的生态系统仍然没有完全建立，最典型的就是资金的需求方与供给方明显不匹配。社会企业影响力投资具有很强的现实紧迫性与必要性，值得社会各界共同努力，而构建良好的投资生态系统则是提升社会企业影响力投资持续性的关键。社会企业影响力投资生态系统的构建除了资金的需求方与供给方之外，还需要有中介机构通过发行社会影响力债券、慈善债券及贷款等适当的投资方式来对接双方的供需关系，从国际上看这些中介机构多为社会银行、社会投资批发银行、社区发展性金融机构、社会交易所、基金会等。除此之外，良好的外部社会环境也是社会企业影响力投资生态系统重要的支持条件，如社会结构、税法、监管环境、支持体系以及金融市场发展情况等。但从社会企业影响力产生的基础来看社会需求则是影响力投资得以可能的核心，这也是社会企业影响力投资的重点领域。如现阶段的老龄化、健康、托幼与家庭服务、公共秩序与社会治安、保障性住房、弱势群体等方面的服务需求量很大，也受到了很多投资主体的重视。从整体上看，良好的社会企业影响力投资生态系统以社会需求为基础，由资金需求方、资金供给方、中介机构共同参与，开放、包容的投资环境是提升社会企业影响力投资持续性的保障。

（三）以回应问题为先导，提升社会企业影响力评估实效性

社会企业作为投资的主要对象，提升自身影响力评估实效性至关重要。现有的影响力投资实践开创了组织内部（直接）模式和组织外部（间接）模式，囊括了"能力建设""组织增长""契约合作""知识传播"多种模式（余晓敏等，2023）。而社会企业影响力评估实效性的把握则需要以问题为先导，把握影响力投资的"是什么""是谁""多少""贡献""风险"。其中，"是什么"旨在回答该投资能带来什么产出与贡献，对社会、环境的影响是积极的还是消极的，产出对利益相关者有多重要；"是谁"则是回答投资产出的获益者是谁，他们对于投资产出的需求程度有多大；"多少"则是指投资产出可以让多少人从中获益，产出可以给服务对象带来多大程度的改变及这种改变可以受益多长时间；"贡献"则是指投资者将资本投入某个

项目上是否可以比投入其他类似项目上带来更多的产出与变化;"风险"即投资某一项目有哪些风险,这些风险是否符合预期。这五大问题可以帮助评估者更好地理解投资行为与投资的全过程。而在具体的评估指标制定上,需要综合把握社会企业影响力投资的特性,可以尝试从社会价值、商业模型与创新、环境友好、人力配置、领导力与治理五大方面进行指标构建。在这五大指标中,人力配置、领导力与治理需要综合社会价值、环境友好、商业模型与创新进行把握,特别是领导力与治理需结合重大事件回应力、系统性风险管理、法制与立法环境、竞争性行为及商业道德进行把握。

参考文献

北京社启社会组织建设促进中心、南都公益基金会编,2019,《中国社会企业与社会投资行业调研报告 No. 1》,社会科学文献出版社。

Bouri,Amit,2015,《影响力投资时代即将来临》,《中国社会组织》第 16 期。

曹堂哲、陈语,2018,《社会影响力投资:一种公共治理的新工具》,《中国行政管理》第 2 期。

刘蕾、陈绅,2017,《社会影响力投资——一种社会创新的工具》,载徐家良主编《中国第三部门研究》(第 14 卷),社会科学文献出版社。

刘蕾、邵嘉婧,2020,《社会影响力投资综合价值实现机制研究》,《中国科技论坛》第 10 期。

武欣、潘懿,2016,《教育投入的社会影响力投资模式——美国犹他州优质学前教育项目述评》,《上海教育科研》第 9 期。

熊凤娥,2015,《社会影响力投资在我国 NPO 组织中的运用研究》,硕士学位论文,首都经济贸易大学。

徐永光,2017,《公益向左,商业向右:社会企业与社会影响力投资》,中信出版社。

余晓敏、张尊、夏豪宇,2023,《我国社会企业的社会影响力提升模式及效果研究》,《经济社会体制比较》第 1 期。

朱志伟、徐家良,2021,《迈向整合性认证:中国社会企业认证制度的范式选择》,《华东理工大学学报》(社会科学版)第 4 期。

Emerson,J. 2003. "The Blended Value Proposition: Integrating Social and Financial Returns." *California Management Review* 4: 35–51.

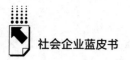

Global, J. M. 2010. "Impact Investments: An Emerging Asset Cass." https://www.jpmorg-anchase.com/corporate/socialfinance/document/impact_ investments_ nov2010.pdf.

Niggemann, G. & Bragger, S. 2011. *Socially Responsible Investments (SRI): Introducing Impact Investing.* Zurich: UBS.

Teresa, T., Giacomo, M., & Christian, F. et al. 2022. "Non-financial Reporting Research and Practice: Lessons from the Last Decade." *Journal of Cleaner Production* 345: 15.

专题报告

Special Reports

B.7

社会企业参与乡村振兴研究报告

吴 磊 侯珊珊 唐书清*

摘 要： 社会企业是我国乡村振兴不可或缺的建设性力量，有其自身的独特优势和价值使命。研究发现，在党建引领和自身专业能力的激发下，我国社会企业聚焦"五大振兴"进行了诸多有益探索：在产业振兴方面，发挥专业特长、立足当地资源，因地制宜推动乡村产业兴旺；在人才振兴方面，培育专业人才、赋能乡村主体，助力乡村人才振兴；在文化振兴方面，挖掘文化资源、发展文化产业，推动乡风文明发展；在生态振兴方面，探索新型生态产业、依托新型生态创业，促进乡村生态宜居；在组织振兴方面，依托新型集体经济、培育治理主体，推动乡村治理有效。但是，当前我国社会企业在参与乡村振兴过程中仍面临制度、能力、匹配和认知等方面的困境，为进一步发挥社会企业在乡村振

---

* 吴磊，上海工程技术大学管理学院教授，主要研究方向为慈善公益和社会治理；侯珊珊，上海工程技术大学管理学院硕士研究生，主要研究方向为社会企业和乡村振兴；唐书清，华东师范大学公共管理学院博士研究生，主要研究方向为社会组织与基层治理。

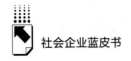
兴过程中的促进作用，本报告建议未来要在制定和完善参与引导政策、培育支持社会企业发展、搭建信息资源交互平台、优化社会企业认知环境等方面加大力度。

关键词： 社会企业　乡村振兴　社会网络　资源整合

实施乡村振兴战略，是党的十九大做出的重要决策部署，是决胜全面建成小康社会、全面建设社会主义现代化国家的重大历史任务，是新时代"三农"工作的总抓手。乡村振兴战略作为一项系统性工程，是人力、物力、财力的有机结合，是人才、资源、战略的有效统一，其中规划是基础，参与是根本。乡村振兴既依赖于政府、企业及社会组织这三大部门的参与，也依赖于作为社会创新重要载体的社会企业的参与。且相比政府、市场与社会组织，社会企业可以充分发挥自身在资源整合、技术服务、人才培育和组织建设等方面的优势，链接乡村内外资源、激发乡村发展的内生动力、助推乡村实现"自我造血式"发展。已有研究证明，社会企业是一种能够帮助乡村地区消除贫困、减少人口流失和解决就业问题的有效手段（Bencheva et al.，2017），以社会企业模式带动乡村振兴，具有优化乡村资源配置、最大化乡村本土收益的内在逻辑（温铁军，2019），同时可以充分发挥企业的机制作用以保证项目实现可持续发展，依托社会的性质以最大限度保证农民利益。

乡村振兴与社会企业之间是相辅相成的，乡村振兴是社会企业机会创造、开发与实现的过程，而社会企业能够通过赋能方式帮助村民发现乡村价值，实现价值共创、共享（刘志阳等，2018）。但是社会企业作为一种相对新兴的组织形式，在参与乡村振兴中究竟可以发挥哪些作用；在当前外部制度环境尚未健全、行业本身发展尚不成熟的情况下，社会企业参与乡村振兴还存在哪些问题，都是值得关注的问题。本报告将在梳理现有文献和研究的基础上，结合访谈材料，对社会企业参与乡村振兴的现实逻辑以及主要探索进行描述分析，最后根据目前存在的问题提出政策建议。

一 社会企业参与乡村振兴现实逻辑

（一）党建引领：乡村振兴多元治理格局的政策倡导

自乡村振兴战略提出后，我国接连出台多项政策引导社会力量加入乡村振兴。2020 年，《中共中央 国务院关于实现巩固拓展脱贫攻坚成果同乡村振兴有效衔接的意见》中指出要 "坚持行政推动与市场机制有机结合，发挥集中力量办大事的优势，广泛动员社会力量参与，形成巩固拓展脱贫攻坚成果、全面推进乡村振兴的强大合力"；2022 年，《中共中央 国务院关于做好 2022 年全面推进乡村振兴重点工作的意见》中提出要 "广泛动员社会力量参与乡村振兴"。作为社会经济中的重要载体，社会企业能够有效弥补政府与市场在调节社会矛盾层面的不足（金仁仙，2016），尤其在减贫、改善公共服务、维系社会稳定等方面展示出了显著成效。虽然政府拥有丰富的资源掌控能力，但由于职能的局限，其难以实现资源的高效调配。相比之下，社会企业以其 "非官方" 的身份更容易深入了解村民的真实情况和需求。此外，引入社会企业还能够突破主客体之间二元对立的困境，一方面与政府建立协作式的合作关系，另一方面将目标群体吸纳到社会企业组织内部，成为政府与村民之间的桥梁和推动者。它们能够整合丰富的社会资源，对外展示联系，对内通过社会企业的机制作用重塑村民的能力，并有助于乡村振兴治理格局的多元化。

（二）能力支撑：社会企业参与乡村振兴的优势

社会企业起源并成长于乡村，因而在乡村治理中具有一定的发展优势。每一个社会企业都会立足于真实的乡村情境中，比如乡村固有的本土资源、主要劳动力、特殊的文化传统等要素，充分发挥和借助市场及行政手段挖掘乡村实际价值，从而激发乡村的内生动力和自我造血能力，有效融合外源性扶助和内源性扶助，最终为乡村振兴提供可持续发展路径。

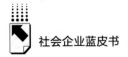

第一，社会企业的社会属性与乡村振兴的目标高度契合。乡村振兴旨在解决乡村发展过程中的众多社会问题，从而改善农村地区的经济状况、增进社会福利和提高居民生活质量，提升乡村居民的幸福感和获得感。社会企业的出现能够有效回应那些未被市场、国家和政府满足的群众需要，其社会性发展目的，即解决社会问题、满足社会需求，与乡村振兴所追求的目标高度契合，可以更好地解决市场没有能力也不会考虑的再分配公正性问题。具体而言，从宏观层面来看，社会企业是经济、社会和环境价值创造的有效机制（Acs et al.，2013），对外链接社会资源，对内激发内生动力，通过发挥自身所具有的可持续性优势、包容性特征以及"造血"模式有效应对乡村发展问题，为乡村振兴提供支持和动力。从微观层面来看，社会企业注重培养脱贫人口的技术和能力，激发农民作为乡村发展主体的内生动力，通过提供培训、就业机会和支持创业等方式，赋予脱贫人口更多的权力和机会，让他们成为乡村振兴的积极参与者和受益者。

第二，社会企业的商业化运作模式助推乡村经济实现可持续发展。在当前阶段，更好地立足于本地区的资源优势、发展好特色农产品品牌、提升全面参与市场体系的能力是各地区保持产业优势、防止返贫的重要任务。社会企业是实现社会服务目标与商业化运作手段的创新结合体，相比传统的非营利组织或政府项目，社会企业更加注重经济可持续性。通过市场机制的引导，社会企业能够根据需求开发合适的产品或服务，并通过商业模式实现盈利，从而为乡村产业带来可持续的发展动力。在实践中相对活跃的各类社会企业能够利用自身的企业属性，有效地促进就业、挖掘和发展脱贫地区的特色资源产业。面对脱贫地区长期推动产业化和商业化结合的挑战，社会企业能够充分结合自身的企业属性与市场需求，从而实现更好的经营模式、提高效率并获得更高的收益。

第三，社会企业家精神对乡村人员能力不足形成优势补充。人才振兴作为乡村振兴战略的重要方面之一，强调人才对于乡村振兴的重要意义。然而作为乡村振兴的核心主体，无论是村庄的领导班子还是村民，由于知识素质、劳动技能、健康因素、发展经验等多方面的制约和影响，仍然存在

"能力贫困"的风险。而社会企业自身恰好带有解决这些问题的先天优势，从不同社会企业参与的人群来源来看，包括企业家、专家学者、高技术性人才和专业的服务人才等，这些人员的共同会聚，使得社会企业能链接更多资源、促进优势互补。从另一个角度来讲，社会企业是社会企业家发动并致力于运用商业手段解决社会问题的特殊企业，具备创新能力、资源整合能力和激发创业意识特质的社会企业家通过注重培训和能力提升，能够为乡村地区提供相关的培训机会和能力提升项目，帮助乡村人员提升专业技能和经营管理能力，弥补城乡人力资本的能力差距。

二 我国社会企业参与乡村振兴的现状分析

乡村振兴是一项艰巨复杂的战略工程，积极引导社会企业发挥组织优势和专业资源优势，聚焦乡村振兴，对助力乡村产业兴旺、生态宜居、乡风文明、治理有效、生活富裕等具有重大意义。社会企业作为社会力量的主体之一，是民众参与公共事务、推动经济社会发展和促进社会主义现代化建设的重要力量，也是解决我国新时代主要社会矛盾的有生力量。当前，乡村振兴面临产业结构单一、农民收入单一、乡村建设人才紧缺、环保观念薄弱等难度较大的乡村治理问题。社会企业可通过建构社会网络实现社会资本重建，有效提升经济社会运行效率，破解以上乡村振兴中的难题。

（一）产业振兴：发挥专业特长、立足当地资源，因地制宜推动乡村产业兴旺

产业振兴是乡村振兴的物质基础、重中之重，在参与乡村振兴的过程中，我国社会企业注重遵循市场和产业发展规律，立足受援地产业基础和特色资源，以市场化为导向，充分利用自身社会关系网络，帮助乡村链接外部资源，形成农村内外资源对接机制，进而实现资源互动、优势互补和供需对接；充分发挥自身专业特长，为农业生产提供可持续的技术支持，并带领合作社、家庭农场、小农户等共同发展，构建完善的乡村产业链条，衍生新业

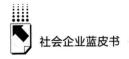
态；建立城乡人才衔接与沟通机制，开展技能培训和人才培养项目，加强农业技术培训，优化人才结构与质量，提升村民自我发展能力。

实践表明，农民合作社是联结小农户和现代农业发展的重要纽带。2021年2月21日，中央一号文件《中共中央　国务院关于全面推进乡村振兴加快农业农村现代化的意见》指出："推进现代农业经营体系建设。突出抓好家庭农场和农民合作社两类经营主体，鼓励发展多种形式的适度规模经营。"社会企业通过农民合作社建设介入农村产业发展，已有诸如中国乡村发展基金会等组织的成功探索。中国乡村发展基金会一直致力于探索如何推动乡村产业发展，并基于实践总结出以市场为导向、具有竞争力的产品、合作是基础、发挥村庄带头人的作用、村民参与等五大关键点（刘文奎，2021）。其中，"善品公社"产业扶贫项目基于乡村旅游、农产品销售，为乡村可持续发展提供动能，通过培育农民专业合作社扩大农业生产的规模并提高效率，通过深耕产品品控管理提高产品品质，通过打造地域公共品牌提升市场信任水平，形成"上游共耕、链条共建、品牌共享"发展模式，促进小农户与消费者信任链接和城乡互动，助力农村地区特色产业转型升级。截至2021年底，善品公社已在包括四川、云南、山西、广西、贵州等在内的19个省（区、市）的109个县（市、区）和138个合作社落地，建立品控管理示范基地327346.9亩，参与支持的消费者超过200万人次，帮助线上销售农产品7700万元，带动线下销售1.2亿元，受益农户4.5万户。[1]

立足社会企业自身的专业特长，为农业生产提供可持续的技术支持，赋能乡村产业发展，是社会企业参与产业振兴的重要方式之一。技术型社会企业通过为农村和农民提供有关土壤改良、农产品养殖等生态友好的技术支持来提升农产品质量，在此基础上帮助农民增收、提高居民生活水平并促进乡村经济的发展，助力生态产业实现可持续发展。星农夫生态科技有限公司（以下简称星农夫）秉承可持续发展理念，利用已有的土壤改良、蚯蚓养殖

---

[1]　资料来源：《产业助农项目（善品公社）》，中国乡村发展基金会官方网站，http：//www.cfpa.org.cn/project/GNProjectDetail.aspx？id＝121，最后访问日期：2023年8月15日。

和生物有机肥料技术，在海南、贵州、江苏、广东潮汕和普宁等地区复制项目基地，并结合本地优势与其开展产业合作，种植玉米、笋、甜瓜、芽苗菜、香菜等无公害农副产品，开发"社会企业+村集体经济合作社+农户"的实施模式，让农户和村庄真正参与产业发展。同时根据本土产业优势因地制宜构建"农业有机废弃物—蚯蚓养殖—有机肥—优质农产品种植"的生态循环农业种养模式，形成"蚯蚓+"产业项目链条，帮助农民实现增收。除此之外，星农夫还为当地村民提供有关土壤改良、蚯蚓养殖的技术培训和管理指导，提高了村民的自我发展能力，推动农业可持续发展。到目前为止，星农夫已累计改良土壤近 5000 亩，成功在 7 个点复制蚯蚓养殖以及农产品种植的产业项目模式，在增加经济效益的同时，也产生了生态和社会效益，实现了社会、生态、经济的三重底线目标。[1]

> 我们现在的栽培模式重点是香菜，用原先蚯蚓配比的机制来实现机械化种植，政府比较支持我们这种类型的项目，通过机械化实现数字化管理。我们的项目能够快速落地，把一些闲置的大棚盘活，并为他们设置了保底收益，他们也很高兴。（SJC-20230409）

归结起来，一是通过农民合作社建设介入农村产业发展，并在这个过程中为合作社提供资金、制度与能力培训，从而促进小农户与消费者信任链接和城乡互动，助力农村地区特色产业转型升级；二是通过发挥社会企业专业特长，为农业生产提供可持续的技术支持，进而提升农产品质量，助力生态产业实现可持续发展；三是通过对当地村民能力的培育，提升村民自我发展能力，推动农业可持续发展。

（二）人才振兴：培育专业人才、赋能乡村主体，助力乡村人才振兴

人才振兴是乡村振兴的关键所在，当前人力资本欠缺是制约农村地区经

---

[1] 资料来源：作者访谈材料。

济社会发展的最大瓶颈，社会力量参与扶贫的实践表明，社会企业可以通过项目培训方式传播知识信息，传授生产技能，提升受助对象的自主发展能力。在参与乡村振兴过程中，我国社会企业凭借自身专业优势，助力乡村人才培养，通过参与、融入乡村社会工作和志愿服务平台的搭建与运营，助推多种人才扎根乡村、赋能乡村。一方面，针对乡村农业产业（第一产业），通过提供有关农业技术的培训和教育机会来提升人才的能力和技能，助力高素质农民和农村实用人才的有效培育；另一方面，针对乡村非农产业（第二、三产业），通过孵化、培育机制来提升乡村各主体的治理能力以及机会识别与机会开发的能力，充分激发乡村振兴的内生动力，盘活社会资本，构建起以本土资源和人才为主要依托的乡村振兴可持续机制。

社会企业依托自身所具有的专业优势，在参与乡村振兴的过程中，注重开发农村人力资本，着力发展造就懂农业、爱农村、爱农民的"三农"工作队伍，积极挖掘培养扎根农村的"土专家"、"田秀才"和农业职业经理人，为农业农村发展厚植人才根基，激励各类人才在农村广阔天地大显身手。北京分享收获农场自2016年起，每年组织开展"新农人创业孵化"项目，培养懂技术、会经营的返乡青年和新农人，为他们提供有机农业、生态农场技术、运营等有关项目咨询，带动更多的年轻人回乡创业，到目前为止，参加培训班的学员已有1000余人，且其中很多人已经成为在地化的生态农业生产和消费的带头人。[1]

基于社区发展项目，社会企业开展针对创业群体、致富带头人和普通村民的培训，盘活当地人力资源、实现人才流动。成都吾乡乡村创业孵化器（以下简称吾乡）依托众创空间和创客食堂对"创客"进行孵化，为近百名"创客"提供创业咨询、免费空间、资源链接和种子市场，包括在社区营造过程中公益心得到激发的乡村本土村民、返乡青年和下乡青年，帮助其平稳度过初创危险期，截至目前，仅箭塔村存活的创业项目就高达40余个，涵

---

[1] 资料来源：《"社区支持农业"的本土实验——一群新农人的新农场》，https://app.cqrb.cn/html/2022-12-19/1325210_ pc. html，最后访问日期：2023年8月15日。

盖民宿、工作室等多种项目类型。①

> 我们觉得通过社区营造打开了乡村的市场之后，再以这种方式启发创业青年以普惠的价格为这些村庄提供服务，以乡村帮助乡村的方式，就实现了我们批量化服务乡村的最初愿望。这是目前呈现的态势，我们用这种方式已经直接和间接地服务了以浦占为中心的 100 多个村庄。（WMY-20230331）

此外，吾乡以平台运营为契机，构建社区和人才资源共享网络，依托蒲江县城乡社区发展治理支持中心和乡村青年发展促进会两大县级平台，通过举办专题培训、创客分享会、走访座谈会、社区路演、创业大赛、社区与青年联席会等方式，促进社区之间、青年之间、社区与青年之间形成相互学习相互交融的资源共享网络，提升乡村社区发展活力。

（三）文化振兴：挖掘文化资源、发展文化产业，推动乡风文明发展

文化振兴是乡村振兴的力量之源，乡村文化是乡村振兴的灵魂，是乡村社会得以延伸的基础，但当前多陷入供需分离、重"送"轻"种"以及部分传统文化资源开发异化的困境。对此，社会企业可以提供资金、技术和管理支持，帮助乡村打造文化创意产业，推动艺术、手工艺、民俗等传统文化的发展，并结合现代科技与市场需求，开拓文化旅游、文创产品等领域，提升乡村文化的可持续发展能力。通过社会企业的参与，激发乡村的文化创造力和活力，增强村民对当地文化的情感认同，促进传统文化传承与创新，在乡村培育独特的文化品牌，焕发乡村文明新气象，推动乡风文明发展。

乡村文化振兴要着力传承发展中华优秀传统文化，社会企业在参与乡村文化振兴的过程中需要系统挖掘和梳理乡村所拥有的文化资源，在此基础上进行整合和文化元素提炼，并在打基础、做内容和来变现三大层面实

---

① 资料来源：作者访谈材料。

现乡村文化的传承和弘扬。在推动培育当地文化的过程中，蓝续绿色文化发展中心（以下简称蓝续）创造性地将扎染文化融入当地人居环境的打造中，形成乡村独特的文化印记和氛围；举办乡村文化活动并将白族特色扎染文化融入乡村体验产品、场景当中，既丰富了村民的精神生活，也吸引了部分消费客群；在此基础上蓝续将扎染工艺融合到农文科创产品当中，打造有文化特色的商品，让高附加值的文化商品得以变现。同时，蓝续秉承着绿色、创新的理念，创新白族古法扎染传统工艺，推动技艺转换成生产力。具体包括以扎染为主的在地文化体验、独具创意的扎染物件制作及市场销售、挖掘再造白族历史文化资源、开设社区学堂和形成薄技在民艺共同体。① 蓝续通过与当地的社区居民携手，传承、发展和创新在地的少数民族绿色文化，探索文化传承和发展之路，践行可持续的绿色生活，推行人人可实践的可持续生活方式，有助于维护乡村的历史记忆和文化传承，也能为乡村带来新的发展机遇，提升乡村的知名度，增强乡村的吸引力，推动乡村文化振兴的可持续发展。

（四）生态振兴：探索新型生态产业、依托新型生态创业，促进乡村生态宜居

生态振兴是乡村振兴的内在要求。在新时代生态文明建设背景下，对于山水田林湖草多元化资源要以系统的、整体性的视角来看待，社会企业作为一种追求社会整体效益最大化的组织类型，将是乡村生态产业发展的有效组织创新，有利于促进生态可持续。以社会企业模式促进生态可持续的内在逻辑在于，以整体化、多样化的视角看待乡村本地生态资源与人文社会资源的结合，以在地化的方式进行系统开发，动员广泛社会参与，降低交易成本，才能优化配置本地资源，进而带动多业态融合互补，并将资本受益最大化地留在本地（温铁军，2019）。在参与乡村振兴的过程中，

---

① 资料来源：《国仁乡建论坛：以生态社会企业，促乡村全面振兴》，http://www.ruralstudies.com/teachers_ view.aspx? TypeId = 66&Id = 592&FId = t26：66：26，最后访问日期：2023 年 8 月 15 日。

我国社会企业积极探索新型生态产业、"绿色社会化产业"，发展环境友好型和生态友好型农业，通过乡村公共产品有效供给帮助农民增收，并在此基础上促进生态环境的可持续发展；依托新型生态创业参与乡村建设探索，对接外部多元投资主体，有效实现生态文明建设目标并增加乡村广大人民群众的货币性收益。

新型生态产业、"绿色社会化产业"在有效促进乡村生态环境改善、生态保护与社会发展相协调的基础上，通过乡村公共产品有效供给，实现乡村"宜居"目标。小毛驴市民农园是中国第一家社会生态农业（CSA）农场，其坚持生态农业种养结合模式，推广使用生态技术，充分发挥农业的多功能性，推进农业生态化和三产化，构建新型有机农产品产销直供链条，实现乡村生产者与城市消费者有效对接。小毛驴市民农园成立十多年来，已累计服务约 3000 个城市家庭，与 200 多个教育单位合作开展农耕体验活动，接待 10 万多名农业爱好者参观，截至目前，孵化了全国上千家以 CSA 为主要标志的生态农场，带动了国内生态农业的发展。[①]

生态创业模式秉承生态宜居建设目标，明确把建设与发展的主要受益人定位为乡村广大群众，充分利用乡村的生态资源和文化资源，遵循生态可持续的乡村建设发展思路，逐步将乡村独有的生态文化优势转化为乡村绿色经济的支撑点和动力源。福州滋农网络科技有限公司（以下简称滋农游学）是一家推动乡土自然教育创新的社会企业，其在参与乡村建设的过程中始终注重践行绿色发展理念，改善农村生态环境，依托生态游学等新业态形式，在坚持农民为主体、市民参与的城乡融合发展理念指导下，不断探索生态友好型乡村发展道路。目前已形成包括滋农游学、滋农小院、滋农乡旅和汇贤公益在内的可持续乡村旅游的社企模式。截至 2022 年，滋农游学已在浙江、福建、四川三个省运营 9 个农文旅融合项目，其中包括 2 个 3A 级乡村旅游景区、3 个民宿项目、1 个特色餐饮项目、2 个中小学生研学教育基地和 1

---

① 资料来源：《都市里的农创空间 | 小毛驴市民农园：世外桃源，都市田园》，https：// mp. weixin. qq. com/s/TZFABuQh7DtuO5DTqeB8Hg，最后访问日期：2023 年 8 月 15 日。

个种养循环的零碳农场,管理的集体资产达2亿元。① 采用该种模式参与乡村振兴,一方面可以有机系统地将乡村所独有的生态资源重新生态化梳理整合、修复开发;另一方面可以将"绿水青山就是金山银山"的发展理念传播给广大乡村群众,助力乡村生态文明建设理念深入人心。

(五)组织振兴:依托新型集体经济、培育治理主体,推动乡村治理有效

组织振兴是乡村振兴的根本保障,旨在培养造就一批坚强的农村基层党组织和优秀的农村基层党组织书记,建立更加有效、充满活力的乡村治理新机制。在参与乡村振兴的过程中,我国社会企业依托新型集体经济,在充分发挥党组织领导作用的基础上,积极引导和动员村民参与,注重培育和提升村民乡村治理主体的能力和地位,以激发各方活力,唤醒村民公共精神,推动村民自治,从而激活乡村振兴的内生动力,提高农民的组织化程度,并在此基础上为乡村治理提供物质和集体组织支撑,助推乡村治理有效。

在参与乡村建设的具体实践中,新型集体经济组织依托乡村集体经济的公共产品和公共服务供给优势,紧紧依靠基层党组织建设赋予的强大向心力和战斗力,助推乡村治理有效,进而有效盘活乡村集体经济,带领广大农民群众脱贫致富。作为国仁乡建社企联盟的新型集体经济组织模式参与乡村振兴的具体实践,河南灵宝市焦村镇供销社为农服务中心依托村"两委"、经济合作组织、书院为运营核心,通过不断发挥村"两委"的自治、管理、服务作用,经济合作组织的资金互助、统销统购、生态农业的独特优势,书院儒商群体、知识分子群体、相关文化部门的优势,开展中华文化道德培训、养生保健培训、生态农业技术培训、农民合作培训,提升村民乡村治理主体的能力,成功探索出一条外部发展动力促进内生动

---

① 资料来源:《温铁军:生态文明战略需要的微观主体是社会企业丨深度拆解「滋农游学」成功经验 Vol. 1》,https://www.163.com/dy/article/GNQFS80M05219DTE.html,最后访问日期:2023年8月15日。

力生成，内生发展动力激活和促进外部联系互动发展的"三位一体"的有机结合发展模式。

三 社会企业参与乡村振兴的实践困境

当前，我国"三农"发展状况仍与乡村振兴的要求有一些差距，发展不平衡不充分问题在乡村仍然突出，乡村整体发展水平亟待提升。我国社会企业虽然在促进乡村振兴中做出了一定的贡献，但在实践过程中仍存在些许问题，限制社会企业的作用发挥。

（一）制度困境：相关体制机制不健全，社会企业参与乡村振兴空间受限

总的来说，我国社会企业仍然面临政策建设滞后于实践发展的困境，这制约了社会企业在乡村振兴领域的功能发挥。其一，顶层设计不完善、制度供给不足，尽管近些年社会企业在我国社会工作中逐渐崭露头角并发挥着越来越重要的作用，一些地方也开始重视社会企业的培育与发展并陆续颁布社会企业相关的政策与办法，但迄今为止，在中央层面没有专门针对社会企业的法律法规和官方认证标准，"社会企业"在我国仍然不是一个法律意义上的概念。在合法性缺失的情况下，社会企业在各项活动中都难以走向规模化、产业化的道路，在缺乏规模和资金基础的情况下，很难真正有效地参与到乡村振兴中，更难以长期可持续地助力我国的乡村振兴事业发展。其二，社会企业在参与乡村振兴过程中缺乏明确的政策引导，相关政策模糊性强，虽然我国部分地区在相关政策文件中有将社会企业作为独立主体提出并鼓励和引导其积极参与乡村振兴，但大部分仍是笼统地将社会企业当作社会力量的组成部分之一标出，没有专门针对社会企业及其在乡村振兴领域的相关政策法规。其三，社会企业参与保障不足，政府出台的法律法规和政策条文整体上对促进包括社会企业在内的社会力量参与乡村振兴缺乏实质激励，进而导致社会企业参与动力不足。

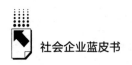
（二）能力困境：专业能力、人才吸引与培养能力欠缺，融资能力、组织动员能力不强

中国社会企业行业调查问卷（2023）数据显示，我国28.57%的社会企业处于初创阶段，44.44%的社会企业处于早期成长阶段，仅有26.89%的社会企业处于成熟阶段[①]，社会企业整体发展水平不高是制约其参与乡村振兴的重要因素之一。其一，社会企业在参与乡村振兴若干议题中精准定位农民需求或农村问题的能力相对不足，且在特定专业领域的技术不强，比如在产业服务中的市场运作技术、作物种植与质量提升技术。其二，我国社会企业发展起步较晚、整体规模较小、成熟度较低、薪资待遇不高，难以留住高素质人才，加入社会企业参与乡村振兴的专业人才多源于个体的公益意识和道德驱动，使得社会企业的整体运作能力不仅低于市场组织，而且与成熟的社会组织也有较大差距。其三，社会企业的融资规模小、融资渠道单一，创立后获得融资的成功概率偏低，在社会企业发展的不同阶段，商业创投机构、新兴的社会投资机构和传统的商业银行均未成为我国社会企业的主要融资来源，导致社会企业在参与乡村振兴过程中面临资源困境。其四，乡村振兴需要社会企业融入乡村基层组织与地方权力主体配合，在人才供给、资源链接、技术支持等方面形成行动合力，动员村民以激发其内生动力、发挥主体作用，但社会企业在组织协调以及动员村民以达成集体行动等方面能力不足。

（三）匹配困境：社会企业在分布上与乡村需要匹配度低

一方面，社会企业的行业领域分布与乡村需要不匹配，根据中国社会企业行业调查问卷（2023）披露数据，截至2023年我国社会企业开展服务的领域主要集中于教育（47.62%）、文化和环保（44.44%）等，而与乡村建设紧密相关的领域则相对参与较少。[②]另一方面，社会企业的区域分布与乡

---

① 资料来源：中国社会企业行业调查问卷（2023）。
② 资料来源：中国社会企业行业调查问卷（2023）。

村需要不匹配，由于经济社会发展水平、社会资源、传播途径等方面的原因，拥有公益资源较多的社会企业主要集中在市场环境、文化环境较好的东部一线城市和发达省份发达城市，而在乡村发展难点和重点的中西部偏远地区，社会企业较少且资源不足。这样的行业领域和区域分布不均衡现象，使得我国社会企业和广泛存在于偏远地区的乡村振兴事业之间存在较为严重的脱节问题。

（四）认知困境：社会企业对乡村振兴存在认知偏差，村民对社会企业的认同度较低

社会企业在参与乡村振兴的过程中与乡村振兴及村民主体存在双向认知困境。一方面，社会企业对乡村振兴的公共性、长远性均认识不足，在参与过程中容易出现市场化导向和目标选择偏差，无法从惯常的思维中跳出，比如过分强调自身的独立性、忽视与其他利益相关者的沟通和协作、难以与乡村合作社等组织进行协同，将村集体视为行政组织，在开展工作时与其形同陌路。另一方面，社会企业所具备的双重属性使其商业与公益的界限模糊，受传统观念的影响，公众认为公益事业不应追求经济效益而只应专注于社会效益的实现，一旦在追求社会效益的过程中掺杂了利益动机便会偏离公益目标；此外，社会企业作为具有非政府性质的外来组织，村民可能对其经验和专业知识持有怀疑态度，导致出现"进入"困境，且由于社会企业在振兴乡村方面的"非本土化"做法会与实际目标不一致，社会企业未必能够满足村民的期望和需求。

四　推动社会企业参与乡村振兴的政策建议

我国社会企业将参与乡村振兴作为服务国家、服务社会、服务群众、服务行业的重要内容，注重发挥自身优势，围绕乡村振兴的总体要求进行了一系列有益的探索。在国家乡村振兴和共同富裕等战略引领和政策支持下，"十四五"时期农村地区仍将是社会企业扎根和深耕的地方，因此地方政府

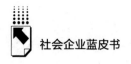

能否做好管理和服务工作，为社会企业参与营造良好的制度环境，使其成功地将公益资源匹配递送、精准落地到乡村社区并转化为乡村自我发展能力，从而协助党和政府推动乡村振兴工作，将是社会企业参与乡村振兴的核心问题。

（一）制定和完善社会企业参与乡村振兴的引导政策，建立健全有效激励机制

一方面，制定和完善社会企业及其参与乡村振兴相关政策，提升政策的针对性和精准度。2022年，北京市出台了国内第一部省级层面的文件《关于促进社会企业发展的意见》，对社会企业在财税力度和金融政策等各个方面给予了很大的扶持，有利于社会企业的蓬勃发展。当前，政策供给不足是制约社会企业发展及其参与乡村振兴的重要因素之一，因此建议国家层面高度重视社会企业参与乡村振兴的独特作用，出台相应的扶持政策，比如制定促进社会企业参与乡村振兴的指导意见，为社会企业参与提供明确的政策引导。另一方面，建立社会企业参与乡村振兴的激励机制，对于积极参与乡村振兴的社会企业给予相应的资金支持和政策优惠。建议政府设立社会企业创业基金，为处于初创期的社会企业提供启动经费和补贴，帮助社会企业度过创业的艰难阶段；设立专项资金，以购买公共服务或发展培训等方式扶持社会企业的发展；设立奖项、提供资金支持和授予荣誉称号等，鼓励社会企业的创新和积极性；减少行政审批、简化手续、提供税收优惠，同时加大对社会企业参与乡村振兴先进事迹的传播力度，营造支持社会企业参与乡村振兴的良好社会环境。

（二）培育支持社会企业发展，探索社会企业参与乡村振兴的新模式

首先，培育扶持更多的社会企业参与乡村振兴，壮大参与乡村振兴的社会企业队伍，呼吁大型企业和基金会积极发起成立社会企业，充分借助其自身管理体系、网络资源和平台，实现跨越式发展；鼓励银行、信贷机构对社会企业给予贷款优惠倾斜，鼓励更多的公益创投资金、社会投资基

金关注社会企业的发展，引导社会资金流向社会企业；鼓励发起成立更多县域社会企业，吸纳高等教育人才加入县域慈善事业，为社会企业提供人力资源和资源链接。其次，加强对成立和扎根于乡村的社会企业的孵化和培育，以规划、备案、免税等配套政策推动乡村社会企业发展壮大。建议以省、地市为单位，以政府和支持乡村振兴的企业为资源提供方，扶持一批本地的头部社会企业，专项加强对乡村社会企业的孵化和培育；加强乡村社会企业与城市社会企业之间的合作，形成优势互补，在组织当地村民、发掘当地资源、激发内生动力、创造新的需求与实现新的供给方面共同发力。最后，创新社会企业参与的形式与做法，比如鼓励青年尤其是返乡青年以社会企业方式创新创业及参与和促进乡村振兴事业；鼓励社会企业与高校合作，积极参与如中国国际"互联网＋"大学生创新创业大赛、全国大学生电子商务"创新、创意及创业"挑战赛等创新创业类大赛，吸引更多的资源和人才进入，助推项目转化落地，推动大学生创业组织转型为乡村振兴类社会企业。

（三）搭建信息资源交互平台，推动数字化赋能社会企业

一方面，各级民政和乡村振兴部门加强协同，搭建乡村振兴领域社会企业沟通交流的平台。比如通过开展培训、年度会议、座谈交流、论坛联盟等形式，加强政府、市场、社会组织与社会企业之间的互动联系，发挥社会力量协同的作用，促进乡村振兴领域社会企业之间的相互借鉴，支持社会企业发展和专业能力提升，从而更好地开展项目、实现多方协同，创新多元主体参与合作振兴的模式。

另一方面，推动数字赋能社会企业参与乡村振兴，支持社会企业在参与乡村振兴的过程中利用数字技术和数字化工具来提高自身运营和服务能力，以提升效率、创新能力和决策能力。鼓励社会企业在参与乡村振兴的过程中，充分利用大数据、区块链、云计算、元宇宙等数字化技术，构建社会企业助力乡村振兴的更多数字化应用场景。

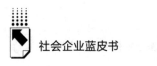

（四）加大宣传力度，优化社会企业认知环境

一方面，开展社会企业与乡村振兴案例征集研究，围绕专项行动评选优秀社会企业和知名公益品牌，依托智库的智力支持作用，借助典型案例向全社会呈现社会企业在乡村振兴领域的正面积极形象，培育形成社会大众对社会企业积极有效参与乡村振兴活动的客观认可、理解与信任的良好局面，营造支持社会企业参与乡村振兴的良好氛围。

另一方面，积极引导各政府部门科学认识社会企业参与乡村振兴过程中的巨大社会价值和优势，并依托党委、政府对社会企业参与乡村振兴领域相关优秀案例的调查研究、梳理分析，以及肯定扶持、典型宣传推广等积极鼓励举措，不断提高社会企业的社会认可度与美誉度，进而吸纳更多的传统工商企业和公益组织向社会企业方向转型发展，共同参与到乡村建设中，弥补政府在乡村公共产品和公共服务供给领域的空白，逐步形成良性示范效应。

参考文献

金仁仙，2016，《中日韩社会企业发展比较研究》，《亚太经济》第 6 期。

刘文奎，2021，《乡村振兴与可持续发展之路》，商务印书馆。

刘志阳、李斌、陈和午，2018，《社会创业与乡村振兴》，《学术月刊》第 11 期。

温铁军，2019，《中国生态文明转型与社会企业传承》，《中国农业大学学报》（社会科学版）第 3 期。

郑宝华、宋媛，2020，《未来农村扶贫需以提升可行发展能力为方向》，《云南社会科学》第 3 期。

Acs, Z. J. , Boardman, M. C. , & McNeely, C. L. 2013. "The Social Value of Productive Entrepreneurship." *Small Business Economics* 40：785-796.

Austin, J. , Stevenson, H. , & Wei-Skillern, J. 2006. "Social and Commercial Entrepreneurship：Same, Different, or Both?" *Entrepreneurship Theory and Practice* 30：1-22.

Bencheva, N. , Stoeva, T. , Terziev, V. et al. 2017. "The Role of Social Entrepreneurship for Rural Development." *Agricultural Sciences* 9：89-98.

Bruton, G. D. , Ketchen, D. J. , & Ireland, R. D. 2013. "Entrepreneurship as a Solution to Poverty. " *Journal of Business Venturing* 28: 683-689.

Mair, J. & Marti, I. 2006. "Social Entrepreneurship Research: A Source of Explanation, Prediction, and Delight. " *Journal of World Business* 41: 36-44.

Mair, J. & Marti, I. 2009. "Entrepreneurship in and Around Institutional Voids: A Case Study from Bangladesh. " *Journal of Business Venturing* 24: 419-435.

B.8
社会企业与企业社会责任
履行机制研究报告[*]

社会企业与企业社会责任履行机制研究报告[*]

苗青　尹晖[**]

摘　要： 企业通常以捐赠方式履行社会责任，但单纯捐赠具有不可持续性。近年来通过社会创业来履行社会责任成为新的路径，即在企业内部孵化旨在解决社会问题、创造社会价值的社会企业或社会创业项目。本报告采用多案例研究方法，按照"动机－路径－效果"的分析框架，探讨企业如何通过支持社会企业来履行其社会责任。研究发现：（1）从动机来看，企业组织出于对捐赠风险的规避，同时依托既有的商业模式，倾向于运用商业手段实现社会目标，即通过社会创业或社会企业的方式履行企业社会责任；（2）从路径来看，企业主要通过投资（影响力投资）、合作（社会创业项目）、转型（社会企业化）来支持社会创业，通过社会企业代为行善；（3）从效果来看，企业支持社会创业或社会企业具有提高企业资源配置效率、降低企业社会风险、加速社会企业孵化、扩大企业影响力的作用。为畅通企业赋能社会企业和履行社会责任的渠道，应转变传统的以捐赠为主的企业社会责任实现机制，转向以社会创业为主的企业社会责任履行新模式。

关键词： 企业社会责任　社会创业　社会企业　影响力投资　公司社会创业

---

* 本报告部分内容系国家社科基金重大课题"发挥第三次分配作用促进慈善事业健康发展研究"（21&ZD184）的阶段性成果。

** 苗青，浙江大学公共管理学院教授、博士生导师，主要研究方向为社会治理、第三次分配、社会企业；尹晖，浙江大学公共管理学院博士研究生，主要研究方向为社会企业、第三次分配。

一 研究背景

企业承担社会责任对促进共同富裕具有重要作用，可以减少社会问题和风险，营造良好的社会环境，因此受到政府的高度重视。2022 年 3 月 16 日，国务院国资委宣布将成立社会责任局，负责指导中央企业实施创新驱动发展战略、积极履行社会责任。自 2021 年扎实推进共同富裕总目标确立以来，政府高度重视共同富裕，在防范资本无序扩张的同时鼓励企业更多承担社会责任。根据《中国慈善发展报告（2021）》，企业仍然是我国社会捐赠的最主要力量，捐赠金额占比约为 70%（杨团、朱健刚，2021）。商业组织并非单纯地谋取利益的组织，它们在创造经济价值的同时，也注重与社会共享价值、创造社会价值。特别是对于互联网企业而言，践行公益慈善已经成为它们的发展战略，成为助力共同富裕的重要力量。

然而，基于捐赠的企业社会责任承担形式存在短板。对于以追求利润为首要目标的企业而言，捐款会降低企业的资金存量，减少企业的利润，导致企业的捐赠积极性普遍不高（戴维奇，2016）；即使企业主动承担社会责任，捐赠的根本目标也在于扩大潜在利益，主要从宣传企业形象的需求出发（周祖城，2005）。因此，企业倾向于选择短期见效的项目，将金钱直接捐赠给受助者，或者捐赠给具有官方背景的基金会或慈善组织（高勇强等，2012）。这种以短期捐赠为手段的企业社会责任承担方式，难以长期可持续地解决社会问题，更容易导致企业社会责任项目效果差、作用时间短，遭到媒体和百姓的诟病。随着政府和公民对企业承担社会责任的期望增加，企业亟待寻求新的社会责任实现形式。

近年来，世界上出现了采用社会创业（social entrepreneurship）的方式承担社会责任的现象，即在企业内部孵化解决社会问题的社会企业或社会创业项目，惠及企业利益相关者之外的群体，为企业履行社会责任提供了新思路（Austin & Reficco，2008）。

面对汹涌而来的企业社会创业浪潮，我国的本土实践及学术研究才刚刚

起步。相较于国外较为丰富的理论研究，目前国内仍局限在现象层面，仅有少数文章讨论以社会创业承担企业社会责任的议题，现有研究仍停留在对公司社会创业的类型进行划分（盛南、王重鸣，2008），对公司社会创业的概念进行梳理（戴维奇，2016），对跨部门匹配因素对公司社会创业的影响进行研究（葛笑春等，2020），对公司社会创业对乡村振兴的影响进行研究（徐虹等，2023）。随着社会创业如火如荼，相对应的学术研究亟待跟进。

基于此，本报告旨在剖析企业如何通过支持社会企业或社会创业的方式履行社会责任，通过分析典型案例，寻找我国社会组织转型社会企业的规律。为此，本报告选取了四个不同领域的由企业孵化而来的社会创业案例，比较企业采用社会创业方式履行社会责任的差异，重点回答了三个问题：（1）企业为什么要在承担社会责任的时候选择社会创业？（2）企业如何运用社会创业的方式来履行社会责任？（3）企业通过社会创业来履行社会责任能产生什么效果？整体而言，本报告尝试提出社会创业视角下企业社会责任履行机制的理论模型，为希望提高社会责任履行质量的企业提供借鉴。

二 研究现状和框架

（一）概念辨析及研究现状

1. 企业社会责任

企业社会责任（Corporate Social Responsibility，CSR）的内涵一直存在争议。关于企业社会责任的定义，学界提出了不同看法。Friedman（2007）认为企业的社会责任就是追求利润最大化。Carroll（1979）将企业社会责任定义为企业对经济、法律、伦理和慈善责任的履行。欧盟委员会定义企业社会责任为企业对自身经营活动可能对社会产生影响的责任（Commission of the European Communities，2001）。国内学者肖红军和阳镇（2018）认为企业社会责任主要包含经济责任、法律责任、道德责任和慈善责任四个方面。综上所述，企业社会责任的内涵主要包括企业对股东、客户、员工、社区等利益相关方的经济、法律、道德各方面的责任。当前学界普遍认为，企业社会责任不应仅停留在法定责任和伦理责任，还应承担起增进社会福利的责任。

2. 社会企业

社会企业是以解决社会问题和扩大社会公益为主要目标，同时运用商业手段创造合理利润以维持自我生存，从而可持续地解决社会问题的新型混合型组织。社会企业通过商业模式解决社会问题，并将盈利再投资于实现社会使命，而非仅为股东谋取最大利润（Peredo & McLean，2006）。有学者认为，社会企业的本质在于其是否运用创业过程解决社会问题，因而真正定义社会企业的是组织或个人的社会创业过程。个体层面的社会创业，往往是许多初具雏形的社会企业或社会创业项目，以企业家社会创业为核心动力；组织层面的社会创业，以企业或社会组织形式开展社会创业，往往以社会创新业务为核心（Zaefarian et al.，2015）。从社会企业的类型来看，其既包括开展社会慈善事业的企业，也包括商业化的社会组织，前者被称为公司型社会企业（戴维奇，2016），后者被称为非营利组织型社会企业（Bacq & Janssen，2011）。在本报告中，我们主要讨论公司型社会企业。

3. 公司社会创业

公司社会创业（corporate social entrepreneurship）是指在企业内部孵化旨在解决社会问题、创造社会价值的社会企业或社会创业项目（Austin & Reficco，2008）。具体来说，它是企业内部员工依托企业资源，以"社会创业者"的姿态行事，识别社会创业机会并开展有益于社会的创业活动的过程（戴维奇，2013）。公司社会创业是企业履行社会责任的创新手段，其突破性的创新意义在于，企业社会责任以资金单向流动的社会捐赠为主，而公司社会创业以资金循环再生的社会创业或社会影响力投资为主（葛笑春等，2020）。公司社会创业与企业社会责任存在差异，企业社会责任是指企业在获得商业利润之后将其中一部分返还给社会，往往可持续性不足（云乐鑫等，2021）；而公司社会创业是将社会责任承担的过程融入创业活动本身，在社会创业的过程中承担社会责任，具有较强的可持续性（徐虹等，

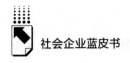

2023）。因而，公司社会创业成为许多真正希望解决社会问题的企业履行社会责任的新方式。

（二）研究现状与评述

围绕"企业如何通过社会企业履行社会责任"核心命题，本研究梳理相关文献，发现基于社会企业的社会创业成为企业提高社会责任履行效率、增强社会责任履行效果的重要方式，引起学界的高度重视。现有研究大致分为以下三类线索。

1. 企业通过社会创业履行社会责任的必要性

企业为什么通过社会创业履行社会责任的议题被学者们较多地关注。企业社会创业背后是股东、高管、员工的社会创业，他们以企业成员的身份参与企业的社会创业活动，分别拥有差异化的动机。可以将企业捐赠的动机进行以下几个方面的归类。第一，提高企业声誉和合法性。Porter 和Kramer（2006）认为社会创业可以提高企业声誉和社会认可度，有助于获得社会合法性。盛南和王重鸣（2008）指出中国企业通过社会创业树立正面形象。第二，开拓新的市场。Prahalad 和 Hammond（2002）提出社会企业相较于普通的企业，能够更好地开发低收入人群消费市场，与普通的企业形成错位竞争与合作。中国市场需求潜力大，但购买力有限。企业通过社会创业设计创新产品或提供差异化的服务，可以在这一新的市场获得先发优势。万倩雯等（2019）指出社会创业可以帮助企业招募和保留有社会责任感的优秀员工，并吸引注重企业社会责任的投资者，通过社会创业可以获得员工认同感。第三，提高组织创新能力。Porter 和 Kramer（2006）认为社会创业促进组织内部创新。戴维奇（2016）指出中国企业社会创业有助于营造企业内部创新氛围。这些动机推动企业管理层和员工投身社会创业，以创新思维和商业手段解决社会问题，实现企业自身发展与社会责任承担的有机结合。

2. 企业通过社会创业履行社会责任的实现机制

企业通过社会创业履行社会责任的路径与方式是学界探讨的另一重要议

题。影响力投资被 Porter 和 Kramer（2006）视为实现社会创业的策略之一，中国企业也逐步踏上这条路（刘蕾、邵嘉婧，2020）。时立荣和王安岩（2019）认为除投资外，在企业内部直接设立追求社会目标的创业项目，也是社会创业的重要实现方式。此外，企业可通过孵化扶持社会企业来支持社会创业，Peredo 和 Chrisman（2006）强调这一途径对孵化社会企业有重要意义。对中国来说，社会创业氛围不够浓厚，企业以创办社会企业的方式承担社会责任，成为社会企业孵化的重要来源（斯皮尔，2018）。当然，引导传统企业实现社会使命转型亦是可行路径，许多合作社或社区型企业转型成为社会企业后能够更好地利用社区公共资源（李健、成鸿庚，2023）。综上所述，企业社会创业的投融资支持、项目实践、组织转型等多样化路径为其社会责任履行提供了良好工具。

3. 企业通过社会创业履行社会责任的积极作用

企业通过社会创业履行社会责任后，自身也将从中获得多方面效益，这一议题引起学界广泛关注。现有研究主要从以下几个方面归纳了企业社会创业的积极成效。第一，有助于降低企业面临的社会风险。Porter 和 Kramer（2006）指出，社会创业使企业内外部利益相关者达成共识，可降低企业社会责任风险。也有中国学者认为企业通过社会创业可以树立负责任形象，降低公众关系风险（张秀娥、张坤，2018）。第二，可以加速培育社会企业。Austin 等（2006）认为大企业支持有助于社会企业更快成长。第三，可以扩大企业正面影响力。有学者提出中国企业通过社会创业参与社会治理，可扩大企业影响力（辉宇、狄润卉，2019）。总之，企业通过社会创业履行社会责任，既创造社会效益，也使企业获得正面的回报，社会创业成为企业履行社会责任的新方式。

4. 文献评述

围绕"企业如何通过社会企业履行社会责任"这一核心命题，现有研究主要从企业社会创业的动机、路径和效果三个方面展开。综观现有文献，相关研究仍存在一定不足。首先，在企业社会创业动机方面，现有研究较多从提升声誉、开拓市场等方面考察企业支持社会创业的动因，但较

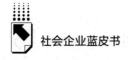

少从企业内部治理和决策机制等方面探讨这一选择的根源，这一角度的研究有待加强。其次，在企业社会创业路径方面，现有研究已经比较全面地梳理了投资支持、项目创办、组织转型等方式，但对不同类型企业选择路径的原因讨论不够，这需要更多比较案例分析的支持。最后，在企业社会创业效果方面，现有研究强调了降低风险、培育社会企业和扩大影响力的积极作用，但这些效果如何具体促进企业自身发展，以及效果强度在不同情形下有何差异，亦需要更多实证检验。综上所述，围绕企业社会创业的动机、路径和效果展开研究有重要意义。在此基础上，本研究通过引入更丰富的理论视角，并增加比较案例分析的支持，使这一领域的学术成果更加丰富和系统。

（三）研究框架

关于企业参与公益事业的模式，学界存在不同观点，为本研究的分析框架提供了理论基础。Porter 和 Kramer（2006）提出慈善模式（philanthropy model）和社会创业模式（social entrepreneurship model）两类企业参与公益事业的模式，旨在区分重点运用企业资源满足弱势群体需求的慈善模式，以及撬动市场资源识别底层创业机会的社会创业模式。而 Austin 和 Reficco（2008）则指出公司社会创业集慈善和社会创业于一身，两者并行不悖。本研究参考上述理论视角，构建了"过程-资源"二维矩阵，将企业参与公益事业区分为四种模式（见图 1）。（1）投资型公司社会创业：通过投资支持他人公益创业；（2）项目型公司社会创业：自主开展公益创新项目；（3）捐赠型企业社会责任：对外部需求进行捐赠支持；（4）创投型企业社会投资：设立基金会开展公益投资。这四种模式各有侧重，共同构成了企业参与公益事业的生态系统。以往学界主要关注的是处于第三象限和第四象限的传统 CSR 模式和企业基金会模式，对于公司社会创业模式关注度较低。因此，本研究框架有助于理解企业参与公益事业的多样性，为分析不同模式提供了视角。

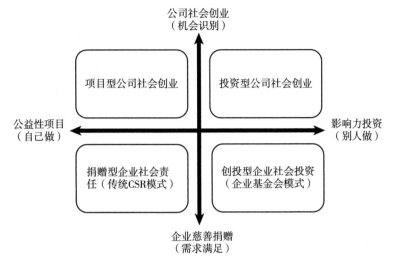

图 1　企业参与公益事业的四种模式

三　案例选择与分析方法

为了提升研究的外部效度，作者尽可能确保案例样本的多样化，主要考虑以下四个因素：企业规模、性质、地域、所属产业。由于不可避免地存在数据可得性和可靠性方面的问题，样本选择在一定程度上受制于企业的实际情况。本研究最终确定的四个样本企业分别是开展投资型公司社会创业的"ZW 银行"，开展项目型公司社会创业的"LB 评测"，开展捐赠型企业社会责任项目的"JY 集团"，以及开展创投型企业社会投资的"XH 集团"。为保证研究的信效度，本研究选择的四个案例企业均积极承担企业社会责任并开展了公司社会创业活动。

（一）案例选择

案例基本信息如表 1 所示。（1）ZW 银行：作为投资型公司社会创业的典型案例，ZW 银行提供普惠金融服务的初衷在于让更多"无证企业"获得融资支持。ZW 银行通过快捷便利的小微贷款缓解中小企业的融资难题，支持实体经济发展。（2）LB 评测：作为项目型公司社会创业的代表，其开展免费消费品检测的目的在于保护消费者权益，提高消费安全水平。自成立以来，LB 评测持续发起孕妇乳粉、儿童玩具等消费品免费检测，大幅降低潜在消费风险。仅 2021 年，LB 评测就完成了 15 项公益检测，受益消费者超过 140 万人，有效增强了社会公众的消费安全意识。（3）JY 集团：作为捐赠型企业社会责任的践行者，JY 集团开展公益厨房等项目以回馈社会，直接惠及贫困山区学生。JY 集团资助建设的公益厨房每日为 5 万多名学生提供午餐，有效改善贫困地区儿童的营养条件，降低代际贫困的社会风险。（4）XH 集团：XH 集团代表创投型企业社会投资模式，通过设置慈善基金会开展影响力投资，资助乡村教育等公益项目。此外，XH 集团还发起成立慈善文化研究院，以智库形式推动慈善事业的模式创新，体现企业家推动社会进步的社会责任担当。

表 1 案例基本信息

序号	企业名称	公益实践	业务特色	所属模式
1	ZW 银行	投资型公司社会创业	普惠小微贷款	投资模式
2	LB 评测	项目型公司社会创业	免费消费品检测	项目模式
3	JY 集团	捐赠型企业社会责任	公益厨房	传统模式
4	XH 集团	创投型企业社会投资	慈善基金会创投	创投模式

注：此处机构名称做匿名处理。案例相关资料均来自实地调研或二手资料。其中二手资料来源覆盖了学术文献库、政府公报、各类数据库、档案馆、期刊、新闻媒体、网络论坛等渠道。在采集二手资料时，本研究对引用信息来源进行了规范注明，并对相关数据资料进行了查证核实，保证了二手资料的真实性与科学性。

（二）数据与分析

为了更加充分地发挥多重案例分析的理论建构作用，遵循 Yin（2009）提出的实证方法，作者在案例内分析（within-case analysis）的基础上对各个案例的研究结果实施进一步的横向比对（见表 2），提炼具有理论意义的构思维度，从而对研究问题形成更加深刻的理解，以期获取更为准确和清晰的答案。

具体而言，本研究采用嵌入式多案例分析方法，该方法适用于研究"为什么"及"怎么样"的问题，主要通过跨案例比较分析多个案例的变化过程，以解释一些难以被操纵的复杂现象（韦影、王昀，2017）。在案例选择过程中，本研究首先从相关文献和数据库中寻找典型案例，筛选出 ZW 银行、LB 评测、JY 集团和 XH 集团四个案例。这四个案例分别代表了投资型公司社会创业、项目型公司社会创业、捐赠型企业社会责任和创投型企业社会投资四种类型，覆盖了企业参与公益事业的主要模式。为保证研究的信效度，本研究选择的四个案例企业都得到了第三方机构或政府部门的认证。同时，这四个案例可以提供详尽和完整的一手和二手数据，有助于研究者归纳企业参与公益事业的规律。本次研究的数据来源包括企业提供的内部资料、媒体报道和其他公开渠道信息。按照学术规范，本研究对一些隐私数据进行了必要的匿名处理。[①]

四　企业通过社会创业履行社会责任的模式

企业通过社会创业履行社会责任是在传统 CSR 模式中的突破式创新，由于创新的重点及方向不同，因而产生差异化的企业社会创业履行社会责任的模式。按照本研究提出的分析框架，可以把企业参与公益事业分为四大模式，分别是传统模式、创投模式、投资模式和项目模式。借鉴 Eisenhardt（1989）提出的组织运行理论模式分析框架，结合四类典型案例的生动实践，本研究着重从"动机-路径-效果"三个视角剖析这四大模式的差异，在比较分析中呈现社会创业视角下企业社会责任履行机制的本质（见表 2）。

（一）社会创业动机

1. 传统模式：社会责任+发展商业

当今社会普遍呼吁企业承担更多社会责任，但企业参与公益事业时也面

---

① 按照学术规范，本研究对一些隐私数据进行了必要的匿名处理，包括对个人身份信息（如姓名、出生日期等）进行代号替换，对个人敏感信息进行模糊处理，对个人关系信息（如亲属、朋友等关系）进行联系方式割裂或使用代称，对组织内部数据（如企业财报、员工记录等）进行抹掉关键细节。

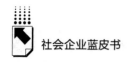

临谋求商业目标与社会责任之间的两难（Maon et al.，2010）。有学者指出，企业可以通过使其社会责任承担与核心业务有机衔接，实现社会效益与商业效益的双赢（Porter & Kramer，2006）。具体来看，企业承担社会责任时，将公益项目与自身业务战略结合，既是出于道德责任，也考虑到项目对品牌影响力和市场营销的助推作用，本研究将其称为在传统 CSR 模式上进行社会创新的模式。JY 集团的公益厨房项目就是这一模式的典型事例。JY 集团选择社会创业方式承担社会责任，一方面是出于企业家的社会责任担当，另一方面也考虑到项目对企业自身发展的促进作用。一方面，改善儿童营养契合 JY 集团的价值观，实现了社会责任的担当；另一方面，公益厨房提升了品牌知名度，带动了产品销售，扩大了企业影响力。可以看出，JY 集团在履行社会责任的同时，也实现了商业目标，这符合传统 CSR 模式下的企业社会创业动机。

2. 创投模式：社会责任+损失厌恶

传统的单向捐赠模式存在盲目性，可能导致公益资金使用效率不高（Wei-Skillern，2007）。为应对这一挑战，影响力投资（impact investment）作为创新模式受到企业的青睐，它通常以投资社会企业的方式实现可持续的社会影响（Moore et al.，2012）。具体来看，这种模式让企业在承担社会责任的同时，也实现了风险规避和资源最优配置，使商业手段与公益目标实现良性互动（Bugg-Levine & Emerson，2011）。XH 集团采用公益创投的方式支持社会企业，即展现了创投模式下的企业社会创业实践。XH 集团成立"XH·育"公益创投基金，这是中国首只人民币公益创投基金。该基金选择支持创业阶段的高成长性社会企业，如益修学院、米公益等。XH 集团这种公益创投模式的动机，一方面是避免传统单向捐赠可能带来的资金损失，另一方面也在于通过投资增强社会企业自我造血能力，培育社会企业节约使用公益资金实现社会目标。可以看出，XH 集团基于社会责任，也考虑了创投模式的可持续性与杠杆效应，实现了企业的社会担当和资源效益最大化。

3. 投资模式：社会责任+路径依赖

当今企业面临的公益环境日益复杂多变，传统的企业社会责任履行方式面临挑战（Coelho et al.，2023）。越来越多企业开始通过投资的方式支持社会创业，这种作为中间人的间接参与方式被称为企业社会投资（corporate social investment）。具体来看，企业通过投资社会企业等途径实现社会创新，既发挥了资金支持作用，也避免了直接运营的复杂性。这种投资模式依赖于企业原有的商业合作渠道和合同精神，通过市场化的投资途径承担社会责任。本报告定义这种基于投资支持的社会创新模式为"投资模式"。ZW 银行的普惠金融实践体现了投资模式下的企业社会创业。ZW 银行通过投资方式支持公益小店，发放有公益属性的小微贷款，实现普惠金融的社会效应，这是一种典型的企业社会投资方式。ZW 银行通过间接的投资模式承担社会责任，提供资金支持的同时也规避了直接参与社会创业的复杂性，实现了有效的社会创新。

4. 项目模式：社会责任+机会识别

社会存在许多亟待解决的问题，这为有社会责任担当的企业家提供了社会创业的契机（Lee & Jay，2015）。越来越多企业家抓住社会创新的机遇，通过商业手段解决社会问题，实现社会效益与商业利益的有机统一，这被称为机会驱动型社会创业（opportunity-driven social entrepreneurship）（徐虹等，2023）。具体来看，这类企业家能敏锐识别社会需求，并将其作为企业的使命，以市场化业务满足社会需求。本报告定义这种基于机会识别的社会创新模式为"项目模式"。LB 评测的免费检测和电商实践，体现了项目模式下的企业社会创业。LB 评测抓住了为公众免费检测商品质量并发布科普的社会创业机遇，通过"检测+电商"模式解决了当前市场上的假冒伪劣产品问题。可以看出，LB 评测基于机会驱动开展社会创业，并以此作为企业的核心业务，实现了社会问题的有效解决和商业模式的有机统一。

（二）社会创业路径

1. 传统模式：捐赠的同时自己做项目

在传统 CSR 模式下，企业通常通过捐赠配合自主开展公益项目的方式实现社会创新。JY 集团案例具体展现了这一模式。JY 集团充分发挥其作为行业领先企业的资源与影响力优势，采取直接捐赠与自主项目运营相结合的

方式履行社会责任。在直接捐赠方面，JY集团向贫困地区学校捐赠了大量厨房电器产品，改善希望厨房硬件条件，还通过"一元夜宵"等活动向贫困学生捐赠膳食。在自主项目运营方面，JY集团长期开展送暖工程、书包工程等公益活动，为贫困学生提供生活与学习支持，并且直接参与项目设计、组织和落地执行。通过直接捐赠和自主项目运营的有机结合，JY集团发挥了企业资源和组织能力优势，在增进社会福祉的同时也塑造了负责任的企业形象，实现了社会效益与品牌效益的统一。

2. 创投模式：捐赠的同时自己不做项目

影响力投资模式下，企业通常不直接参与公益项目的运营，而是通过投资的方式支持社会创业（Sud et al.，2009）。XH集团的公益创投实践符合这一模式。XH集团作为具有社会责任担当的企业，也认识到直接运营公益项目的复杂性。因此，XH集团选择了开创性地成立公益创投基金，通过股权投资的方式支持处于初创阶段的公益类创新机构，如益修学院、米公益等。创投基金具有独立运营的专业团队和决策机制，XH集团只提供资金支持而不参与被投项目的具体运营。这种模式的优势在于企业可以集中资源发挥资金支持作用，同时避免直接参与复杂的公益项目运营，实现了资源配置的优化和社会影响力的扩大。

3. 投资模式：创业的同时自己不做项目

在投资模式下，企业选择通过投资而非自主运营的方式承担社会责任（Zaefarian et al.，2015）。ZW银行案例展现了这一模式，其通过发放公益小微贷款支持公益类小微企业，完成社会创新，而无须自主运营。具体来看，ZW银行依托自身的互联网金融优势，通过提供优惠的小额贷款、简化审批流程等方式，向公益类小微企业提供了重要的金融支持。虽然贷款为公益类小微企业发展提供了直接帮助，但ZW银行自身并不参与这类企业的具体运营。这种以投资为路径实现社会创新的模式，使ZW银行既规避了直接运营的复杂性，也更好地发挥了金融资源优势，完成了有效的社会创新。

4. 项目模式：创业的同时自己做项目

项目模式下的企业通常自主设计公益项目并负责具体运营（徐虹等，

2023）。LB 评测案例展现了这一模式，它敏锐地识别出公众对商品质量安全的检测需求日益增长，基于这样的机会，LB 评测自主设计了消费品质量检测项目，并利用企业自身的技术、渠道和人才优势，高标准运营这一公益项目。LB 评测不仅为用户提供免费的商品检测服务，还主动公布检测报告，发布检测结果，以满足公众的信息需求。截至 2020 年，LB 评测共发起 15 项公益检测，受益用户超过 140 万人。通过自主创新和运营实践，LB 评测充分发挥了企业的项目设计与执行优势，完成了有效的社会创新。

表 2　企业社会创业的主要模式及其区别

模式类型	典型案例	主要特征	典型做法
传统模式	JY 集团公益厨房	通过公益项目促进商业发展	直接捐赠＋自主项目运营
创投模式	XH 集团"XH·育"公益创投基金	通过社会投资实现可持续影响	不直接运营＋影响力投资
投资模式	ZW 银行普惠金融业务	通过投资商业创新解决社会问题	优惠贷款＋不直接参与运营
项目模式	LB 评测免费检测和电商实践	通过识别社会需求进行社会创业	自主设计和运营项目

（三）社会创业效果

1. 传统模式：受到企业营收状况的约束

传统 CSR 模式下的企业社会创新容易受到企业自身商业收入的影响（王晓巍、陈慧，2011）。具体来看，这类企业的公益投入和项目主要依赖企业的盈利收入，是从公司利润中划拨一定比例用于公益事业。因此，当企业商业收入出现波动或下滑时，其公益项目的资金投入也会面临缩减压力。企业公益项目的持续性与资金来源高度依赖企业的营收状况。如 JY 集团在开展公益厨房、送暖工程等项目时，资金投入都与公司的年度销售收入高度相关。当 JY 集团面临经营困境时，其公益项目也会由于资金链紧张而受到影响。这种传统模式下的社会创新持续性存在局限，项目周期较短，且易受企业商业收入变化的影响。

2. 创投模式：有助于培育优秀社会企业

影响力投资模式有助于社会企业获得可持续发展（Prahalad & Hammond，2002）。具体来看，创投基金通过股权投资方式为公益创业组织提供资本支持，并给予管理咨询、战略指导等全方位建设，可以显著推动社会企业的成长壮大。如 XH 集团的公益创投基金早期对益修学院、米公益等初创公益机构进行了投资与扶持，帮助它们获得持续运营的资金与组织能力，对这些公益创业组织实现规模化发展具有重要意义。创投模式可以通过资本和知识杠杆持续推动社会企业的规模壮大与社会影响力扩大。

3. 投资模式：有助于帮助群众致富

投资模式下的社会创新有助于帮扶小微企业改善发展环境（彭伟等，2022）。具体来看，金融机构通过提供低息优惠贷款等方式支持公益类小微企业，可以显著优化这类企业的融资环境，解决其融资难题。如 ZW 银行针对小微企业的特点，推出快捷便利的贷款产品，使大量"无证企业"和创业者首次获得银行融资支持。这种模式持续改善小微企业的外部融资环境，对促进小微企业成长具有重要意义。

4. 项目模式：有助于企业的可持续发展

项目模式下的社会创新可以直接提升企业的社会形象与影响力（解学梅、朱琪玮，2021）。具体来看，这类企业自主设计并运营公益项目，其社会责任担当可以得到直观展现，更容易获得社会各界的认可与支持。如 LB 评测通过自主开展一系列公益检测项目，树立了负责任、重视消费者权益的企业形象，获得了广泛认可。长期开展公益项目也可以持续提升企业品牌效应和商业价值。

五　结论与启示

（一）研究发现

本研究从社会创业的视角来分析企业履行社会责任的动机、路径和效果。研究构建了一个二维矩阵来分析社会创业模式，这个矩阵以投入类型和实现方式为两个维度，通过多个案例验证了这个矩阵框架具有理论价值。研究发现，在动机方面，企业进行社会创业一方面源自企业的社会责任，另一方面也存在一些其他目的，比如获得社会创业的收益、规避风险、发挥企业自身的优势等。在路径方面，企业社会创业呈现四种不同的模式：通过公益项目促进商业发展的传统模式、通过社会投资向社会输出可持续影响力的创投模式、通过投资商业创新解决社会问题的投资模式，以及通过识别社会需求进行社会创业的项目模式。这四种模式通过不同程度的自主项目运营和外部投资实现了社会创业。在效果方面，社会创业可以持续推动社会企业的成长，缓解小微企业的融资困境，扩大企业的影响力。本研究的理论贡献在于通过社会创业视角扩展了企业社会责任研究框架，方法贡献在于提供了具体的分析框架并以案例进行验证，实践贡献在于为政府和企业选择社会创业模式提供了参考。后续研究可关注不同国家和行业的差异性。

（二）理论启示

第一，拓展了社会创业理论。社会创业理论起源于社会企业研究，主要关注个人层面的社会创业（Dees，1998；Peredo & Chrisman，2006）。而本研究立足企业层面，通过构建社会创业模式二维矩阵，运用 LB 评测、XH 集团等多个案例，从动机、路径和效果三个维度全面剖析了不同类型的企业社会创业模式（徐虹等，2023），验证并丰富了社会创业理论在解释和指导企业层面社会创新实践的适用性，为社会创业理论提供了企业视角，拓展了其适用的层面，使之能够更好地指导和解释企业作为一个整体进行社会创新的内在机制，为企业参与公益事业提供了崭新的理论视角（戴维奇，2016）。

第二，完善了企业社会责任理论。传统的企业社会责任理论更多关注企业的伦理和道德责任（Carroll，1979），而本研究立足实证，通过 LB 评测、JY 集团等典型案例，构建了传统模式、创投模式、投资模式和项目模式四种企业社会创业模式矩阵，丰富和扩展了企业参与公益事业的类型理解，使企业社会责任理论不再局限于传统的伦理和道德层面，向经济、法律层面拓展，为企业社会责任理论提供了崭新的视角，能够指导企业以创新思维和商业手段实现社会责任的承担，实现了视角的创新与理论的发展。

第三，检验了委托代理理论在社会创业领域的运用。本研究选择 LB 评测等四个不同类型的案例，应用委托代理理论中的"动机-路径-效果"分析框架（Eisenhardt，1989），通过案例实证扩展了该理论在剖析和评估企业复杂的社会创新行为方面的解释力和适用性，使其应用场景从简单的委托代理关系拓展到了解释企业内部的社会创新决策，为委托代理理论提供了企业社会责任领域的应用案例，拓展了该理论的适用边界，提供了宝贵的理论启示。

（三）对策建议

一是企业转变传统的社会责任履行方式，更多采用社会创业模式。在微观层面，个别企业应转变单纯的捐赠思维，改为依托自身行业优势和资源特色，选择最符合的社会创业模式开展公益，如 LB 评测通过开展消费品检测创新解决问题。在中观层面，企业应加强同行交流对标学习，行业协会可发挥引导作用，举办社会创业经验交流活动，促进企业共同探索社会创业新思路新模式。在宏观层面，企业应与政府部门加强合作，探寻有效的机制来支持和推广优秀的企业社会创业实践，使其成为企业履行社会责任的主流途径之一。

二是政府部门应从顶层设计到基层执行全面推动企业社会创业。在宏观层面，中央有关部门应将支持企业社会创业上升为国家战略，纳入国民经济社会发展规划，并制定系统的政策措施，比如设立支持企业社会创业的专项资金，提供税收减免等金融和财政支持，鼓励企业以社会创业的方式更好地履行社会责任。在中观层面，相关部委可牵头组织开展各类企业社会创业交流活动，表彰奖励优秀的企业社会创业案例，充分发挥行业带动作用。在微观层面，地方各级政府应密切关注本地区社会状况和民生领域需求，设立专项资金引导和支持本土企业开展有针对性的社会创新解决方案。

三是学界后续可从多角度开展研究。可以开展跨国和跨地区比较，分析不同国家和地区环境对企业社会创业模式选择的影响；可以围绕不同行业和领域开展对比研究，探讨各行业企业社会创业的特点；也可以采用问卷调查、案例研究、实验研究等定量和定性方法，评估和验证企业社会创业对企业发展及社会进步的影响效果。

参考文献

戴维奇，2013，《"公司社会创业"研究进展与未来展望》，《第八届（2013）中国管理学年会——创业与中小企业管理分会场论文集》，中国管理现代化研究会。

戴维奇，2016，《理解"公司社会创业"：构念定位、研究梳理与研究议程》，《科学学与科学技术管理》第 4 期。

高勇强、陈亚静、张云均，2012，《"红领巾"还是"绿领巾"：民营企业慈善捐赠动机研究》，《管理世界》第 8 期。

葛笑春、翟云杰、王宜敏等，2020，《跨部门联盟的匹配因素与公司社会创业价值创造的关系研究》，《研究与发展管理》第 3 期。

辉宇、狄润卉，2019，《针对"金字塔底层"消费市场的社会创新——以"格莱珉银行"为例》，《中国商论》第 23 期。

李健、成鸿庚，2023，《商业企业转型为社会企业的成功路径研究——一项模糊集定性比较分析》，《研究与发展管理》第 3 期。

刘蕾、邵嘉婧，2020，《社会影响力投资综合价值实现机制研究》，《中国科技论坛》第 10 期。

罗杰·斯皮尔，2018，《论社会企业的外部支持生态系统》，梁鹤译，《江海学刊》第 3 期。

彭伟、殷悦、沈仪扬等，2022，《创业生态系统如何影响区域社会创业活跃度？——基于模糊集的定性比较分析》，《外国经济与管理》第 9 期。

盛南，2009，《社会创业导向及其形成机制研究：组织变革的视角》，博士学位论文，浙江大学。

盛南、王重鸣，2008，《社会创业导向构思的探索性案例研究》，《管理世界》第 8 期。

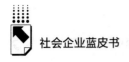

时立荣、王安岩，2019，《中国社会企业研究述评》，《社会科学战线》第 12 期。

万倩雯、卫田、刘杰，2019，《弥合社会资本鸿沟：构建企业社会创业家与金字塔底层个体间的合作关系——基于 LZ 农村电商项目的单案例研究》，《管理世界》第 5 期。

王晓巍、陈慧，2011，《基于利益相关者的企业社会责任与企业价值关系研究》，《管理科学》第 6 期。

韦影、王昀，2017，《很复杂，但更精致——嵌入式案例研究综述》，《科研管理》第 11 期。

肖红军、阳镇，2018，《中国企业社会责任 40 年：历史演进、逻辑演化与未来展望》，《经济学家》第 11 期。

解学梅、朱琪玮，2021，《合规性与战略性绿色创新对企业绿色形象影响机制研究：基于最优区分理论视角》，《研究与发展管理》第 4 期。

徐虹、张妍、张行发等，2023，《价值共创视角下公司社会创业促进乡村振兴的实现路径研究》，《农业经济问题》（网络首发）。

杨团、朱健刚主编，2021，《中国慈善发展报告（2021）》，社会科学文献出版社。

云乐鑫、周兴昊、石晓，2021，《社会责任与社会创业比较研究——以景芝酒业为例》，《科技创业月刊》第 4 期。

张秀娥、张坤，2018，《创业导向对新创社会企业绩效的影响——资源拼凑的中介作用与规制的调节作用》，《科技进步与对策》第 9 期。

周祖城，2005，《企业社会责任：视角、形式与内涵》，《理论学刊》第 2 期。

Austin, J. & Reficco, E. 2008. "Corporate Social Entrepreneurship." *International Journal of Not-for-Profit Law* 11：86.

Austin, J., Stevenson, H., & Wei-Skillern, J. 2006. "Social and Commercial Entrepreneurship: Same, Different, or Both?" *Entrepreneurship Theory and Practice* 1：1-22.

Bacq, S. & Janssen, F. 2011. "The Multiple Faces of Social Entrepreneurship: A Review of Definitional Issues Based on Geographical and Thematic Criteria." *Entrepreneurship & Regional Development* 23：373-403.

Bugg-Levine, A. & Emerson, J. 2011. *Impact Investing: Transforming How We Make Money While Making a Difference.* John Wiley & Sons.

Carroll, Archie B. 1979. "A Three-Dimensional Conceptual Model of Corporate Performance." *Academy of Management Review* 4：497-505.

Coelho, R., Jayantilal, S., & Ferreira, J. J. 2023. "The Impact of Social Responsibility on Corporate Financial Performance: A Systematic Literature Review." *Corporate Social Responsibility and Environmental Management.*

Commission of the European Communities. 2001. "Green Paper: Promoting a European Framework for Corporate Social Responsibility."

Dees, G. 1998. "Enterprising Non-profits." *Harvard Business Review*, January-

February, p. 55.

Eisenhardt, K. M. 1989. "Agency Theory: An Assessment and Review." *Academy of Management Review* 1: 57-74.

Friedman, Milton. 2007. "The Social Responsibility of Business Is to Increase Its Profits." In Walther Ch Zimmerli, Markus Holzinger, Klaus Richter (eds.), *Corporate Ethics and Corporate Governance*, pp. 173-178. Berlin, Heidelberg: Springer.

Kramer, M. R. & Porter, M. 2011. "Creating Shared Value." *Harvard Business Review*, January-February.

Lee, M. & Jay, J. 2015. "Strategic Responses to Hybrid Social Ventures." *California Management Review* 3: 126-147.

Maon, F., Lindgreen, A., & Swaen, V. 2010. "Organizational Stages and Cultural Phases: A Critical Review and a Consolidative Model of Corporate Social Responsibility Development." *International Journal of Management Reviews* 1: 20-38.

Moore, M. L., Westley, F. R., & Nicholls, A. 2012. "The Social Finance and Social Innovation Nexus." *Journal of Social Entrepreneurship* 2: 115-132.

Peredo, A. M. & Chrisman, J. J. 2006. "Toward a Theory of Community-Based Enterprise." *Academy of Management Review* 2: 309-328.

Peredo, Ana María & McLean, Murdith. 2006. "Social Entrepreneurship: A Critical Review of the Concept." *Journal of World Business* 41: 56-65.

Porter, M. E. & Kramer, M. R. 2006. "Strategy and Society: The Link Between Competitive Advantage and Corporate Social Responsibility." *Harvard Business Review* 12: 78-92.

Prahalad, C. K. & Hammond, A. 2002. "Serving the World's Poor, Profitably." *Harvard Business Review* 9: 48-59.

Sud, M., Van Sandt, C. V., & Baugous, A. M. 2009. "Social Entrepreneurship: The Role of Institutions." *Journal of Business Ethics* 85: 201-216.

Wei-Skillern, J. 2007. *Entrepreneurship in the Social Sector*. Sage.

Yin, R. K. 2009. *Case Study Research: Design and Methods*. Sage.

Zaefarian, Reza, Tasavori, Misagh, & Ghauri, Pervez N. 2015. "A Corporate Social Entrepreneurship Approach to Market-Based Poverty Reduction." *Emerging Markets Finance and Trade* 2: 320-334.

B.9

社区社会企业：基层治理
主体创制新探索

——以成都为例

李健　徐彩云　黄英*

摘　要： 治理主体创新是推进基层治理体系和治理能力现代化的关键。近
年来成都市通过创制"社区社会企业"这一新型社区治理主体
完善社区治理体系和提升社区治理能力。这一治理主体的核心主
张在于：在党的领导下，以市场化运作方式盘活社区公共资源、
链接社区外的资源为社区居民提供多样化的公共服务。通过实地
调研，本报告从政策基础、创制现状、运作模式和发展困境四个
方面对成都社区社会企业的发展现状进行分析。研究发现，成都
社区社会企业处于起步阶段，在制度层面面临缺乏集体经济基
础、存在违规风险和部门间协调不畅等难题，在运作层面面临严
重依赖于社区治理基础、公平与效率之间存在张力、社区"两
委"成员运作能力欠缺、存在违背与侵占社区公共利益的风险
等困境。为此，我们从完善社区社会企业的支持性政策、加强社
区社会企业本土知识开发、锁定社区社会企业的公共性、选定合
适的运营模式与业态规划四个方面提出相关建议。

关键词： 社区社会企业　社区治理　成都

---

* 李健，北京航空航天大学公共管理学院教授、博士生导师，主要研究方向为公益慈善、社会
企业；徐彩云，中央民族大学管理学院博士研究生，主要研究方向为公益慈善、社会企业；
黄英，厦门大学管理学博士，广东药科大学医药商学院讲师，主要研究方向为社会企业与公
共治理。

2018 年，成都市人民政府办公厅印发了《关于培育社会企业促进社区发展治理的意见》，将社会企业作为创新城乡社区发展治理的主体之一。此后，成都市围绕社会企业建成了"三体系"（培育发展体系、政策支持体系、监管服务体系）、"两平台"（综合服务平台、信用公示平台）、"三制度"（评审认定制度、公开披露制度、退出摘牌制度）社会企业支持系统，也因此被誉为"中国社会企业之都"。

尽管成都市旨在建构完备的社区治理体系，推动基层社会治理精细化，但在基层治理实践中仍然存在提升空间。一是社会企业与社区治理的关联度有待提高。截至 2020 年底，综合中国公益慈善项目交流展示会与成都市政府的认证数据，成都共有 102 家社会企业通过了认证，但提供社区发展服务的社会企业仅占 19%。① 二是社区资源统合效果与治理效能有待提升。根据《中共成都市委城乡社区发展治理委员会 2021 年部门决算》，成都市仅社区保障资金就拨付 17.2 亿元、社区激励资金拨付 3.1 亿元。② 巨额的资金投入带来社区治理面貌巨大改善的同时，也形成支出的刚性需求，导致社区严重依赖财政资金。而政府倾力打造的社区基金会和社区社会组织在链接社区内外资源方面存在限制。三是各区（市、县）探索的"社区公司"模式发展亟待规范。自从成都市在 2017 年 9 月 2 日召开城乡社区发展治理大会之后，许多社区纷纷尝试注册成立社区公司，打造一股连接社区商业与社区慈善的"隐藏"力量。在探索过程中呈现了"百花齐放"的实践模式，但是部分社区公司偏离了政策设计者的政策目标，存在政策风险。

基于上述问题的考量，成都市于 2021 年开始寻求社区发展治理新路径——创制一类能够专门下沉社区、面向社区居民提供服务，并且能够在一定程度上激活社区经济活力的新型组织，即"社区社会企业"。它既具有社会企业创造社会价值、解决社会问题的优势，又能以市场主体身份盘活社区

---

① 《【政策支持】冯天丽：成都市社会企业发展报告》，https：//mp. weixin. qq. com/s/sWbwyLUMlgJU GndtctB7gg，最后访问日期：2023 年 9 月 1 日。

② 《中共成都市委城乡社区发展治理委员会 2021 年部门决算》，http：//cdswszw. gov. cn/notice/Detail. aspx? id=27040，最后访问日期：2023 年 9 月 1 日。

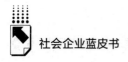

闲置资源、链接社区内外资源，以及减轻财政支出的压力，同时矫正不符合社区社会企业构想的社区公司行为，为社区居民提供多样化的公共服务和生活服务。

"创制"包括两层含义："创造"与"规制"（吴晓林、谢伊云，2020）。对于社区社会企业而言，若要被创制成一种新的社区治理主体，它与既有的社区治理主体，特别是与社区公司、社会企业的关系是什么？其参与社区治理面临的问题和挑战是什么？应如何对这一新型社区治理主体进行培育和规范？一系列谜题亟待解答。本研究拟通过对成都市相关政府部门、有代表性的社区公司与社区社会企业的实地调研，结合成都市武侯区、郫都区和金牛区已经出台的区级社区社会企业政策，对上述问题给予回应，并试图为后续更多地方相关政策的出台提供政策建议。

一　社区社会企业的政策基础

成都市创制社区社会企业这一新型基层治理主体的想法以国家发展战略为导向，奠基于我国探索中国式现代化之路所经历的类社区社会企业经验，得益于成都市为推进市域治理现代化所进行的前期探索。

第一，成都市创制社区社会企业的想法与中国共产党"以人民为中心"的执政理念、国家治理现代化战略、共同富裕理念等宏观背景相吻合。首先，中共成都市委城乡社区发展治理委员会（以下简称市社治委）指出发展社区社会企业的构想是对我国社会矛盾转变的积极回应，通过借道社区社会企业，满足社区居民的差异化、多层次需求，实现人民对美好生活的向往。其次，市社治委通过社区社会企业提升社区治理能力和完善社区治理体系，比如破除社区治理的资源困境、为基层群众性自治组织"增能减负"、完善多元主体共治的社区治理体系。最后，社区社会企业运用市场机制促进社区经济发展，是实现共同富裕的主要路径之一。社区社会企业赚取的利润将进行二次分配，改善弱势群体的生活境况，或提升社区整体公共服务水平。

第二，我国历史上存在过"居办经济"或"街居经济"，即居委会自办或居委会在街道办的领导下开办生产生活服务（高乐，2019），为社区社会企业发展提供了参照系。社区社会企业的核心运作内涵乃社区通过生产经营活动赚取收入，提高社区公共服务供给水平和社区居民的生活水平。居办经济同样帮助破解社区服务供给的资源困境，具有经济和社会双重属性。不同的是，居办经济对其双重属性没有特别限定，容易发生使命漂移，而社区社会企业借鉴了社会企业的理念，对双重目标定位与社会使命稳定都有严格规定。另外，居办经济是在计划经济时期，依政治指令而开展生产服务活动。社区社会企业的提出处在全面深化改革时期，市场已从资源配置的基础性作用转变为决定性作用。在这样的制度背景下，社区社会企业对于社会治理具有重要的价值。

第三，成都市已有较好的社区治理基础，并且具有创制社会企业的经验，为创制社区社会企业奠定了基础。一是成都市积极探索加强与完善城乡社区发展治理的方式方法，出台了一系列社区发展治理政策。二是在众多的社区发展治理政策中，社会企业培育发展被视为促进社区发展治理的抓手，而且专门出台了关于扶持社会企业发展的诸多政策。三是在既有的社区治理与社会企业政策中，或多或少已经在倡导探索发展社区社会企业，而且这一举措已经得到四川省政府的认可，将其列入《四川省"十四五"城乡社区发展治理规划》。四是创制社区社会企业的法理依据已厘清。《中华人民共和国民法总则》和《中华人民共和国民法典》确定了城乡社区居（村）委会特别法人身份，扫除了居委会可开办公司的法理障碍。

二 社区社会企业的创制现状

我们于2021~2022年在成都开展了社区社会企业的专项调研，通过走访市/区社治委、街道办事处和17家社区社会企业/社区公司，获得了大量一手资料。基于实地调研和考察，我们将成都社区社会企业创制的基本内容从概念建构、治理结构、激励机制和监督管理四个方面予以呈现。

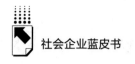
（一）概念建构

概念建构是指地方当局希望社区社会企业所呈现的特征和形象。成都市拟结合既有社区治理主体——社区公司和社会企业的形象来进行建构（见图1）。

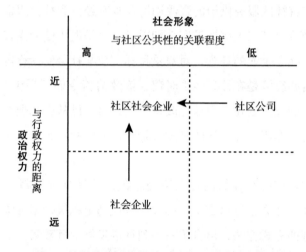

图1　社区治理群体与社区社会企业的概念构建

在社区治理中，社区社会企业因"与社区公共性的关联程度"（社会形象）、"与行政权力的距离"（政治权力）两个维度与社区公司和社会企业区隔。社区公司由居委会登记注册，居委会接受街道办的领导，因而与行政权力的距离较近，但是该公司被注册来为社区居民服务还是为某个个人或团体服务没有明确规定，因而其与社区公共性的关联程度难以保证。成都市社会企业政策文件规定，在社区提供服务的社会企业需要在企业章程中明确声明其服务社区的使命，因而与社区公共性的关联程度高，但是社会企业通常与社区居委会仅是合作关系，与街道办联系不如社区公司紧密，因而与行政权力的距离较远。

社区社会企业结合了社区公司与行政权力的距离更近和扎根社区的社会企业与社区公共性的关联程度更高的特性，构成一种新的社区治理主体。社区社会企业具有以下特征：（1）这一社区治理主体在党的领导之下；（2）社区社会企业的负责人和管理者践行为人民服务的理念和秉持公共行政精神，以老百姓的需求为导向创办社区社会企业；（3）对股权结构有特殊规定，确保它属于社区，而不是某个个人、部分人群或利益团体；（4）该社区治理主体有成熟稳定的业务模式，能够通过参与市场竞争获取提供社区公共服务的资源，同时确保社区公共资产不会流失；（5）明确规定赚取的利润用于社区公共事务。

基于社区社会企业的概念建构分析，市/区级政策文件对社区社会企业的概念界定如表1所示。从中可以发现，市级政策文件在股权结构上仅要求由居民委员会占股权主导地位，可以与国有资本、社会资本等混合所有，但是区级政策文件均要求由社区居委会独资控股。

表1 2021~2022年市/区级政策文件对社区社会企业的概念界定

发文时间	发文层级	政策文件	对社区社会企业的定义
2021年1月	市级	《深化城乡社区减负提能增效的若干措施》	鼓励有条件的社区发起设立由居民委员会占股权主导地位，国有资本、社会资本等混合所有的社区社会企业。探索有意愿、有能力的村（社区）"两委"成员担任社区社会企业法定代表人制度，探索社区社会企业职业经理人制度
2021年8月	区级	《武侯区关于培育发展社区社会企业的实施办法（试行）》	在社区党组织引领下，由社区居委会作为基层群众自治组织特别法人全资成立，以解决社区问题、提升社区服务为目标，以创新商业模式开展经营管理，所得收益用于持续反哺社区、促进社区发展治理的特定经济组织
2022年5月	市级	《成都市"十四五"城乡社区发展治理规划》	由城镇社区居委会发起设立，以社区党组织为引领、居委会为主导、社区资源活化利用为路径，实现社区公共利益为导向、服务社区居民为目标，国有资本、社会资本参股的混合所有制新型社区经济组织
2022年6月	区级	《成都市金牛区关于培育发展社区社会企业的试行办法》	以社区居委会作为基层群众性自治组织特别法人身份发起独资控股成立的，以改善社区治理、服务居民群众为目标，所得收益用于持续反哺社区发展治理的特定经济组织
2022年8月	区级	《郫都区社区社会企业培育扶持办法（试行）》	郫都区城镇社区内，以促进社区发展治理和提升社区服务为根本目的，以社区居委会特别法人依法登记成立并全额控股的，并经审核通过进入郫都区社区社会企业库的特定企业类型。社区社会企业是社区企业向社会企业发展的过渡型企业形态，是社区组织的一种

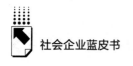

（二）治理结构

社区社会企业治理结构涉及的内容包括：法人主体、股权结构、组织架构、业务领域和利润分配。

1. 法人主体

武侯区和金牛区的政策文件要求社区社会企业的法定代表人（以下简称法人）由社区居民代表会议依法选举产生。金牛区鼓励有能力、有意愿的社区党组织书记通过法定程序担任法人。同样，郫都区提出原则上法人应由社区居委会现任主任担任，但需由社区党组织推荐后经居民会议同意方可任职。在实际调研走访中发现，大多数社区社会企业的法人由社区党组织书记/居委会主任担任。

2. 股权结构

在区级政府出台社区社会企业专项政策之前，社区居委会发起成立的社区公司/社会企业呈现四种股权结构。第一种是社区居委会全额控股。我们走访的17家机构中有11家属于该类型，占比为65%。第二种是"社区居委会控股+居民入股"，以化工路社区和簧门街社区为代表。化工路社区公司的收益除了反哺社区和留存公司发展之外，还向居民分红。簧门街社区则以"社区控股+居民入股"的方式成立母公司——成都簧门居民服务有限责任公司，社区居委会占股51.1%，其余为居民入股。母公司又控股成立子公司——四川簧门宜邻居民服务有限公司，该公司又对外投资了多家机构。第三种是多个社区共同占股。成都前兴商务服务有限公司由普和社区和瓦窑村各占股50%。成都三社补丁企业服务有限公司由三个社区各占股30%，以及职业经理人占股10%。第四种是完全由社区"两委"成员以个人的身份和居民共同占股，如锦水苑社区、高堆社区和安公社区。这种股权结构的社区公司很难被纳入政府所认可的社区社会企业。不过，在专项政策出台后，社区居委会基本上按照政策要求调整了股权结构。

3. 组织架构

为了保证社区社会企业的公共属性，社区居民代表大会是最高权力机构。

关于社会目标、资产投资、人事任免、利润分配等重大事项决定都必须经过居民会议集体议事。董事会作为决策机构对社区居民代表大会负责，由居民会议经过民主决策程序选举产生，实施经营、人事、资源、财务分配等决策。一般而言，董事长由法人兼任。经理层作为执行结构负责日常经营管理，总经理由董事会决定聘任或者解聘，可由社区"两委"成员兼任，或者聘请职业经理人。郫都区社治委相关负责人表示，原则上社区"两委"成员不应参与直接经营，其本职工作是居民服务，但是由于社区社会企业缺乏资金聘请职业经理人，仍然需要具有运作能力的社区党组织书记引领发展。社区"两委"成员在董事会中任职或担任经理均不能领取薪酬。监事会对日常运营和董事及高级管理人员的行为进行监督，社区专职工作者不得担任监事或进入监事会。

4. 业务领域

社区社会企业不与其他市场主体争利。其根据"错位"和"补位"原则，从事市场不愿意介入或者解决不善的服务。武侯区鼓励社区社会企业开展便民服务、空间运营、物业服务、社区商业、社区旅游等项目。市社治委现阶段设想的社区社会企业的发展方向是扮演"实现供需匹配和对接"的平台角色。社区的优势不在于企业经营，而在于准确识别社区服务需求。社区社会企业可以利用社区优势链接外部资源供给者，为居民筛选出有品质保障、信誉度高的供给方，以满足社区智慧养老、托幼等更为精细化的服务需求。

5. 利润分配

一方面，社区社会企业产生的利润不适合平均分配给居民。社区社会企业在实际运作过程中使用的社区资源往往是公共资源（国有资产），既然使用了公共资源，其使用指向必然是公共利益而非私人利益（穆尔，2016）。同时，社区人口数量庞大且流动性较大，导致将收益分配给居民的可操作性较弱。因此，社区社会企业的经营收益除用于自身运转和再生产投入外，还用于社区公共事务、公益事业、社区服务项目、社区基金（会）或企业发展。另一方面，社区"两委"成员在社区社会企业中只能"兼职不兼薪"，但是可以给予社区"两委"成员一定的创收奖励。武侯区的专项政策提出，经社区居民代表大会同意，可拿出不超过20%的社区社会企业年度税后净利润，给予有突出贡献的社区

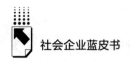
"两委"成员，但金额不得超过本人当年职业岗位基本工资总额。与武侯区不同，郫都区和金牛区在比例上规定不得超过年度税后净利润的10%。

（三）激励机制

激励机制设置的依据在于：依靠有形的回报（正面或负面）来引导目标群体采取与政策有关的行动（Schneider and Ingram，1990）。社区社会企业的激励工具体现在以下四个方面。第一，建立评优表彰制度。成都共益社会企业认证中心协助郫都区社治委开发评估指标，将社区社会企业评估结果作为"十佳示范社区""十佳社区工作者"等相关评选的重要依据。该区对发展状况较好、与社区居民联结度高、社会效益好的城镇社区团队和有突出贡献的社区工作者进行专项表扬激励。第二，通过给予创收奖励的方式调动社区"两委"成员的积极性。第三，郫都区结合经济效益和社会效益建立社区社会企业社会影响力评估指标体系，定期对其进行跟踪评估，对于社会目标不稳定的社区社会企业及时给予预警、督促改进，并将评估结果与是否继续享受"培育扶持办法"支持挂钩。第四，通过社会企业认证的社区社会企业将获得资金支持和奖励。以武侯区为例，依据《成都市武侯区社会企业扶持办法（修订）》，对于居委会创办的社区社会企业，经营1年且运营良好的，直接给予10万元资金支持。在奖励方面，对于被社会企业认定平台认定为"社会企业"、"中国好社企"和"金牌社企"的社区社会企业，分别给予一次性5万元、8万元、10万元的奖励。

（四）监督管理

监督管理机制既能确保社区社会企业完成党和政府委托的社区治理任务，又能规范其运作。一方面，上级政府给下级政府设置考核目标。市社治委给每个区（市、县）下达任务，要求在2021年至少培育一家社区社会企业，并作为年终考核的指标之一。同样，区（市、县）社治委也会给街道下达任务，每个街道至少培育一家社区社会企业，并纳入街道年度考评内容。另一方面，加强行政监督管理体系。社区社会企业是一类非常特殊的企业，其独特性在于"公共性"，因其资产属于集体资产或国有资产，相应地，对其行政监管的要求将有所加强。监督内容包括企业属性、社会属性、政治属性。企业属性的监督由市场监督管理局负责，按照《中华人民共和国公司法》（以下简称《公司法》）将其视为一般企业履行监管职责。社会属性的监督则是社治委赋予街道办监督的权力，发挥其属地责任，加强街道办对社区居委会出资、社区居委会专户专账管理、社区社会企业社会目标等情况的监管。政治属性的监督则由组织部和纪律委员监督社区"两委"成员是否涉嫌贪污贿赂、利益输送、浪费国家资源等行为。市社治委建议，还可以实施社区党组织书记退任的离职审查，从而督促其在任时秉公用权和廉洁从业。

三　社区社会企业的运作模式

本研究根据实地调研材料，通过制度风险和技术风险两个维度，基于所走访的 16 家仍在运作的社区公司与社区社会企业（下文统称社区公司/社会企业）建构一个类型图（见图 2）。之所以把社区公司也画入图中，主要考虑在于：一是社区社会企业本身还处在探索期，应该秉持开放包容态度，观察不同形态的社区社会企业或类社区社会企业，以开阔本研究的视野；二是通过比较两种不同类型的经济组织，可以更加凸显社区社会企业的关键特征和独有属性；三是从长远来看，社区公司是社区社会企业的重要后备库，在社区社会企业政策明朗之后，它们可以快速朝社区社会企业转型，扩大社区社会企业规模。

制度风险表示组织架构和程序等合法性约束，包括对社区公司/社会企业的法人、股权结构、收益分配等制度约束，通过这些制度约束保障其社区性，比如，社区居委会 100% 控股，社区居委会主任/社区党组织书记担任公司法人，这家社区公司/社会企业则具有较低的制度风险，反之则具有较高的制度风险。技术风险表示产品生产效率、服务提供质量、市场需求波动、可供利用资源与生产方法等约束，例如，社区公司/社会企业通过直接

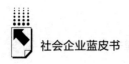

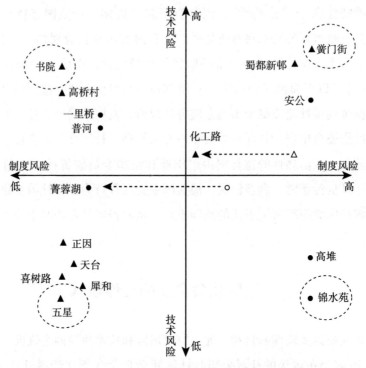

图2 社区社会企业与社区公司类型

说明：本图只标示了运作起来的调查对象。圆点代表社区公司，三角形代表社区社会企业，其中被虚线圈起来的社区是这一象限的代表类型。菁蓉湖社区和化工路社区在调研前后变更了其股权结构，这个变更过程用虚线箭头指示。

生产产品或提供服务的方式参与市场竞争，则具有较高的技术风险；如果仅仅是作为引介人或平台，让其他市场主体代为提供公共产品或服务，则具有较低的技术风险（向静林、张翔，2014）。不同的风险组合代表了不同的运营模式，图中四个象限区隔了四种运作模式。在这四种运作模式中，本研究挑出最具代表性的社区进行阐述，即第一象限的簧门街模式、第二象限的书院模式、第三象限的五星模式和第四象限的锦水苑模式。

（一）簧门街模式

该模式兼具高制度风险和高技术风险。高制度风险体现在四川簧门宜邻居民服务有限公司的法人由社区党组织书记担任，但其股权由母公司成都簧门居民服务有限责任公司占股57%，其他两位股东为社区外的法人。而其母公司法人由社区"两委"成员（非书记）担任，居委会占股51.1%，另外包括9位自然人股东。根据《公司法》的规定，簧门街社区居委会掌控企业的最终决策权，但是从目前的政策阶段和形式来看，这一做法较为超前，既有制度体系落后于簧门街社区居委会的实践，因而可能面临较大的制度风险。在技术风险方面，簧门街的社区社会企业对外投资四家公司，占股6%~15%，也就是说，该企业不仅自身直接参与市场竞争，提供社区服务与商品，而且参与承担其他企业的市场风险。这不仅考验管理团队的经营能力和专业性，还具有较高的对外投资能力要求。总之，由于簧门街模式的组织结构复杂、业务范围广泛，面临潜在的高制度风险和高技术风险。与簧门街模式处在同一象限的还有蜀都新邨社区、安公社区、化工路社区，只是在制度风险与技术风险的程度上有所不同。

第一象限的社区公司/社会企业的具体运作模式可以概括为"以市场聚服务+以商业举公益"。"以市场聚服务"是指社区"两委"成员根据居民需求并结合社区在地资源，寻找市场主体作为合作伙伴，直接与之进行合作生产，为居民提供生活性服务。簧门街社区以股份公司形式引进社会资本、国有资本，为社区居民提供医疗、养老、餐饮等服务。簧门街社区在"以市场聚服务"的过程中既为社区居民提供了所需的生活性服务，又为社区治理与公共服务供给赚取了相应资金，这就涉及"以商业举公益"部分。在社区公司/社会企业通过市场化行为赚取收入之后，会按一定比例或股份将利润捐赠/投入社区公共账户，如社区基金，不断为社区基金池注入"活水"，然后社区再利用这部分资金提供社区公共服务、改善社区基础设施、慰问社区弱势群体等，提升整个社区的福利水平。

（二）书院模式

书院模式具有低制度风险和高技术风险。该模式由社区党组织书记担任法人且社区居委会100%控股，能确保企业所产生的收益全归属于社区，因而

制度风险较低。但是，书院模式面临较高的技术风险，即业务模式暂不稳定。尽管它结合了社区合伙人模式、运营社区公共空间、代理销售农产品、收取社区参观费用，但是业务量未形成规模，在运营公司中面临专业性挑战。第二象限真正运转起来的仅有书院社区和高桥村的社区社会企业，它们的具体运作模式可以概括为"代销与自营产品+以商业举公益"。社区公司/社会企业通过"代销与自营产品"直接参与市场经营。一是代理销售特定产品。书院社区的社区社会企业代销本土果园的农产品和联想旗下的佳沃公司生产的蓝莓制品。二是自营产品与服务。书院社区还以社区社会企业之名提供参访服务。在"以商业举公益"方面的逻辑与第一象限的社区公司/社会企业一致，把通过产品与服务销售（代理的或自营的）赚取的利润，按照约定比例捐赠给社区公共账户，如社区基金，然后社区再用这部分资金开展社区公益服务。

（三）五星模式

该模式兼具低制度风险和低技术风险。这一模式是现阶段最"安全"的模式。一方面，五星社区创办的社区社会企业在该区尚未出台专项政策的情况下，仍然具有较高合法性。一是让社区居委会作为绝对持股者，社区党组织书记担任法人，保证社区社会企业在党组织的领导下和社区是最终受益人。二是借助既有的社区基金制度构建社区社会企业资金流闭环，通过以社区居民需求为导向的原则筛选入驻社区公共空间的机构，为居民提供公共服务，同时根据市场价格核算场地价值，以社区社会企业的名义与入驻机构签订捐赠协议，把赠款直接打入社区基金账户，保障社区社会企业产生的所有现金流都有一套合法程序。三是设计新的制度规范组织内部管理，五星模式自创了一个具有代表性的"公共空间运营监督管理委员会"，履行议事、决策与监督职能。

另一方面，通过运营模式设计化解技术风险。一是社区社会企业作为一个链接社区外资源的平台，不直接参与产品和服务生产与销售，而是借助其他市场主体直接或间接生产服务，让其他市场主体承受技术风险。二是尽量选择低风险和有一定利基的行业，比如市场不想做、市场做不好、政府不方便做的领域。三是开发"只赚不赔的买卖"，如做物业（政府购买）、劳务派遣（派遣到机关事业单位等较为稳定的机构）和投资基金，秉承的逻辑仍然是让其他机构代为承受市场风险。与五星模式类似的还有喜树路社区、正因社区、天台社区、犀和社区成立的社区社会企业。

该象限的运作模式可以概括为"以资源换服务+"。其中以资源换服务是这些社区公司/社会企业的"主营业务"，在此之外，它们还有着自营服务和独特的公益模式，即"以资源换服务+"中的"+"，譬如，五星社区的"以资源换服务+自营服务/产品+契约捐赠"。

（四）锦水苑模式

该模式具有高制度风险和低技术风险。在制度风险上，该社区公司由社区党组织书记号召发起成立，运用社区公共资源、借助社区平台运作，但是社区公司的法人由社区"两委"成员中的一位担任，股东全是自然人，社区居委会未作为特别法人入股。在技术风险上，锦水苑模式的业态较为固定，如社区公共停车场、物业服务、菜市场管理服务等，围绕社区资源开发产品和服务，做一些只赚不赔的生意，因而技术风险较低。锦水苑社区和高堆社区的社区公司运作模式为"化资源为服务"。相较于前面几种社区公司/社会企业模式，该类社区公司利用社区的闲置资源（闲置的空地）或内生资源（菜市场、闲置的空地等），为社区居民提供停车、买菜、物业等服务。两个社区的社区公司在活化闲置资源上是比较成功的，但是不像前面提到的社区公司/社会企业那样在商业与公益之间形成完整闭环，这两家社区公司的运作模式对于收益端的利润分配与公共用途做得不够到位。

（五）模式演化

通过社区社会企业既有案例的类型学分析，锦水苑模式（高制度风险-低技术风险）要改制，确保社区公司的收益用于社区公共事务而不是进入社区个别居民的"荷包"；五星模式（低制度风险-低技术风险）是现阶段可行性最强、最容易推广的模式；书院模式（低制度风险-高技术风险）是在制度不明朗阶段的努力试探，该模式的社区公司/社会企业大都未完全运

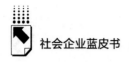

转和形成规模；簧门街模式被大多数社区党组织书记推崇，但同时担忧这一模式在制度上"经不起推敲"、在技术上难以模仿，对社区党组织书记的营商能力要求极高，而大多数社区党组织书记并不具备这一能力。

上述四种模式之间是可以变动的，变动最基本的要求是降低制度风险，在可控范围内接纳一定的技术风险，因而未来社区社会企业总体趋势是从第一、四象限向第二、三象限变迁。当社区社会企业政策确保了混合型控股模式的安全性时，簧门街模式的制度风险将得到化解，从而向第二象限变迁，放心踏实地借市场机制让社区社会企业运转起来，同时书院模式因制度上的保障和簧门街模式的引领而将被激活，其既可以向簧门街模式学习，也可以向五星模式学习。锦水苑模式通过改制可转变成五星模式。五星模式如果拓展市场业务就有可能向第二象限变迁（见图3）。总之，不管是哪种模式，变迁趋势都要在低制度风险前提下寻找与技术风险的平衡点。

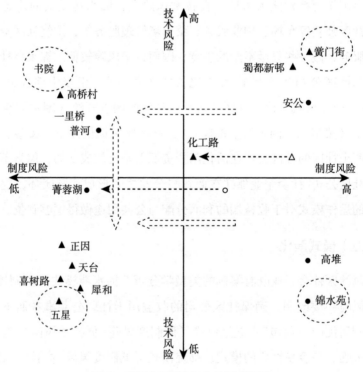

图3　社区公司/社会企业模式变迁

180

四 社区社会企业的发展困境

社区社会企业的发展困境可以从制度层面和运作层面加以阐述。前者集中反映出既有法律法规制约社区社会企业的发展，后者则涉及社区社会企业内部运作存在的问题。

（一）制度层面的困境

一是缺乏集体经济基础。对于大部分城市社区而言，城市社区的资产以国有资产和私人资产居多，所有权不归社区所有，仅有少部分"村转居"社区拥有集体资产。社区社会企业产生的收益不宜用于居民分红，只能用于社区环境改善、治理水平提升、社区服务等更为广泛的公共利益。更进一步，由于社区缺乏集体资产，建立在土地利益分配基础上的经济纽带被剪断，居民参与社区自治建设的主动性也随之降低。

二是对违规风险的担忧。一方面，社区"两委"成员认为在社区社会企业"兼职兼薪"存在违规风险。《中华人民共和国公务员法》（以下简称《公务员法》）规定：公务员因工作需要在机关外兼职，应当经有关机关批准，并不得领取兼职报酬。社区"两委"成员属于社区专职工作者，实际上他们不属于公务员编制（国家公职人员下派社区兼任社区党组织书记除外），不受《公务员法》管辖。然而，社区"两委"成员的薪资又由国家财政拨款，相当于"半体制内"的人，目前尚无政策支持社区"两委"成员"兼职兼薪"。一些人认为社区"两委"成员不能领取工资，更不能享受分红，因为他们领取了国家财政补贴，社区社会企业只是作为社区"两委"成员治理社区的工具。另一些人则认为运作社区社会企业使得他们工作量倍增，社区"两委"成员可以获得相应薪酬，否则将导致他们原动力不足。目前各区（市、县）专项政策规定了"兼职不兼薪"，但可以给予相应的创收奖励。另一方面，社区社会企业在使用国有资产时可能存在违规风险。社区居委会成立公司，其运作的资源大多属于国有资产，产权和收益都应属于国家。当国有资产发生产权或使用权转移时，应当严格履行审批手续，未经批准不得处置。因此，为了避免因财产所有权、经营权和使用权等产权归属不清而发生的争议，几乎所有被访的社区党组织书记都表示如果将国有资产交由社区运作，则需要在政策层面给予明确规定。

三是部门间的协调难题。促进社区社会企业的发展需要市/区社治委与组织部、民政局、市场监督管理局、城市管理行政执法局等部门进行协调，在市/区级层面出台明确的政策指引。然而，各职能部门更多的是站在部门目标和利益的角度思考问题，这就导致"块块"协调问题凸显。社治委成立的原因之一是发挥其统筹协调的功能，但是该部门与其他区级部门属于平级单位，难以强有力地督促其他部门协同合作。

（二）运作层面的困境

第一，社区社会企业运作严重依赖于社区治理基础。缺乏治理理念的社区容易将社区社会企业当成纯粹挣钱的公司；同时，在缺乏治理基础的社区创立社区社会企业容易演变为政府的一厢情愿。

第二，公平与效率之间存在张力。公平与效率是社区社会企业内部与生俱来的一种冲突。首先，社区仅仅拥有资产的使用权，而无所有权，社区社会企业应当避免公共资产私有化。而社区以企业的身份运作公共资产，企业天然的"利己主义"容易造成公共资产的流失，侵害社区公共利益。此外，社区社会企业为社区带来创收的同时也面临破产风险。如果将社区社会企业比作拉伸一条巨大的橡皮筋，商业发展也拉大了社区公共利益与商业逐利性的张力。假如皮筋绷断，则代表社区信用崩塌，破坏社区治理的基石。其次，行政区划的限制在一定程度上阻碍社区社会企业的规模化。社区社会企业可以掌握社区内的资源，却不能占用或利用其他社区的资源。最后，企业内部决策与居民会议决策之间的冲突。区级政策要求经营模式、人事任免、利益分配等重大事项提交居民会议来决议，然而这种方式的决策成本很高，且影响了企业的运作效率。

第三，社区"两委"成员运作能力欠缺。目前所调研的社区社会企业基本上由社区"两委"成员运作。一方面，城市基层治理任务繁重，面临"上面千把锤，下面一根钉"的压力（吴晓林、谢伊云，2020）。社区"两委"成员对于社区事务已应接不暇，无法抽身运作社区社会企业。另一方面，一些社区的"两委"成员不具备运作企业的能力，同时社区又无足够的资金聘请职业经理人。这就导致这些社区对社区社会企业的发展持保守态度，以维持现状为主。而有能力聘请职业经理人的社区又容易被他人质疑居委会与职业经理人存在"裙带关系"。

第四，存在违背与侵占社区公共利益的风险。具体表现在两方面，一方面，运营业务"与民争利"。社区社会企业以"打补丁"的方式解决"自治深不了、财政兜不了、市场管不了"的问题，不少人担心社区社会企业走向"有权好办事"的企业思路，难以保证社区"两委"成员在配置资源时做到公平公正。如果社区社会企业运用其行政优势去发展经济，容易造成辖区业态的恶性竞争和资源垄断。另一方面，社区"两委"成员的廉政风险。社区党组织书记担任法人，在某种程度上使社区社会企业具有一定的行政色彩。社区"两委"成员作为社区社会企业的管理者，还需规避廉政风险，如权钱交易与社区腐败，避免将社区社会企业异化为谋取私利的工具。

五　社区社会企业的发展建议

社区社会企业是成都市近两年来持续探索城乡社区发展治理的创新结果，在全国都具有首创意义。已有的制度基础、历史经验、政策体系、治理基础为发展社区社会企业提供了条件，但是仍然面临制度层面和运作层面的一系列困境。有鉴于此，本研究提出相应的优化建议。

（一）完善社区社会企业的支持性政策

第一，考虑到既有社会企业政策已在金融、财税、政府购买、人才培育、宣传推广等方面采取支持举措，政府在出台社区社会企业政策时可以与

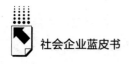

社会企业政策挂钩。第二，打破部门利益分割与本位主义。市级政府构建起部门之间协调机制，并建立上下贯通、左右联通、内外畅通的社会治理共同体，以降低社区社会企业在运营过程中遇到的制度风险。第三，加大对社区社会企业的资金支持。如提供种子资金支持、设置专项扶持资金。第四，鼓励地方政府将闲置土地、建筑物等资产转移为社区所有或管理。第五，完善对社区"两委"成员的激励机制。一是做好对社区"两委"成员的使命与信念教育，强化其"公共人"身份；二是做好能力提升培训，增强运营团队的自信心；三是做好激励保障机制建设，包括荣誉奖励、行政奖励和经济奖励。第六，加强社区社会企业的特定宣传。一方面，面向居民展开宣传，提高他们对社区社会企业的认知度、支持度和参与度；另一方面，政府以推介会的方式推广社区社会企业的自营产品和特色产品。

（二）加强社区社会企业本土知识开发

目前社会企业相关学术基础尚未夯实，社区社会企业的创建与运营管理的相关理论和研究更是处于起步阶段。因此，加强对社区社会企业的理论研究，建立起社区社会企业的本土化知识体系，对于形成正确的认知，避免概念滥用就显得十分有必要。一是建立适用于本国社区社会企业的相关理论。挖掘我国历史上社区社会企业的基因，将发展社区社会企业与我国的制度基础紧密结合。二是出版社区社会企业管理运营手册，提供法务、财务等方面指引。三是资助开展社区社会企业面临的重点难点问题研究。其目的是帮助社区社会企业寻求重点难点的解决方案。尤其是在闲置资产转移和使用方面，可以开展专项研究工作，为社区社会企业和政府等利益相关者利用闲置资产提供可行和有用的建议。

（三）锁定社区社会企业的公共性

社区社会企业应以公共价值创造为导向，经济价值创造只是一种工具性定位，其本位价值在于公共价值——居民需求的满足、社区公共服务和整体福利的提升。因此，需要在创设始端、运营中端、收益尾端锁定社区社会企业的公共性。第一，不忘初心。明确社区社会企业的定位是解决社区老百姓的急难愁盼问题。第二，重视公平。社区社会企业在运作过程中，始终需要考虑以市场机制运作公共资源是否会导向公平，避免将社区公共服务与产品过度市场化。在考核标准上，避免将市场效率作为衡量社区社会企业运营绩效的唯一或主要指标。第三，止于公用。对社区社会企业的资金流向、收益流向做出明确说明，保证产生的收益用到社区公共事务之中。

（四）选定合适的运营模式与业态规划

在运营模式方面，首先，找到社区商业与社区公益的闭环逻辑。根据社区资源禀赋设计产品与服务，形成持续性产品供给和资金流入，再把盈余用于社区发展治理与社区公共服务提供。其次，把以资源换服务作为现阶段的核心运作业务。该业务的关键是平台运作思维——社区社会企业作为服务的安排者，以社区公共资源为平台，吸纳市场主体、社会主体作为服务的生产者，把社区居民的需求与之相对接。最后，社区社会企业作为市场主体需要具备市场开拓创新精神，不断结合居民需求链接社区内外部资源，开创多样化产品与服务。在业态规划方面，社区社会企业可以在"两业态"和"三服务"领域发挥作用。"两业态"指市场空缺的个人物品和可收费的准公共物品。"三服务"指生活性服务、差异化公共服务（非基本公共服务）和基本公共服务（集体物品）。前两类服务具有一定的消费性和排他性，因而可以进行定价，以自由交易的方式提供，第三种服务则是通过社区社会企业的"转移支付"完成，即社区社会企业把赚取的收益进行再分配。

参考文献

高乐，2019，《居民委员会"两难困境"研究——基于权力的分析视角》，博士学位论文，中国政法大学。

马克·H.穆尔，2016，《创造公共价值：政府战略管理》，伍满桂译，商务印书馆。

吴晓林、谢伊云，2020，《国家主导下的社会创制：城市基层治理转型的"凭借机

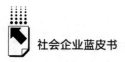

制"——以成都市武侯区社区治理改革为例》,《中国行政管理》第5期。

向静林、张翔,2014,《创新型公共物品生产与组织形式选择——以温州民间借贷服务中心为例》,《社会学研究》第5期。

Schneider, Anne and Helen Ingram. 1990. "Behavioral Assumptions of Policy Tools." *The Journal of Politics* 52: 510-529.

B.10
社会企业孵化与支持研究报告

刘 蕾 石梦茹*

摘 要： 社会企业孵化能够帮助社会企业实现在市场中独立生存的目标，发掘社会企业成长潜力。通过形成孵化网络，帮助社会企业共享知识、经验、利益以至于风险共担。社会企业孵化模式主要有行政主导型、市场主导型和社会力量主导型三种。三种孵化模式在实践中积累了先进经验，值得推广。但是，社会企业孵化仍在制度、资金、能力等层面面临发展难题。难题背后存在运营风险、培育层次、社会认知等原因。未来需要在完善制度保障机制、创建社企孵化平台、创新孵化内容形式、开展长效社企宣传等方面形成突破。

关键词： 社会企业 孵化模式 支持平台

随着社会企业在中国的兴起和发展，一些先行者的实践已经显示出社会企业在解决社会问题、创造社会价值和促进社会和谐发展方面的重要作用，社会企业在中国这个广阔的市场空间中展现了巨大的发展潜力。社会企业孵化是对促进社会企业发展的直接补充，主要体现为在社会企业的早期阶段为其提供培育和发展的支持，通过为被孵化的社会企业提供机会、广泛的发展资源和量身定制的支持服务来实现其潜力，增进社会企业间的相互联系。从实践来看，社会企业孵化的投资主体呈现多元化，包括政府部门、企业界和

---

* 刘蕾，中国矿业大学公共管理学院教授、博士生导师，主要研究方向为社会组织管理与社会治理、公益创业与能力提升；石梦茹，中国矿业大学马克思主义学院硕士研究生，主要研究方向为马克思主义慈善观、公益事业。

社会团体等。根据投资不同，形成行政主导型、市场主导型、社会力量主导型三种社会企业孵化模式。在探索如何满足社会企业的发展需求以及如何有效地回应社会企业孵化和社会企业发展的关系的过程中，三种孵化模式各自形成具有代表性的案例。鉴于此，本报告从三种模式出发，基于代表性案例梳理我国社会企业孵化的现状、问题及其成因，并有针对性地提出社会企业孵化发展的相关建议。

一 社会企业孵化的价值与模式

社会企业孵化作为促进社会企业发展不可或缺的方式，是连接社会企业和社会各领域之间的桥梁。社会企业孵化的发展进步对于促进社会企业的繁荣、完善孵化产业体系、创造社会价值具有积极作用，可以说是构建社会企业服务体系的核心。

（一）提供发展必需资源，促进社会企业行业发展

社会企业孵化器不仅能够为社会企业提供空间场地服务、公共设施和办公必需品等基础设施，还能够提供市场、政策、产业、资本、法律咨询、成长评估等更为核心的资源和能力建设提升上的帮助，这些资源是"单打独斗"的社会企业所不能够及时获取的。社会企业孵化器能够为社会企业提供尽可能的外部支持以提高其存活率和持续发展的能力，涉及的关键资源如下：一是投入项目资金，恰当的资金投入能够帮助社会企业项目运转实现"供血"以至于更进一步的"造血"功能；二是提供创业指导，经验丰富的专业人士提供的具体指导和服务能够帮助社会企业规避许多风险和"弯路"；三是打通跨界合作，社会企业孵化器为社会企业与更多领域、更多行业合作提供了更多机会。

（二）完善孵化产业体系，鼓励青年投身社会企业

社会企业孵化器是企业孵化器的一种，随着企业孵化器的不断建立，企

业孵化链条不断延伸，孵化产业渐具雏形。孵化产业体系的形成更有利于优化双创生态、促进成果转化，是未来孵化产业专业化、一体化、互联网化的方向所在。社会企业孵化器的建立与发展有利于完善中国孵化产业体系，推动加快构建面向未来的产业孵化育成体系。孵化产业体系的完善有利于吸引更多青年人投身于社会企业创业洪流中，拉动青年群体就业，为经济发展提升质量，构建共建、共享、共荣、共治的社会企业生态体系。

（三）形成社会互助系统，增进福祉减轻财政负担

孵化器的本质是平台，其特有的共享空间一般能够接纳多支创业团队同时办公，孵化器的出现打破了传统意义上每个社会企业分散在各自独立的办公空间工作的情况。多个团队在同一空间办公为社会企业之间的互相触碰连接提供了可能性。孵化器的办公环境具有集中化、开放式特点，能够让更多的团队和资源在同一时空环境下集合，在跨界合作和打破边缘中建立起社会企业之间的合作互助体系，为彼此提供更多机会。社会企业孵化器在与政府、企业、捐赠方、志愿者等多领域的互动中，实现资源整合，资源被用于推动社会企业的发展，形成社会互助体系，这对于减轻财政负担，鼓励更多社会力量通过自力更生促进社会良性循环具有积极意义。

二 社会企业孵化的模式

社会企业孵化器诞生以来，政府、基金会、民营资本等不同主体在孵化器发展中扮演着重要角色，各主体基于其内在属性的不同，创立了许多功能各异却社会价值突出的社会企业孵化器。基于中国社会治理主体的多元性，我们可根据不同孵化器在能力与成果等方面的显著区别将其划分为行政主导型社会企业孵化模式、市场主导型社会企业孵化模式以及社会力量主导型社会企业孵化模式三种类型。在很多欠发达区域，政府是社会企业孵化器行业发展的核心力量；而在发达地区，社会企业孵化器的建立主体正在变得越来越多元化，如企业投资、基金会投资等，一些典型案例亟须引起重视。现实

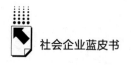

中，不同所有制主体建立的孵化器存在较为明显的区别，其所实现的服务最终也会受限于相应的资源，并对孵化器的创办、运行产生一定的影响。

（一）行政主导型社会企业孵化模式

综观国内社会企业及其孵化器的引进和发展进程，政府主导仍然是这一行业成长的关键特征。2014 年 9 月 25 日，广东省顺德区经过一年多的调研论证，出台了《顺德区社会企业培育孵化支援计划》；2018 年，成都市出台《成都市人民政府办公厅关于培育社会企业促进社区发展治理的意见》，进一步明确了社会企业孵化培育支持、场地支持、人才支持、财政支持、资源支持以及创新支持等扶持政策；2022 年 5 月 5 日，北京市社会建设工作领导小组印发《关于促进社会企业发展的意见》，首次全面提出了针对社会企业的重点扶持、培育、孵化与支持政策。这些政策的出台体现了党委、政府对社会企业孵化工作的认可与支持。因此，将政府通过出台政策、下发指导手册等方式为社会企业的孵化培育进行明确的规范和支持，自上而下通过政府购买服务等方式为社会企业的生成和发展提供动力的孵化模式称为行政主导型社会企业孵化模式。

北京是最早在市委文件中提出鼓励社会企业发展的省级行政单位，从《北京市"十三五"时期社会治理规划》中提出要"加大培育扶持力度，开展社会企业家继续教育和专业培训"到 2022 年出台的《关于促进社会企业发展的意见》中明确指出"建立社会企业培育孵化基地"，在市、区、街乡因地制宜合理布局建立社会企业培育孵化基地。北京市逐渐重视起对社会企业的孵化，并且鼓励基金会等为社会企业发展提供资金支持，以便形成服务管理规范成熟的支持体系。成都、杭州、深圳等地也在积极探索如何开展社会企业孵化，社会企业孵化行业生态正在逐渐形成。在市委一级，都江堰市委社治委于 2022 年 7 月初向全市各社区下发了《都江堰市城镇社区社会企业指导手册》，为全市城镇社区社会企业的孵化培育进行了明确的规范，涉及社区社会企业的认定标准、社区社会企业的考核评估机制、社区社会企业常见的经营业态等内容。该孵化方式是在党组织引领下，以解决社会问题、提升公共服务为目标，通过市场化运作，以创新模式开展经营管理，为群众提供生活服务，为城市发展治理搭建"自我造血"平台。其中，社会企业所得收益用于持续反哺社会、促进社会发展治理。

总的来说，行政主导型社会企业孵化可以在政府指导下通过先行先试的方式从中总结经验，通过不断积累实践探索经验，再进行规范完善，进而为其他地区的社会企业孵化提供可借鉴的发展经验。

（二）市场主导型社会企业孵化模式

资本市场对社会企业的投资孵化主要通过社会影响力投资，这是将商业投资引入社会治理领域的新型投资方式，是整合金融投资和公益慈善的社会创新工具。通过社会影响力投资对社会企业进行孵化是市场逻辑的体现，不仅有利于解决社会问题，实现多元社会价值，也有利于优化资金使用，提升经济效益。因此将这类以商业投资为背景主导，以民间力量提供发展的资本，同时基于自愿、自主以及自行承担盈利与亏损的基本准则，进行市场化机制运行的孵化器，称为市场主导型社会企业孵化模式。

国外对影响力投资的研究已经较为系统，相比之下，国内目前对影响力投资的认知不足，但国内市场上已经有越来越多的企业关注并参与影响力投资。作为社会企业的深圳市联谛信息无障碍有限责任公司（以下简称联谛）在 2016 年得到了来自 CT 科技有限公司的 100 万元的种子轮投资，进而开启了用商业方式解决中国信息障碍问题的公益之路，此后陆续还有玛娜影响力投资基金投入的 540 万元资金。[1] 在《联谛影响力报告 2022》中，其已经创造出 100 多个服务产品，超过 80% 的产品用户量达到上亿级，直接受益障碍群体达 1 亿多人，而且其荣获 2022 年 "Best for the World" 荣誉。[2] 像联谛

---

[1] 《第一财经研究院〈资本的血液——中国影响力投资报告 2022〉发布！》，https：//baijiahao. baidu. com/s? id＝1742496871972656467&wfr＝spider&for＝pc，最后访问日期：2022 年 8 月 29 日。

[2] 《联谛影响力报告 2022》，https：//linkacce. com/static/image/2022ImpactReporting. pdf，最后访问日期：2023 年 8 月 29 日。

这样的社会企业，以企业提供的资金作为解决社会问题的基础资本，能够充分提高社会资金利用率，推动产业链发展并带动就业，进行价值倡导和政策影响，实现社会价值、经济价值和环境价值。这类市场主导型社会企业孵化器的优势在于灵活，资本所具备的"逐利性"和盈利目标使得这些孵化器对于进入孵化的社会企业的筛查更为严格，聚焦具备较强潜力的初创阶段的或已取得一定成果希望实现进一步迭代更新的社会企业，同时持续提高自己的服务、管理水平，进而强化自身对潜在优秀社会企业具备的吸引力。在此过程中，由于社会影响力投资有严格的投资前后评估机制，要求被投资的社会企业必须不断提升绩效水平，因此被孵化的社会企业所产出的产品和服务质量会不断提高，也会更有效地提高社会服务绩效。

（三）社会力量主导型社会企业孵化模式

社会企业融合了商业性和公益性，其能够最大限度并且更好地调动社会力量参与公益事业，直接解决社会问题。但在现实生活中有一些领域对资本、商业机构等设立了部分障碍，社会企业孵化也同样如此。因此基于公益属性，不少非营利性机构特别是基金会参与到了社会企业的孵化与培育中。在实践中，公益创投基金的本质就是以支持社会企业创业为前提的慈善创投。2007年，公益创投的概念进入中国公众视野，恩派、南都公益基金会、友成企业家乡村发展基金会、岚山社会基金一期等主体作为公益创投行业的积极参与者投身其中。相较于欧美公益创投的快速发展，目前中国公益创投行业仍然处于起步发展阶段。尽管如此，实践中仍然有部分社会组织依靠自身力量帮助社会力量积极成立社会企业，并根据社会企业本身的特征量身定做发展战略，在促进经济发展中拓宽公益边界、创造公益增量。

在成都，2009年，深德公益开始参与中国社会企业的孵化，在过去十多年中已经孵化了超过百家社会企业。深德公益支持社会企业孵化的方式主要有四种：一是结对帮扶，为社会企业提供从战略到运营的孵化服务，例如，在中国社会企业的发展历史上具有特殊意义的羌绣帮扶中心，深德公益曾在一年的时间里帮助羌绣这一项目的营业收入达到千万元级，帮助8500余名绣娘将收入提高了 20% 以上；二是商业计划书落地，帮助社会企业家让一个简单的主意落实到纸上和地上，在清华大学，他们面向青年社会创业者的孵化器"社创天地"已经支持了上百名优秀的青年创业者；三是快速诊断服务，帮助社会企业梳理出他们在战略和运营上面临的痛点问题，和他们共同探讨未来的方向，以及最迫切需要的资源；四是提供资金和技术支持，其与新湖集团合作成立的"新湖·育"公益创投基金自成立以来已经先后投资了互联网公益、妇女发展、残障儿童康复等领域六家社会企业。此外还有致力于乡村振兴的中国乡村发展基金会，通过扶持创办社会企业的方式带动更多的农户实现增收。自 2008 年起，中国乡村发展基金会先后创办了两家社会企业，其中之一的善品公社于 2015 年发起成立，截至 2022 年底，善品公社已惠及包括四川、云南、陕西、新疆等在内的 19 个省（区、市）127 个县（市、区）的 150 家合作社。成立至今善品公社已荣获 50 余项全国性行业奖项及荣誉、2 项联合国奖项。① 中国乡村发展基金会对社会企业的孵化有效地巩固了我国脱贫攻坚的成果，助力了我国乡村产业的创新发展。由此可见，社会力量主导型社会企业孵化深耕公益慈善领域，社会组织的公益资产、公益资金等投入社会企业后，如果企业经营得比较好，还可以实现保值增值，让公益项目、公益事业更加可持续，甚至形成对社会组织的反哺。

总的来说，不同主体背景的社会企业孵化器的价值主张和资源结构都存在差异，各有优势与劣势，各地市要根据自身实际情况形成适合的社会企业孵化模式。本报告认为社会企业孵化只能帮助把社会企业扶上马，要走得远还需要社会企业自己成长；社会企业孵化也不能过度插手，过多地帮助社会企业打造完美的团队，打造一个有力的团队是领袖要做的事情。

二　社会企业孵化存在的问题

社会企业孵化的目的在于促进社会企业健康有序地发展，从而促进社会

---

① 《八年深耕，笃行不息：善品公社的社会企业之路》，https://baijiahao.baidu.com/s? id = 1769762799298531538&wfr = spider&for = pc，最后访问日期：2023 年 6 月 26 日。

和谐，实现社会可持续发展。尽管社会企业孵化得到了越来越多人的重视，社会企业孵化项目的开展在国内已经有所突破并且日趋成熟，各类主体也发挥着不可忽视的作用，但社会企业孵化在制度、服务、资金、能力等方面仍然存在一些问题。只有认清并解决这些问题，社会企业孵化在中国才能更加蓬勃地发展。

（一）法律法规不够健全，支持平台建设不足

第一，社会企业孵化政策缺乏，即便在部分地区已经有了社会企业的实际行动，也仍未见有配套政策的出台。社会企业孵化的相关规定则被放置于如"业务发展扶持""孵化平台建设支持"等微观条目中。北京、广东、四川成都等地区虽然对社会企业孵化做出了一些原则性的规定，但针对建立孵化平台应遵循什么样的程序和标准，社会企业孵化应承担什么样的职能作用等问题并未给出进一步的解释说明。从全国范围来讲，更是缺少社会企业孵化的相关政策和指导性意见。第二，社会企业孵化过程中，缺少与政府、企业和其他社会力量等各领域互动的平台，多为依靠政府支持建立的孵化器。这类孵化器初期阶段成本偏高，在风险方面有着较为审慎的观望态度，会通过多种策略避免国有资产流失问题的出现，整体的运营体系也有着灵活性不足的问题。第三，社会企业孵化平台分布不均，多集中在发达省份，中小城市和欠发达地区缺乏社会企业孵化平台支持，针对孵化的扶持政策更是相对匮乏，使得这些地方的社会企业难以初次涌现。

（二）资金实力相对薄弱，孵化服务能力有限

第一，资金募集是社会企业孵化过程中需要时刻关注的问题，为社会企业募集足够的资金是每个社会企业孵化器的重要项目之一，来协助解决社会企业在孵化期间所需要的费用问题，孵化器除了要募集资金，还需要把资金的运用管理做好。现阶段，社会企业孵化器作为新型的支持性组织，普遍存在资金募集能力和管理能力较弱的问题，且缺乏对合理有效地募集资金的规范和监管。第二，面临资金困境的结果是社会企业孵化也会面临产品、服务

设计单一的问题。如果社会企业孵化器没有足够的资金支持社会企业，社会企业就无法及时地做好产品与服务的更新和开发，更无法支持其开拓更大的服务市场。第三，针对商业背景的孵化器来说，其资金实力相对不够强大。对于普通的入孵社会企业而言，只有在有财团支持与投资偏好的情况下，才可以获得较长时间的孵化发展，若是不满足条件则会被看作无法"造血"，进而陷入终止或被剔除的境地，从而影响市场主导型社会企业孵化的稳定性。

（三）组织能力存在欠缺，孵化专业人才稀缺

第一，社会企业孵化器作为一个独立的组织，其功能是使完全没有成形的项目或组织得到帮助和发展，这种模式是存在一定风险的，需要孵化器有一定的孵化能力，包括孵化社会企业的能力和让孵化器自身发展的能力。但现阶段来看，行政主导型孵化器可以进行长时间的持续孵化，但对于孵化器来说，其本身的长期存续就是一个重要问题，难以为入孵社会企业提供长期稳定的培育服务。第二，社会企业孵化的专职工作人员较少，工作人员的流动较为频繁。无论哪种模式的孵化器都需要有专业人员运作，人力资源的缺乏是所有社会企业孵化器面临的共同难题。孵化器通常招募的工作人员有两种，一种是长期的工作人员，但普遍存在工资低、激励不明显等问题；另一种是志愿者，但他们流动性大、很少有相关经验且培训机制不够完善。

四　推进社会企业孵化建设的相关建议

社会企业孵化器对于社会企业有着筛选、引导、保护、扶植、规划以及监管的作用，能够帮助社会企业从一个"想法"变成一个可以真正为社会做出贡献的成熟的企业。基于上文分析，本报告认为可以从以下四个方面促进社会企业孵化建设，形成高质量、高水平的社会企业孵化模式。

（一）完善制度保障机制，合理定位各方角色

完善的法律法规和具体支持措施有利于保障社会企业孵化活动的有效开

展，为政府部门运用行政力量孵化社会企业提供了合法性支持，但当前政府部门缺少明确、有力的孵化培育政策，这会导致政府对于社会企业孵化培育的孵化内涵和实施措施认识不够精准，特别是在服务内容以及如何衔接方面。从政府上下级和部门之间的关系来看，政府部门孵化发展社会企业，往往侧重于部门和领域所需的角度，难以形成一致协同孵化培育的行动意识，对某一特定领域的社会企业有针对性地重点开展孵化培育，使得社会企业在某些类型方面发展迅速，社会多元化需求供给不足。相应地，部分社会企业为了获取政府资源的扶持会更加依赖政府，自主性提升面临阻碍、作用发挥受到限制，进而导致权责边界更加难以把握。

因此，首先要营造良好的政府支持环境，应当适当出台关于社会企业孵化的优惠政策。健全的政策法律支持是孵化社会企业有效进行的重要保障。政府应明确社会企业的定义，以便规范社会企业的创立以及注册的规定，使社会企业了解注册准入的门槛；政府在出台具体的孵化培育政策时应更加细化，并且落实到具体的实践中，合理利用政府资源做强做大，健全各项促进社会企业发展的优惠政策，创设良好的政策制度环境，不断完善社会企业生存的制度空间。其次要合理定位政府、企业和其他社会力量在社会企业孵化过程中的地位角色，给予社会企业相应的地位。要支持社会企业参与社会服务，给予社会企业孵化器更广阔的活动发展空间。

（二）创建社企孵化平台，有效整合现有资源

社会企业孵化器的企业特性使得其存在一定逐利性。但由于社会企业孵化行业的探索还处于早期阶段，徘徊在发展初级阶段的孵化器孵化模式仍然存在一定风险，即使进行过严格的筛选，也可能由于孵化器或社会企业的种种问题而孵化失败。如果要保障孵化的成功率，就必然要在无形中提高孵化的门槛，但这又会扭曲社会企业孵化的初衷。那些商业模式成形的创业群体将会受到更多的青睐，但这样又会导致一部分社会企业无法得到基本的孵化机会，一些优秀的早期创业者过快地被孵化器筛选掉。孵化器的选择有合理的理由，其自身也是企业，需要很高的运营成本，只有投资这些成熟的创业

项目，才能使孵化器更好地生存下去。这就需要联合社会多方力量，以平台建设为支撑，有效地整合利用政府、企业、捐赠方、社会公众等各方资源将社会企业孵化培育好并使其发展起来。

因此，首先要畅通与政府之间的沟通渠道，让政府部门能够了解到社会企业难在哪里，了解到社会企业所面临的困境，更有效地进行政策的制定和实施。其次要特别完善资金支持的工作平台，使企业等投资方有良好的投资渠道以及准确的资金流向信息，这就需要社会企业孵化器能够在社会企业和投资者之间搭建起一座桥梁，使得募集来的资金全方位地合理运用到社会企业孵化的日常运作中，真正地让被孵化的社会企业得到资金上的支持。最后要处理好孵化器的人力资源与社会企业之间的关系，并有效地监管和分配这一人力资源，这样才能保证社会企业的正常发展。而对员工进行专业且有针对性的培训就是实现有效监管的重要手段之一，这不仅是员工增长科学知识、社会阅历和劳动能力的重要手段，同时也为社会企业提供了专业的工作人员。

（三）创新孵化内容形式，加强自身能力建设

伴随着社会企业孵化器数量的增加，孵化器相应的服务升级并未能够及时跟上，因此当前的社会企业孵化方式不够多元、孵化层次不够高级。在社会企业孵化过程中，入孵社会企业基础性的物质需要固然重要，如提供办公场所以及工商、财税和一些人力资源服务等，但改善社会企业发展的环境条件同样重要，如创业指导以及投融资等深度服务。在提供这些服务时，应当考虑到社会企业的多样化需求，考虑到社会企业的主体性需求，能够结合入孵社会企业的实际情况设立相应的具有专业理论和实践活动的课程内容，在社会和信息的发展中体现出社会企业之间的差异化特色。

因此，首先要注重社会企业的主体性需要，有针对性地为入孵社会企业提供所需要的专业化服务，形成针对性强且高效的孵化体系。政府要帮助孵化基地充分吸纳社会资源，了解社会企业真正的需要，从而提高孵化培育社会企业的服务能力。其次要提高创新能力，要充分利用政府和社会资源，进

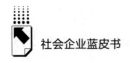

行孵化培育方面的创新，加强孵化器自身能力建设。积极响应互联网信息化的发展，突破自身发展限制，构建虚拟化孵化服务方式，创新线上指导培训，打造现代化信息化的孵化平台。最后要不断健全完善社会企业内部结构。对于入孵社会企业来说，它们大多处于初创阶段，缺乏专业工作人员、内部结构不完善，往往会弱化孵化效果。因此，要建立合适相应的人员组织结构，明确职责，完善内部组织管理结构，推进社会企业内部治理能力现代化。

（四）开展长效社企宣传，不断提升公众认同感

社会公众对于社会企业以及社会企业孵化的认知水平较低，这容易使大众对社会企业孵化的理解走入误区。此外主流媒体关于社会企业的宣传渠道和宣传力度不够，报道不多使得政府部门和社会公众对社会企业孵化的关注度也随之降低，受众群体增加不甚明显。一方面，缺乏主流媒体的加持，社会企业孵化器自身也没有足够的能力把主要精力放到宣传和推介上，只有极少部分的社会企业拥有专门的运营公众号和官方网站发布信息，更多的社会企业尽管有公众号，但发布信息不够及时完整，这为孵化器筛选入孵社会企业增加了难度。另一方面，多数人并不能很好地区分社会企业和商业企业，认为两者都是企业，还有部分人则是简单地把社会创业与慈善、扶贫、非营利等社会组织的特点联系到一起，并不能够真正认识社会企业的本质属性。总的来说，社会企业孵化的发展离不开整个社会的积极参与，要得到整个社会的支持，营造浓厚的文化环境氛围十分重要。

因此，首先要发挥社会企业自身的主动性，社会企业孵化器要主动帮助加强社会企业的信息化建设，不断强化管理平台的技术工具支持，主动公开社会企业孵化的相关情况，让政府与公众更好地了解社会企业孵化的运行状态，并且可以获得各个主体对其的支持，这有助于孵化工作的开展。其次要加强对社会企业、社会企业孵化等相关概念的宣传。媒体要推动树立大众对社会企业孵化的正确认识，坚持普及社会企业孵化的知识与优势，提出加强社会企业孵化有助于减轻政府负担，使年青一代可以选择新兴道路，进而带动整个社会增强责任意识。最后要拓宽宣传渠道，不断加大宣传力度，进行

长效性宣传，从而增强公众的认同感。在当今互联网信息技术日益发达的时代，应当充分利用信息技术借助互联网平台，开展社会企业的推广宣传，促使社会公众真正认识到社会企业孵化的重要性。特色明显的社会企业需要逐步塑造起自身独特的关键词，提高知名度，引导更多的人理解并且参与到社会企业孵化之中。

参考文献

刘蕾，2017，《社会企业综合价值的实现模式：以幸福银行"熊猫村项目"为例》，《学海》第 5 期。

刘蕾、邵嘉婧，2020，《社会影响力投资综合价值实现机制研究》，《中国科技论坛》第 10 期。

罗杰·斯皮尔，2018，《论社会企业的外部支持生态系统》，梁鹤译，《江海学刊》第 3 期。

张玲、任晓悦、张元杰，2019，《中国企业孵化的空间溢出效应——来自 35 个大中城市的实证研究》，《科技进步与对策》第 3 期。

张晓萌，2016，《国外社会企业发展动态》，《中国党政干部论坛》第 5 期。

Hirschmann, Mirko, Moritz, Alexandra, & Block, Joern H. 2021. "Motives Supporting Activities, and Selection Criteria of Social Impact Incubators: An Experimental Conjoint Study." *Nonprofit and Voluntary Sector Quarterly* 5: 1095-1133.

Lepik, Katri-Liis & Sakarias, Eliisa. 2023. "Towards an Understanding of How a Higher Education Institution Can Enhance the Impact of Social Enterprises Through Incubation." *Management & Marketing* 1: 36-52.

地区报告
Regional Reports

B.11
北京社会企业发展报告

于晓静*

摘　要： 近两年北京社会企业发展稳步推进并呈现新的特点。在政策层面，初步形成了"纵向市-区-街、横向到部门"的政策体系。在社会企业层面，截至2023年底，北京认证有效期内的社会企业共有132家，实现了年均两位数增长。疫情期间，社会企业显示出较强的发展韧性。除了认证社会企业外，还有大量"自发不自觉"和"外力助推"的潜在社会企业。后者以政策性金融机构为代表，虽然数量不多，但社会影响力较大。在经济承压背景下，社会企业发展还面临诸多挑战，建议从党建引领、政府购买、行业支持等方面，扩大社会企业规模，发挥社会企业优势，服务首都高质量发展。

关键词： 社会企业　政策变迁　北京实践

---

* 于晓静，北京市经济社会发展研究院城市治理研究所所长、副研究员，主要研究方向为社会企业、城市治理、公共政策。

一　北京社会企业政策环境进展

政策环境是社会企业发展的重要条件。北京作为全国最早在市委文件中提出促进社会企业发展的省级行政单位，近年来逐步优化政策环境。和两年前《中国社会企业发展研究报告（No.1）》中《北京社会发展研究报告》所呈现的研究成果相比，近两年北京社会企业相关政策陆续出台，初步形成了"纵向市-区-街、横向到部门"的政策体系。这也成为两年来，北京社会企业生态体系发展的重要特征。

（一）市级政策引领方向

2021年11月，北京市社会建设工作领导小组印发《北京市"十四五"时期社会治理规划》，鼓励社会企业发展成为实施社会主体发展工程的重要内容，提出要"促进社会企业加速发展，探索建立符合北京实际的社会企业认证办法，支持引导具有一定的市场经营能力和稳定市场活动空间的社会组织转型为社会企业。鼓励各类行业、产业发展资金在政策范围内支持社会企业发展，落实国家各项减税降费政策，确保优惠政策全面、及时惠及社会企业特别是中小微社会企业。加大政府购买社会企业服务力度，推动社会企业承接政府购买服务项目。建立健全社会企业绩效评估机制、信息公开机制，完善信用体系和监管体系。在物业、养老等领域开展社会企业模式试点，形成可复制推广的经验典型"。这是继《北京市"十二五"时期社会建设规划纲要》和《北京市"十三五"时期社会治理规划》之后，社会企业第三次并且以更大篇幅出现在社会治理五年规划中。此次规划的亮点在于突出强调了社会企业作为社会建设主体之一的重要地位和作用，提出了加速发展社会企业的总目标，并从认证培育、政策扶持、监管体系和重点发展领域上指明了方向。

2022年5月，北京市出台《关于促进社会企业发展的意见》（以下简称《意见》）。这不仅是北京市首个社会企业的专项政策，也是我国第一份促

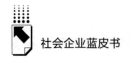

进社会企业发展的省级政策，因而在北京市和我国社会企业发展政策演进历程中都具有重要的里程碑意义。就北京而言，其影响主要体现在以下几个方面。

第一，发文规格高，政策影响力广。《意见》由社会建设工作领导小组印发，其发文规格高于部门及多部门联合下发，其政策影响力能够直接触达全市各区委/区政府、市社会建设工作领导小组40余家成员单位及市各有关单位。政策制定过程本身就是社会企业概念和实践成效在更广泛的政府部门中传播的过程。政策出台后，也为各区和各部门探索新的社会企业实践提供了有力的政策支持。同时，市社会建设工作领导小组建立社会企业工作联席会议制度，由市委社会工委市民政局统筹，协调市委组织部、市发展和改革委、市经济和信息化局、市财政局、市人力资源和社会保障局、国家税务总局北京市税务局、市商务局、市市场监管局、市国资委、市金融监管局、市工商联等部门共同研究全市社会企业发展的政策措施，推进重点工作。

第二，明确了社会企业发展的近远期目标。到"十四五"末期，北京市基本建立促进社会企业发展的体制机制，部分重点领域支持社会企业发展的政策基本成熟，认证社会企业超过300家，社会企业和社会企业家精神得到社会认可。到2035年，力争健全完善北京市支持社会企业发展的制度体系和政策体系，社会企业成为经济发展、民生保障和社会治理的重要主体，充分彰显首都助推社会企业实现社会主义现代化所做出的努力。这既能体现党建在引领北京市社会企业发展方向中的作用，又有利于促进北京市社会企业行业生态圈的形成。

第三，明确了认证主体与范围。在前期社会企业认证实践探索的基础上，《意见》将原有的社会企业由第三方认证改为民政部门认证，更具有权威性。认证范围由企业与社会组织均可，缩小为北京地区依法登记的企业，进一步聚焦企业主体，坚持市场导向，鼓励商业向善。

第四，拓展了社会企业培育扶持政策。《意见》提出8条支持政策。进一步明确重点扶持养老助残、家政服务、物业管理、托幼服务等领域。鼓励国有大中型企业创设社会企业。加大政府购买社会企业产品和服务力度。将符合条件的社会企业产品列入政府采购目录，对于适合社会组织承担的政府购买服务项目，社会企业可同等参与。建立社会企业培育孵化基地。拓展社会企业参与基层社会治理途径。明确可以使用社区公益金、社区党组织服务群众经费等有重点地支持社会企业开展社区服务。完善财税金融支持政策，如鼓励商业银行、政府性融资担保机构等金融机构加大对社会企业的支持力度，鼓励基金会采用包括股权投资在内的多种方式为社会企业发展提供资金支持等。

第五，创新监管体系。北京市社会建设工作部门牵头会同行业组织，定期对社会企业的组织效率、服务质量和社会效益进行社会属性检查评估，并发布社会价值报告。建立社会企业信用管理系统。沿用并完善社会企业星级评定和退出（摘牌）机制。北京市通过上述措施，旨在维护社会企业发展的良好生态。

（二）应急领域率先发力

2022 年 8 月，北京市突发事件应急委员会办公室、北京市社会建设工作领导小组办公室联合下发《关于促进北京市应急管理领域社会企业发展的指导意见》。这是在市级《意见》出台仅 3 个月后，北京市政府部门推出的第一份支持社会企业发展的行业性政策，进一步推动了首都社会企业促进政策的体系化建设。文件从顶层设计、服务引导、示范激励、监督管理四大方面，部署了应急管理领域社会企业培育发展的工作任务。主要特色体现在以下几个方面。

第一，突出鼓励发展的政策导向。按照观察企业（申请参与认证的企业）、认证企业（通过北京市社会建设工作部门认证的企业）、示范企业（综合评估得分较高的社会企业）三个层次划分政策对象，最大限度地培育发展潜在社会企业，扩大扶持面。

第二，结合应急行业特点，明确扶持方向。以加快提升城市基层应急能力为核心，以从事城市区域性安全评价、应急与安全技术培训、应急与安全科普宣教、应急与安全技术咨询、应急志愿服务、应急演练与救援等业务的

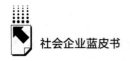

社会企业为重点扶持对象。

第三，以购买服务为政策杠杆，增强资源供给。文件明确提出应急管理领域服务项目，同等条件下重点考虑由应急管理领域社会企业承接，并逐步扩大政府购买应急管理领域社会企业服务的范围和规模。

第四，纳入绩效考核，真抓实干。文件明确提出应急管理部门要将社会企业服务管理工作纳入年度绩效考核目标，压实责任，明确标准，推进应急管理领域社会企业的培育、认证、发展等工作。促进社会企业发展要纳入市区应急管理部门工作体系。

（三）区级探索不断深化

2019年，在回龙观天通苑大型社区治理的背景下，昌平区委社会工作委员会、昌平区民政局出台了《昌平区回天地区社会企业认证与扶持试点办法（试行）》，以培育更多基层治理与服务主体，也开启了地区社会企业认证的探索之路。因为回天地区[①]活跃着一批以回龙观社区网、天通苑社区网、"唱好一点"为代表的企业。它们能够灵活运用市场和志愿机制，以创新办法解决社会问题，在回天地区具有广泛社会影响，已成为政府了解群众需求、改进公共服务的重要合作伙伴。

认证工作由区委社会工委区民政局和区市场监管局联合主导，具体实施则委托昌平区社会组织发展服务中心开展。该中心积极搭建回天地区社会企业认证申报平台并研发回天地区社会企业认证指标，完善"网上申报、资质审核、尽职调研、信用核查、专家初评、专家终审、公示发布"七大评估流程，形成了具有回天特色的社会企业认证体系。自2019年起，连续开展4批次认证工作，累计认证社会企业43家，且认证范围已从最初试点的回天地区，扩展到整个昌平区。截至2023年底，在有效期内的回天地区社

---

① 回天地区指北京市昌平区回龙观天通苑地区，现涵盖史各庄、回龙观、龙泽园、霍营、天通苑北、天通苑南6个街道办事处和东小口镇。

会企业共 39 家。①

昌平区也是北京最早探索将社会企业纳入政府购买服务范围，让社会企业与社会组织享有同等参与政府采购权利的地区。3 年来，共有 12 家社会企业承接政府购买社会组织服务项目 38 个，累计获得购买服务资金 367 万余元。② 社会企业聚焦回天地区养老、健康、文化、教育、环保和物业等民生服务领域，在诸多政府、市场、社会失灵领域，提出了创新解决方案，有效破解了回龙观、天通苑超大社区发展治理中的诸多难题。

二 北京社会企业发展现状

截至 2023 年底，经过北京社会企业发展促进会和中国慈展会认证且在有效期内的北京社会企业共有 132 家，和 2020 年相比，数量增加了 36 家，增幅达到 37.5%。③ 依托深圳市社创星社会企业服务平台（CSESC）数据库，形成如下分析。

（一）小微企业占主体，平均运营时间超过10年

从机构性质来看，132 家机构中企业有 96 家，社会组织有 36 家，占比分别为 72.7% 和 27.3%，比例结构基本与两年前持平。

从员工队伍来看，社会企业平均全职授薪人员数量超过 57 人，最多的达到 3480 人，最少的仅为 1 人。全职员工低于 50 人的机构最多，有 111 家，占比为 84.1%；全职员工有 50~99 人的有 3 家，全职员工在 100 人及以上的有 18 家。绝大多数社会企业属于小微企业。

从成立时间来看，2000 年及以前成立的有 7 家，2001~2010 年成立 21

---

① 《回天地区社会企业》，https://www.huitianyouwo.com/website/company/certification，最后访问日期：2023 年 8 月 16 日。

② 数据由昌平区社会组织发展服务中心提供。

③ 数据由北京社会企业发展促进会和深圳市社创星社会企业服务平台提供，并做查重处理。

家，2011~2023 年成立 104 家，78.8% 的认证社会企业都是 2011 年及以后成立的。其中 2015 年成为机构注册高峰，成立的机构最多，达到 23 家，其次是 2016 年成立 14 家，再次是 2014 年成立 12 家（见图 1）。整体来看，认证机构平均运营时长为 10.2 年。

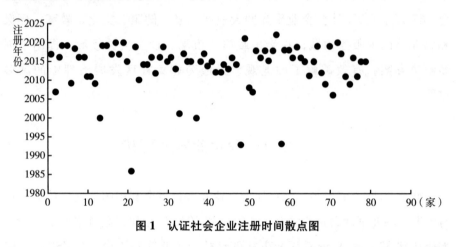

图 1 认证社会企业注册时间散点图

（二）社会企业利润限定和资产锁定的自觉性有所增强

限制利润分配和资产锁定是社会企业不同于一般企业的显著特征，也是通过制度性安排来保证其社会目标不漂移的主要方法。从利润分配承诺来看，在 96 家企业性质的认证社会企业中，有 75 家对利润分配进行了说明。除了 7 家明确表示对利润分配不做限制以外，68 家企业明确承诺自愿将全年税前利润的一定比例用于支持社区发展、社会公益事业、慈善事业、指定的社区基金会、公司发展或用于其社会目标，占比达到 90.7%，比两年前增加了近 10 个百分点。其中承诺限制分配利润比例小于等于 1/3 的机构有22 家，占 32.4%；承诺限制分配利润比例在 1/3 至 2/3 的有 42 家，占61.8%；承诺限制分配利润比例大于 2/3 直至 100% 的有 4 家，占 5.9%。

从资产锁定来看，有 75 家企业性质的认证社会企业对资产锁定进行了说明。除了 9 家明确表示对资产锁定不做限制以外，66 家企业明确承诺在清算或解散时，在满足偿还所有的债务和责任（包括但不限于员工薪酬、供应商欠款等）后，自愿将剩余财产的一定比例赠予或转让给其他与本公司目标相似的社会企业、社区基金会、慈善组织。其所占比例达到88%，比两年前提高了6.7个百分点。其中承诺资产锁定比例小于等于1/3的机构有17家，占25.8%；承诺资产锁定比例在1/3至2/3的有30家，占45.5%；承诺资产锁定比例大于2/3直至100%的有17家，占25.8%；还有2家企业承诺资产锁定，但没有明确锁定比例。

（三）社会企业经营基本稳定，疫情期间发展韧性凸显

从盈利情况来看，有125家认证机构提供了前一年的经营情况。其中有67家已实现盈亏平衡且利润稳定或持续上涨，占比为53.6%；还有58家仍未实现盈亏平衡，占比为46.4%。可见，一半以上的认证社会企业已经初步打磨出商业模式，并进入可持续发展通道；但还有四成多的认证社会企业在商业的可持续性上面临挑战。这一状况与两年前基本持平，在疫情影响下能保持如此经营状况也实属不易。

依据2023年北京社会企业发展促进会对社会企业的跟踪评估，10家复评机构数据显示，社会企业在疫情考验下呈现独特发展韧性。在全职员工数量上，5家社会企业的雇员人数在增加，其中4家增幅都在1倍以上。2家机构在盈利幅度下降的情况下，仍然保持员工数量不变。仅有3家机构的全职员工数量有所下降。在经营情况上，8家实现盈利、2家亏损。除一家实现盈利的社会企业信息不全无法进行纵向比较外，其余机构整体盈利状况向好。具体来看，1家机构盈利规模大幅度提升，2家机构实现扭亏为盈，2家机构盈利但利润空间有所收窄，2家机构盈亏平衡，2家机构亏损幅度收窄。

（四）服务人群和覆盖面更广，创新动能持续增强

北京认证社会企业产品和服务的最终受益群体非常广泛。从受益对象来看，大众是北京认证社会企业的最主要服务对象，121家填报受益群体信息的机构中，有81家的最终受益群体包含大众，占66.9%。这充分表明社会

企业与公益慈善组织相比，更关注公共利益，更注重提供公共服务，更有利于增进公众福祉。正因如此，才能有更广阔的市场客群，更多样的兼具社会目标与商业可持续的运行模式诞生。此外，北京认证社会企业的主要服务对象还有青少年、残障人士和长者，所占比例分别为41.3%、23.1%和19.8%。还有部分机构的最终受益群体是需要心理服务的人群、农村人口、失业人群、妇女、特殊疾病人群、社会组织等。

从服务覆盖面来看，119家认证社会企业提供了相关信息。有25家社会企业服务范围仅在北京市的一个区之内，占比为21.0%；有28家社会企业服务超出一区范围，已复制到外区乃至全北京，占比为23.5%；有60家社会企业服务范围已超出北京甚至辐射全国，占比为50.4%；还有6家社会企业服务范围已经越出国门，服务一至多个国家，占比为5.0%。北京认证社会企业"立足北京、服务全国、走向世界"的特征更加显著，其产品和服务正在得到更多客户和服务对象的认可。

从创新发展来看，79家认证社会企业提供了科技创新成果相关信息。其中有32家社会企业拥有一至多项专利证书、知识产权证书、软件著作权证书等，占比达40.5%。科技创新成果越来越成为北京社会企业发展的核心竞争力，为社会企业的可持续发展提供动力源泉。

（五）估算社会企业范围进一步扩大

经过认证的社会企业是社会企业群体圈层结构中的核心，也是最小的一部分，它们是有"自觉意识"的社会企业。在核心圈层以外，还有大量"自发不自觉"和"外力助推"的潜在社会企业。它们绝大多数还不了解社会企业概念，也没有对社会企业构成身份认同，却实实在在地为实现某些社会目标而存在和发展着。在我国现有的法人形式中，民办非企业单位、农民专业合作社都是比较符合社会企业性质的机构类型。此外，一些政策性金融机构也体现出非常典型的社会企业特征。

民办非企业单位身份的潜在社会企业：《二〇二一年北京市社会建设和民政事业发展统计公报》显示，北京民办非企业单位有7642家。根据过往研究70%的民办非企业单位具备社会企业特征的比例推算，北京民办非企业单位身份的社会企业有5300家左右。和两年前相比，由于基数的小幅增加，民办非企业单位类的潜在社会企业的数量也略有增加。

农民专业合作社中的潜在社会企业：从法律和政策要求来看，农民专业合作社具有鲜明的社会价值优先导向，在管理上也具有不以资为本，强调民主治理的特征，与社会企业的内涵高度吻合。从实际运行来看，却有不少合作社存在运行效果不佳、发展后劲不足、对农民增收影响有限等问题。因此，我们以农民专业合作社市级示范社来估算这一类社会企业的数量。北京市农民合作社市级示范社是指按照《中华人民共和国农民专业合作社法》《农民专业合作社登记管理条例》等法律法规成立，达到规定标准，并经北京市促进农民专业合作社发展联席会议评定的农民合作社和农民合作社联合社。截至2022年底，北京市农民合作社市级示范社共有226家。①

外力助推型的潜在社会企业：以政策性金融机构为代表，主要包括普惠金融、绿色金融、乡村振兴基金、政策性融资担保机构等。比如在融资担保领域，它是破解小微企业和"三农"融资难融资贵问题的重要手段和关键环节。从2015年发布的《国务院关于促进融资担保行业加快发展的意见》（国发〔2015〕43号），到2019年发布的《国务院办公厅关于有效发挥政府性融资担保基金作用切实支持小微企业和"三农"发展的指导意见》（国办发〔2019〕6号），进一步强调政府性融资担保机构要聚焦支小支农主业，确保支小支农担保业务占比达到80%以上；坚持保本微利运行，对单户担保金额500万元及以下的小微企业和"三农"主体收取的担保费率原则上不超过1%，500万元以上的担保费率原则上不超过1.5%。北京融资担保基金投资集团就是在这一政策推动下于2019年4月成立的，其专门以小微企业和"三农"为主要服务对象，坚持不以营利为目的政策性融资担保基金底色。截至2021年末，集团小微企业、"三

---

① 通过北京市农业农村局官网"咨询投诉建议"板块咨询回复获得，http://nyncj.beijing.gov.cn/hudong/xinxiang/nyncj/sindex/bjah - index - dept! searchDetail. action? searchCode = NYNCJ230817OJO9FC，最后访问日期：2023年8月16日。

农"担保业务规模达638亿元，覆盖小微企业、"三农"近2.6万户，1000万元以下政策性小微企业、"三农"担保业务综合担保费率为1.35%，增量、扩面、降费取得显著效果。①又如在乡村振兴领域，国投创益产业基金管理有限公司是2013年由国家开发投资集团有限公司成立的全资子公司。该公司管理运营国内第一只具有政府背景、市场化运作、自负盈亏的欠发达地区产业发展基金，随后受托管理由93家中央企业出资设立的乡村产业投资基金。该公司管理资金总额达到445.3亿元，是国内最大的影响力投资机构，持续通过乡村产业投资基金服务乡村振兴、助力乡村产业发展，帮助乡村地区企业做大做强。这类社会企业虽然数量不多，但能发挥金融杠杆作用，产生积极的社会价值和显著的社会影响力。

三　北京社会企业发展面临的挑战与建议

社会企业是经济社会发展的产物，其发展也受到经济社会发展的影响。北京经济形势总体回升向好，但仍面临不少挑战。中国社会企业行业调查问卷（2023）收集到10家主要活动区域为北京的社会企业的数据，调查数据显示，其组织发展的主要挑战依次是"专业人才缺乏"（选择该项的占60%，下同）、"资金紧张"（40%）、"产品创新不足"（30%）、"品牌营销乏力"（30%）和"组织战略不清"（20%）。目前组织运营的主要挑战是"人力成本上升"（90%），占比显著高于其他各项。可见，人力资源成为社会企业运营发展中的关键。在人力资源方面，社会企业的挑战主要体现在"缺乏专业培训"（60%）、"薪酬相对不高"（40%）、"人员流动性高"（30%）和"人效低但成本高"（30%）。此外，资金紧张也是多数企业面临的共性问题，尤其是以小微企业为主体的社会企业当中，资金紧张更为凸显。最后是社会企业的产品创新和品牌营销不足，显示出社会企业的商业创

---

① 《发挥核心平台作用，北京融担基金集团支小扶微、助企抗疫》，http://fund.10jqka. com.cn/20220628/c640095998.shtml，最后访问日期：2023年8月16日。

新与运营能力还有很大提升空间，要增强社会企业发展的后劲还需要更多相关方的支持。基于以上分析，为促进北京社会企业发展，笔者提出如下建议。

（一）加强党建工作，把社会企业发展起来

社会企业的目标追求与中国共产党的宗旨高度一致。广大党员是我国社会企业发展的重要依靠力量和潜在人力资源。作为一类新兴的组织类型，党建工作亟待加强。一是推进党建工作有效覆盖。具备条件的社会企业要建立党组织，不具备条件的要通过建立联合党支部、功能型党支部、选派党建指导员等方式，加强党建联建，延伸党的工作手臂，确保其听党话、跟党走。二是依托行业组织建立社会企业联合党委，纳入"两新"组织党建工作体系。加大上级党组织对社会企业党建工作的领导与支持力度，把党的组织优势转化为发挥社会企业专业与创新力量参与公共服务的治理优势。三是培养好、管理好、服务好社会创新创业人才。加强社会企业中党员的教育管理，不断强化社会企业中党员的党性修养与为民情怀，引导党员把对党的政治忠诚显化到实实在在的服务群众中去。在广大党员中倡导社会企业实践与社会企业家精神，吸引更多党员探索以社会企业方式创新创业。

（二）政府要加大公共服务购买力度，把社会企业用起来

2021年底发布的《"十四五"公共服务规划》首次提出普惠性非基本公共服务的概念，提出了"服务内容更加丰富、获取方式更加便捷、供给主体更加多元"的要求，并指明了发展方向，即"推动普惠性非基本公共服务付费可享有、价格可承受、质量有保障、安全有监管，逐步实现幼有善育、学有优教、劳有厚得、病有良医、老有颐养、住有宜居、弱有众扶"。普惠性非基本公共服务，正是社会企业大有可为的领域。一是积极挖掘社会企业创新提供非基本公共服务的典型案例，通过政府官媒，采用融媒体方式，多渠道加大对社会企业的宣传推介力度，有针对性地提高政府部门、基层政府和社会公众对社会企业的认知度。二是将社会企业作为"供给主体更加多元"的重要制度性创新。进一步落实《关于促进社会企业发展的意

见》，教育、卫生、文体、民政、住建等政府部门要加大购买服务力度，创新资源配置机制，明确向社会企业开放公共服务市场，同等条件下优先采购经认证的社会企业服务。三是完善政府购买服务平台。推广回天地区政府购买社会组织服务管理平台的做法和经验，实时公布政采信息，规范社会企业的认证与投标流程。

（三）行业组织要当好桥梁，把需求与服务连接起来

行业组织是行业发展壮大的现实需要。2018年，北京社会企业发展促进会在主管部门的指导下成立。建议一是进一步支持北京社会企业发展促进会发展，通过建立社会企业联合党委、开展社会企业认证、建立社会企业孵化中心等方式寓管理于服务，加强行业自律与监督，促进行业健康发展。二是发挥北京社会企业发展促进会以及各区、各镇街枢纽型社会组织及孵化基地作用，梳理并公开社会企业服务清单、社区需求清单，召开社会企业服务展洽会，设立线上项目推介平台，为促进各类人群需求与社会企业服务有效对接提供专业支持。三是为社会企业赋能。开展社会企业培训研修、访学考察、融资对接、沙龙联谊、推介宣传等活动，提升社会企业商业运营能力。

（四）社会企业要扩增量、提质量，把创新优势发挥出来

经济承压会引发一些社会和环境问题，高质量发展需要新的解决方案。社会企业应充分发挥创新、绿色、包容发展的优势，呼应新发展理念，为首都高质量发展贡献力量。一是增加社会企业认证数量。扩大社会企业认证推介范围，培养社会企业家群体，促进觉醒商业发展，让更多创业者、大学生、企业家认同社会企业理念，开展社会创业实践。二是提高存量社会企业的发展动能。进一步优化营商环境，落实相关领域产业扶持政策，开辟融资绿色通道和专场招聘活动，提高社会企业政策知晓度和获得感。三要培养专业人才。在高校创新创业相关院系开展社会企业与社会创业课程，培养社会企业专门人才。鼓励政府、高校、社会企业、融资机构联合开展社会创新创业大赛，选拔优秀人才，资助优胜社会创新项目，孵化社会企业。

参考文献

〔美〕约翰·麦基、史蒂夫·麦克因托什、卡特·菲普斯，2022，《觉醒领导力》，觉醒商业圈译，东方出版社。

中共中央宣传部、国家发展和改革委员会，2022，《习近平经济思想学习纲要》，人民出版社、学习出版社。

B.12
粤港澳地区社会企业发展报告

罗文恩　丁雨晨*

摘　要： 粤港澳地区作为国内社会企业发展最活跃的地区之一，其社会企业发展的议题非常值得研究。通过比较分析发现，香港已形成完整的社会企业生态系统，相较之下，广东和澳门还面临扶持政策不足、支持型组织缺失等问题，建设具有地方特色的社会企业还需借鉴香港社会企业发展的成功经验。为此，本报告提出了推动粤港澳地区社会企业发展的若干建议，包括粤澳地区应出台体系化的社会企业支持办法，构建良好的制度环境；粤澳地区应培育行业支持型组织，为社会企业提供认证传播、培训赋能与资源对接服务；促进三地社会企业跨境交流，探索粤港澳地区政策衔接与融合。

关键词： 社会企业　支持政策　粤港澳

经过20余年的发展，"社会企业"逐渐成为理论界学术研究的"高频词"。尤其是近两年，我国社会企业进入了加速发展的新阶段，在实践方面，包括北上广深在内的各大城市中，开始涌现积极办社会企业的潮流，也产生了包括粤港澳地区在内的一批社会企业高度活跃的地区。现今香港社会企业已经形成了完整的生态系统，并且拥有强大的生命力。漫步街头，在香港最繁华路段的地铁站里和公交车身上随处可见社会企业相关的广告，足见

---

* 罗文恩，深圳大学管理学院公共管理系副教授、公益创新专才班主任，主要研究方向为社会组织与社会企业；丁雨晨，深圳大学管理学院公共管理系硕士研究生，主要研究方向为社会企业。

香港特区政府部门对社会企业理念的重视和支持力度。目前香港社企界正推动"粤港澳大湾区社会创新发展平台"的搭建，旨在促进社会企业的合作与发展，为未来社会企业的发展提供新的可能性。

广东经过十多年的发展，涌现了包括顺德、深圳、广州在内的一批积极发展社会企业的城市，顺德和深圳都出台了扶持社会企业的政策文件，顺德更是我国首个开展社会企业认证工作的地区。但整体来看，广东省对社会企业发展的政策支持还相对乏力，社会企业发展存在区域不平衡；澳门推动社会企业发展也已经超过十年，已拥有不少社会企业发展经验。同时，澳门社会企业的潜力尚未得到有效发掘，社会企业数量偏少，大众市民对澳门社会企业尚未有很深的认识。本报告认为，借鉴香港社会企业的成熟经验，对广东和澳门建设具有地区特色的社会企业具有重要的现实意义，应该通过推动跨地区的交流学习，更好地促进粤港澳地区社会企业的融合发展。

一　广东主要城市社会企业发展情况

广东省作为改革开放的前沿地带，在社会企业发展方面也是先行先试之地。根据中国慈展会和深圳市社创星社会企业服务平台（CSESC）的数据①，2022 年全国有 198 家经过认证的社会企业，覆盖了 16 个行业领域，服务 19 类人群。值得注意的是，广东省社会企业申报数量和通过认证数量在各省份排名中长期位于前列，早在 2017 年和 2018 年，广东省认证社会企业的数量就一路领先，远远超过其他区域，这一结论也契合经济与社会事业发展的特征。②

2023 年，广东正式注册成立了广东社企产业研究院。鉴于广东省缺乏社会企业官方统计数据，本研究通过收集二手数据，建立了广东省社会企业数据库，筛除停止经营的社会企业后，数据结果③显示，广东省通过认证且仍在正常运作

① 《社会企业名录》，https：//www.csedaily.com/scx/category/se/shzc，最后访问日期：2023年 7 月 9 日。
② 《中国认证社会企业 2020 行业数据分析报告》，https：//www.csedaily.com/scx/2125.html，最后访问日期：2023 年 7 月 9 日。
③ 数据收集截止到 2023 年 8 月 10 日。

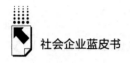

的社会企业共 109 家。进一步对这 109 家社会企业的行业/服务领域数据进行分析，广东省社会企业主要集中于五大领域，分别是：弱势群体、青少年儿童（教育）、无障碍服务（就业、康复、赋能）、科技创新、文化发展。其中，关注弱势群体领域的社会企业数量最多，共 33 家，占比为 30%，包括深圳的晴晴言语康复服务中心、顺德的观效文化传播有限公司、广州的音书科技有限公司；无障碍服务（就业、康复、赋能）领域次之，共有 20 家社会企业，占比为18%，如深圳市残友集团控股股份有限公司和佛山市永亮善品文化传播有限公司（顺德第一家社会企业）；科技创新领域和青少年儿童（教育）领域社会企业占比均为 14%（15 家）；文化发展领域社会企业占比为 10%（11 家）。

从区域分布来看，广东省 109 家社会企业集中分布于深圳、顺德、广州三地，其中深圳社会企业数量最多，共有 59 家社会企业，在广东省社会企业中占比高达 54%；顺德次之，共有 27 家社会企业，占广东省社会企业总数的 25%；广州则是第三位，共有 15 家社会企业，占比为 14%。除了上述三个最为集中的城市外，社会企业还零散分布在广东省其余各市，最新数据[①]显示，惠州市有 2 家社会企业，即惠州市启明星社工服务中心和惠州市惠民社会工作服务中心，潮州市（饶平县潮农种养专业合作社）、东莞市（东莞市一同信息科技有限公司）、珠海市（珠海康颐社会工作服务中心）、清远市（广东碧乡科技发展有限公司）、湛江市（湛江市悦好社会工作服务中心）、江门市（江门市蓬江区伍威权庇护工场）均只有 1 家社会企业。

由上述数据可知，广东省社会企业规模可观，覆盖领域较广、服务人群较多，但广东省社会企业发展区域不平衡现象也十分显著。为了更好地了解广东省社会企业发展现状，后续将选取社会企业分布最为集中的三座城市——顺德、深圳、广州进行详细分析。

（一）顺德

1. 发展现状

广东省佛山市顺德区率先于 2012 年开始进行社会企业的实践探索，是

① 数据收集截止到 2023 年 8 月 10 日。

我国首个开展社会企业认证工作的地区。政府加大对社会企业启动资金的投入后，社会企业在顺德区逐渐兴起，又经过 2015～2020 年四届社会企业认证，社会企业知名度逐渐提高，得到了各界的广泛关注。最新数据①显示，顺德社会企业已发展至 27 家（不含 2 家终止运营的社会企业）。

从行业/服务领域来看，顺德 27 家社会企业广泛分布于青少年儿童（教育）、弱势群体帮扶、文化发展、社区发展、养老配套、无障碍服务、节能环保、创业孵化、互联网等领域，青少年儿童（教育）、弱势群体帮扶以及社区发展三大领域最为集中。其中，弱势群体帮扶类社会企业最多（9家），有 8 家为扶持残疾人就业，1 家为传统慈善超市转型创新运营；文化发展类社会企业有 6 家，呈加速增长的趋势，与顺德作为岭南文化重镇传统文化资源丰富、传承创新需求大紧密相关，最有影响力的便是文筑社企书店；青少年儿童（教育）类社会企业有 3 家，其中 1 家为成都童萌落地佛山注册的企业。此外，公共安全（启能公共安全服务有限公司）、节能环保、信息技术支持、适老化产品领域各有 1 家社会企业，并于 2020 年首次出现 1 家城市社区居委会创办的社区社会企业。

从区域分布来看，以大良为中心，逐步向全区辐射。顺德 27 家社会企业遍布 8 个镇街。其总体数量较少，但初步形成小型已认证的社会企业群体。顺德社会企业的区域分布以大良（8 家）、容桂（5 家）、伦教（4 家）、北滘（4 家）为主，乐从和龙江各 2 家，陈村和杏坛各 1 家，均安和勒流尚无。其呈现该特点的主要原因如下：一是当地物质基础较好，且社会组织发展较好，社会资本较早地进入了公共服务领域；二是在镇街集聚、条件成熟的非营利组织转型为社会企业；三是社会企业理念普及度较高，越来越多的创业者加入了社会创业家队伍。

2. 佛山市顺德区社会创新中心

顺德区社会企业的发展得益于顺德区社会创新中心（以下简称"顺德社创中心"）的推动和支持。2012 年，顺德区人大常委会通过《佛山市顺

---

① 数据收集截止到 2023 年 8 月 10 日。

德区法定机构管理规定》，推进法定机构试点工作。同年 7 月，顺德区委、区政府在社会治理领域成立法定机构"顺德社创中心"。顺德社创中心在主要政策部门和理事会的领导下，按照顺德社会治理创新枢纽和智库定位，秉持"以人为本、整合资源、跨界合作、系统创新"的理念，通过研究倡议、对接资源（资金）、孵化组织、培育人才、发展项目，推动公益慈善和社会（社区）工作的整体发展和系统提升，致力成为顺德社会创新的智库和支持平台、区域社会创新生态圈和价值观的构建者，携手政府、社会、企业、市民等各界力量，推动基层治理、社会服务整体发展和系统提升。

长期以来，顺德区社会企业的发展都离不开顺德社创中心的推动。顺德区四届社会企业认证工作均由顺德社创中心作为认证的工作主体牵头进行，且其孵化了顺德第一家社会企业——佛山市永亮善品文化传播有限公司。作为一家地区性推动社会企业发展的公共机构，顺德社创中心在多年的工作中逐步将社会企业理念推广与社会企业实务推动的关系进行了调整。理念推广工作强调"宽口径"，将"社会企业认证"作为工作抓手，希望能够带动认同社会企业理念的各行各业企业主体广泛参与。但实务推动工作注重"窄口径"，将"项目资助""资源对接""利益相关方沟通机制搭建"作为工作抓手，依托顺德社创中心核心业务网络及资源优势，更加注重与地区政府社会治理阶段性目标相结合，以解决长期面临的"务虚"与"务实"如何互相促进和支撑的问题。顺德社创中心发展至今，孵化和扶持公益创新项目874 个，培育认证社会企业 27 家，启动企业社会责任项目近 20 个，构建起跨界合作的社会创新生态圈，顺德社创中心也被评为 2022 年第二季度佛山传播正能量致敬单位，展现了其打造共建共治共享的社会治理格局成效。[①]

3. 扶持政策

顺德对社会企业发展的敏感度较高，十余年间发布了一系列扶持社会企业的政策。2011 年 11 月，顺德区委、顺德区人民政府下发了纲领性文件

---

① 《顺德社会创新中心 2022 年度年报》，http：//www.ss-ic.org.cn/，最后访问日期：2023 年7 月 9 日。

《关于推进社会体制综合改革加强社会建设的意见》，提出"鼓励支持社会各界参与公共服务"，引导和支持企业履行社会责任，扶持社会企业，并以"到2016年底，奠定党委领导、政府负责、社会协同、公众参与的社会管理格局"为总体目标。2012年，顺德区人大常委会通过《佛山市顺德区法定机构管理规定》，推进法定机构试点工作。同年7月，顺德区委、区政府在社会治理领域成立法定机构顺德社创中心，自此以后，顺德区开始借助顺德社创中心推进社会企业试点工作。

随着顺德社创中心孵化的第一家社会企业于2013年1月在顺德区成立，顺德区迫切需要更加具体的社会企业发展标准及扶持政策，于是在同年8月，顺德区委、顺德区人民政府发布了《顺德区深化综合改革规划纲要（2013—2015年）》（顺发〔2013〕11号），进一步明确提出"制定社会企业标准及扶持政策，积极培育社会创业家、企业家，引导社会资本创办社会企业，推动商业运作解决社会问题"。同年，顺德社创中心召开咨询会，广泛听取社会各界的意见，通过问卷调查、资料分析、专家论证等深入调研顺德社会企业的发展情况，制定出全国第一个社会企业定义标准方案的提案，提交顺德区政府。2014年9月，顺德社创中心出台了国内首个社会企业标准——《顺德区社会企业培育孵化支援计划》（顺社创〔2014〕12号），着力通过社会企业认证和政策扶持，助推社会企业发展（罗文恩、黄英，2019）。随着孵化支援计划的实施，2015年，顺德区成为国内第一个发起地方性社会企业认证工作的地区，顺德社会企业认证工作均由顺德社创中心作为认证的工作主体牵头进行。但在组织类型方面，为了鼓励更多创业者加入创立社会企业的行列，顺德社创中心在开展2016年第二届社会企业认证工作之前，于2016年6月2日发布了《顺德区社会企业培育孵化支援计划（修订稿）》，旨在加快培育发展顺德区社会企业，聚焦降低门槛、扶持社会企业、社会企业分级等方面，以促进社会企业包容多元发展为重点。

作为法定机构的顺德社创中心在2016年第二届社会企业认证时，曾尝试用"善经济"的理念推动社企群体的扩容，希望通过规模影响力的扩大更好地开展政府影响工作，但效果不尽如人意。在2020年第四届社会企业认证时，顺德社创中心不得不从现实主义的角度出发，侧重养老、助残、文化传承等特定领域社会企业的培育，通过品牌社企的实践更好地推进政府影响工作。2020年第四届社会企业认证开始前夕，顺德社创中心于2020年11月20日，修订出台了《顺德区社会企业发展支持计划》，明确提出要发挥社会企业在创新社会治理、参与乡村振兴、改善公共服务、增进社会福利方面的作用。

（二）深圳

1. 发展现状

深圳作为社会企业发展的活跃区域，在佛山市顺德区率先破冰认证发展社会企业后，深圳市福田区也推出了社会企业支持政策。深圳社会企业经过多年的发展，涌现出非常多的优秀社企。最新数据[①]显示，深圳通过认证的社会企业已经达到59家，其中包括金牌社企8家、中国好社企35家以及其他社会企业16家。

从行业/服务领域来看，在通过认证的59家社会企业当中，关注无障碍服务（就业、康复、赋能）、弱势群体、科技创新领域的机构数量最多，这三个领域是深圳社会企业占比最大的。无障碍服务（就业、康复、赋能）领域的社会企业最多（17家），其中就包括全球首家上市的社会企业——深圳市残友集团控股股份有限公司。弱势群体领域的社会企业有13家，如致力于残障儿童康复的金牌社企——深圳市大米和小米文化传播有限公司、深圳市罗湖区晴晴言语康复服务中心。科技创新领域的社会企业数量也较多（9家），这可能与深圳的城市定位有关，深圳作为大湾区国际科技创新中心的重要引擎之城，在中国现代化产业体系建设中扮演先行示范角色。其中，较为大家熟知的有深圳合续环境科技有限公司，这是一家致力于污水处理的高新技术社会企业，以及深圳市联谛信息无障碍有限责任公司，其致力于通过科技革新解决不同人群在不同场景面临的信息障碍等。

---

① 数据收集截止到2023年8月10日。

从区域分布来看，深圳 59 家社会企业遍布深圳 8 个区，社会企业的区域分布以福田区和南山区为中心，向全市辐射。根据最新数据①，福田区和南山区共有 43 家社会企业，占深圳通过认证的社会企业总数的 73%，数量非常可观。此外，其余社会企业分布为：宝安区（4 家）、罗湖区（3 家）、龙岗区（3 家）、坪山区（3 家）、龙华区（2 家）、盐田区（1 家）。从通过认证的时间来看，深圳通过认证的社会企业集中在 5 年以上，数据显示高达 40 家，深圳社会企业认证的总体时间比较长，拥有一批经验非常丰富的老牌社会企业。与此同时，最近两年也涌现出许多初创型新兴社会企业，通过认证的达到了 7 家，申报的数目更是达到了 14 家，可见，深圳新老社会企业都在蓬勃发展中。

2. 深圳市社创星社会企业发展促进中心

深圳市社创星社会企业发展促进中心（以下简称"社创星"）于 2017 年 1 月在深圳注册，是国内第一家开展社会企业认证并以提供社会企业孵化服务为主要业务的非营利机构。社创星相继发起成立了深圳市社创星社会企业服务平台（CSESC）、成都共益社会企业认证中心、社创星选（深圳）科技有限公司、成都市社会企业发展促进会。社创星是国内第一家开展社会企业研究、咨询、认证、评估与服务的非营利机构，也是中国第一个综合性的社会企业认证支持平台。

社创星的出现，极大促进了深圳社会企业的认证与发展，其团队脱胎于中国慈展会资源对接团队，在国内拥有超过 8 年的资源对接经验和社会企业认证与服务经验，建立了包括 1500 多家中国社会企业的数据库。深圳市社创星社会企业服务平台正在开展（或曾负责）中国慈展会社会企业认证工作（2016~2018 年）、社会企业行业认证工作（2019 年至今）、成都市社会企业认定工作，并参与北京市社会企业认证工作（2018~2022）及顺德区社会企业认证工作（2016 年、2018 年、2020 年）等各地社会企业认证工作。社创星至今已服务潜在社会企业超过 3000 家，通过认证的各地社会企业达到近 600 家，遍布全

---

① 数据收集截止到 2023 年 8 月 10 日。

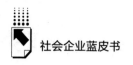

国 27 个省（区、市）的 47 个城市，涵盖 16 大社会领域和 14 类特定人群。①

社创星除参与中国慈展会全国社会企业认证工作之外，还作为主要合作伙伴通过认证标准研发、认证执行、社会企业孵化、社会企业服务与影响力评估等多种方式参与协助佛山市顺德区、深圳市福田区开展地方性社会企业认证与服务工作。社创星以构建"中国社会企业孵化器"为目标，以"推动中国社会企业发展"为使命，秉持"公益为本，商业为表"的核心理念，通过认证、孵化、赋能、传播、咨询、产品与社会价值投资等社会企业 1+6 服务产品，努力实现"中国成为社会企业强国"的愿景。

3. 扶持政策

尽管深圳社会企业发展走在全国前列，但是除福田区外，政府部门尚未出台推动社会企业发展的相关政策。深圳市福田区政府站在影响力投资角度，大力开展对社会企业的支持。2018 年 3 月 28 日，深圳市福田区人民政府办公室发布了《福田区关于打造社会影响力投资高地的扶持办法》，涵盖与社会企业密切相关的扶持措施和标准，其中包括中介组织落户支持、支持社会企业发展、社会企业产业园区建设支持、园区房租支持等。具体来说，福田区政府对新迁入或新设立的营业执照或登记证书中明确经营范围为社会影响力投资项目评估、投资服务、机构认证、社会企业服务等业务，且已经开展相关实质性工作的中介组织，给予一次性 5 万元落户支持，并每年根据实际情况调整年度支持总额；区政府对通过认证的社会企业给予一次性 3 万元支持，并每年根据实际情况调整年度支持总额，同时，鼓励社会企业申报福田区社会建设专项资金资助项目；区政府支持社会力量在福田区建设社会企业产业园，经区政府审核同意，按照项目投资额的 30%，一次性给予最高 100 万元的建设支持，主要用于园区环境建设、公共服务、信息化建设等；福田区政府对入驻福田区社会企业产业园区的社会企业等机构给予三年房租支持，按 30 元/（平方米·月）的标准在支付上一年度房租后给予支持，同一家机构享受房租支持不超过三年，享受房租支持期间不得转租。《福田区关于打造社会影响力

---

① 《社会企业分布地图》，https：//www.csedaily.com/，最后访问日期：2023 年 7 月 9 日。

投资高地的扶持办法》的出台，给深圳的企业以强大的引导作用，着力通过社会企业认证和政策扶持，助推社会企业发展。

（三）广州

1. 发展现状

广州市处于发展社会企业的热点区域，长期位列社会企业认证热门城市 TOP10 榜单，也拥有国内较早的一批社会企业。经过多年的发展，广州社会企业覆盖领域不断扩大，惠及群体广泛。最新数据[①]显示，广州通过认证的社会企业已经达到 15 家，其中包括金牌社企 1 家、中国好社企 8 家以及其他社会企业 6 家。

从行业/服务领域来看，广州通过认证的 15 家社会企业广泛分布于青少年儿童（教育）、弱势群体、文化体育与艺术、生态环保、科技创新等领域。其中，关注弱势群体、青少年儿童（教育）、科技创新领域的社会企业数量最多。弱势群体领域有 7 家社会企业，占比为 46.7%，例如，广州音书科技有限公司就是一家致力于通过互联网+人工智能技术帮助听力言语障碍群体的社会企业。青少年儿童（教育）领域有 4 家社会企业，占比为 26.7%，其中最著名的是广州一公斤盒子设计有限公司，它们致力于更快、更低成本地让乡村孩子享受到优质的教育，推动乡村教育公平。科技创新领域也有 4 家社会企业，占比为 26.7%，包括广州大西洲科技有限公司、广东省华标产品质量安全研究院等。

从区域分布来看，广州社会企业分散在 6 个区，海珠区最多，拥有 4 家社会企业，其中就包括广州市海珠区拜客绿色出行宣传活动中心。其次是越秀区和天河区，分别有 3 家社会企业，如广州青年旅社咨询管理服务有限公司。除此之外，南沙区有 2 家社会企业，黄埔区有 1 家社会企业。值得注意的是，番禺区虽然只有 2 家社会企业，但这 2 家社会企业的发展都非常成功，广州一公斤盒子设计有限公司在 2019 年就被评为了金牌社企，中国好

---

① 数据收集截止到 2023 年 8 月 10 日。

社企广州音书科技有限公司也经常出现在各大教学案例之中。

2. 相关推动者和扶持政策

广州市合木残障公益创新中心是广州社会企业发展的重要推动者，于2018年底在广州市民政局注册成立，是一家专注于以赋能和创新促进残障人士自我成长、自主就业和社会融合的慈善组织。自成立以来，坚持和推进组织的透明度和公信力建设，连续两年（2019~2020年）获广州地区慈善组织透明度评价 A 级。广州市合木残障公益创新中心主要支持广州及其周边城市18~35岁的各类障碍群体，目前总计已达到了4000人次。①

广州市合木残障公益创新中心于2018年发起"手心咖啡计划"，这是由咖啡商业机构、咖啡爱好者等组成的支持视障咖啡师发展的公益项目。"手心咖啡计划"根据视障人士的使用角度，与友好咖啡店主共同开发咖啡培训课程，培养视障人士学会咖啡知识和技能，探索更多职业可能，并通过联动社会网络支持视障人士获得更多实践和真实服务经验。2020年，广州市合木残障公益创新中心在公益项目"手心咖啡计划"的基础上，孵化了社会企业"手心咖啡"，希望让更多视障人士得到就业机会，让他们接触咖啡，认识咖啡，以咖啡作为重回社会的桥梁。以广州市合木残障公益创新中心为代表的社会组织通过引入职业重建服务，成功开发了盲人就业的新岗位——视障咖啡师。《广东省"十四五"残疾人职业技能提升计划实施方案》② 中，残障咖啡师这一职业也被纳入了多元化职业积极推进的培训项目里，手心咖啡培训视障咖啡师新岗位也作为案例收录进《中国残疾人事业研究报告（2023）》。至今，"手心咖啡计划"已培养超过300名视障咖啡爱好者，30名通过全球精品咖啡协会（SCA）咖啡知识认证考试的视障咖啡师。③

广州社会企业发展离不开广州市合木残障公益创新中心的积极推动，它

---

① 《合木残障公益创新中心2022年度工作报告》，https：//www. hemucenter. com/，最后访问日期：2023年7月9日。

② 《广东省"十四五"残疾人职业技能提升计划实施方案》，http：//www. gd. gov. cn/zwgk/zcjd/snzcsd/content/post_ 4042939. html，最后访问日期：2023年7月9日。

③ 《手心咖啡：视障咖啡师培养计划》，https：//www. hemucenter. com/col. jsp？ id=118，最后访问日期：2023年7月9日。

培育了一批具有知名度的社会企业。但广州一直缺少明确的社会企业扶持政策，最近的相关政策还要追溯到 2013 年广东省人民政府办公厅印发的《2013 年广东深化社会体制改革工作要点》（粤委办发电〔2013〕53 号），其中明确提出要鼓励发展社会企业，培育社会企业家。

二　香港社会企业发展情况

（一）发展现状

香港地区社会企业的雏形可追溯到 20 世纪 80 年代，后来陆续出现一些本土经济发展项目，帮助社会上弱势和被排斥群体面对经济困难（官有垣等，2012）。香港社会企业发展蓬勃、百花齐放，在其 40 多年的发展过程中经历了萌芽阶段、成长阶段，社会企业数量大幅增长，社会企业提供的服务和运作模式也十分多样化，目前已经形成了完整的生态系统，社会企业正在进入香港经济的主流，并开始大规模解决社会和环境问题。根据香港社会服务联会（HKCSS）的统计报告，香港社会企业数量从 2007~2008 年的 222 家，增加到 2014 年的 527 家，再到 2021~2022 年的 711 家，而社会企业商务中心（SEBC）编制的《社企指南》的最新数据①也显示，在 2022~2023 年增加了 77 家社会企业。同样，运营社会企业的团体也有可观的增幅，从 2007~2008 年的 68 个团体，增加到 2021~2022 年的 368 个团体。进一步分析，在这些团体当中，有 44% 的公益机构可获得税务豁免，56% 的商业机构没有税务豁免。香港的社会企业相对年轻，49% 的社会企业运营时间不超过 4 年。自 2013 年起，社会企业初创企业显著增加，与此同时，SIE 基金成立，该基金通过影响力孵化器向传统社会福利/慈善组织以外的机构和其他中介机构分配政府资金。然而，从 2019 年起，成立的社会企业越来越少，这可能与疫情的影响密切相关，导致企业家组建社会企业的意愿降低。

---

① 《社企指南》（2022~2023），https：//www.hkcss.org.hk，最后访问日期：2023 年 7 月 9 日。

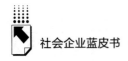

从行业/服务领域来看，社会企业在香港各行各业开展业务，致力于解决城市的一系列社会和环境问题。香港社会企业最为关注的是良好的健康和福祉，其次是可持续的城市和社区以及优质教育，紧随其后的是为非政府组织提供商业发展服务和创业支持。良好的健康和福祉是许多社会企业的优先事项，这与香港的人口老龄化以及在医疗技术和保健技术方面的进步有关。这一领域的社会企业类型很多，包括为残疾人提供健康生活教育和青年相关服务以及技术开发的企业，例如，为残疾人提供就业岗位的"厨尊"（Dignity Kitchen）和为残疾人提供无障碍的士服务的"钻的"（Diamond Cab）。可持续发展的城市和社区是香港社会企业的第二大关注领域，该领域的社会企业致力于解决城市问题，包括从事回收和城市废弃物处理的企业、为其他组织和企业提供业务支持的企业，以及从事艺术、文化和遗产宣传的企业。现如今，在政府政策的支持和民间的推动下，社会企业家的创新理念已经遍及各行各业，香港社会企业致力于推动各种不同的社会目标，其中关注最多的目标是推动就业融合和社区共融。

从区域分布来看，香港的社会企业存在于全港各区，似乎并没有集中在任何一个地区。相对而言，社会企业总部设在港岛中西区的比例最高，其中九龙和新界的社会企业总部数量又明显多于香港岛。房地成本和租金可能在决定社会企业总部在香港的位置方面发挥重要作用，香港岛的高租金与九龙和新界的社会企业注册数量较多有关，因而经营零售业的社会企业可能很难在商业区找到合适的场所。根据《香港社会企业的现状》①，大多数香港社会企业（59%）在城市一级运作，23%在本地区运作，15%具有国际规模。从历史上到今天，香港的大多数社会企业专注于满足其经营所在社区的需求，并致力于解决当地的问题。

（二）主要推动者与扶持政策

1. 政府部门

香港社会企业的发展有赖于香港特区政府的鼎力支持，香港特区政府从

① 《香港社会企业的现状》，https：//www.britishcouncil.org，最后访问日期：2023年7月9日。

制度完善、资金补助、文化环境建设和能力建设多个层面为社会企业提供支持，并采取行政计划方案的措施进行执行，参与社会企业行动的政府部门包括食物及卫生局、社会福利署、民政事务局及其下面的民政事务总署、发展局等。香港地区有大约一半社会企业的种子资金来自政府的资助，香港特区政府通过一系列资助计划为社会企业提供种子资金，主要包括三个资助计划（罗文恩、黄英，2018a）：一是社会福利署在2001年实施的"创业展才能"计划，即向公益机构提供种子基金成立社会企业的项目，为弱势社群创造就业机会和提升技能，以市场主导的方式改善残疾人的就业情况；二是民政事务总署于2006年推出的"伙伴倡自强"[①] 社区协作计划，旨在向合资格的非牟利机构提供种子基金成立社会企业，借此推动可持续的地区扶贫工作，助人自助，特别是协助社会上的弱势社群自力更生；三是发展局在2007年推出的"活化历史建筑伙伴计划"，旨在鼓励非牟利团体活化与运营香港历史建筑，为它们注入新生命，供市民大众享用。

同时，香港特区政府还与来自社福界、学术界和商界的众多支援服务组织跨界合作，举办各式各样的传播活动和设立奖励计划来推广社会企业的产品、服务和概念。例如，一年一度的"社企民间高峰会"[②]，于2007年由香港特区政府第一次举办，接着从2008年起改为由民间筹办、民政事务局支持，2023年即将举行第16届高峰会。为了鼓励大专院校学生了解社会企业并运用企业家精神去解决社会现实问题，香港特区政府大力支持举办商业推介挑战赛以及参与社会企业网络并将社会企业融入课程模块。例如，自2008年起民政事务局开始赞助香港中文大学创业研究中心举办"香港社会企业挑战赛"[③]，鼓励学生积极参与社会企业，并为大学提供资助社会企业的机会（罗文恩、黄英，2018b）。

---

① 《伙伴倡自强计划》，https://www.esr.gov.hk/sc/about_esr.html#overview，最后访问日期：2023年7月9日。

② "社企民间高峰会"官网，https://www.ses.org.hk/，最后访问日期：2023年7月9日。

③ "香港社会企业挑战赛"官网，https://hksec.hk/zh/homepage-zh/#team，最后访问日期：2023年7月9日。

香港特区政府也注重对社会企业故事的传播，通过媒体报道创造了很高的曝光率，不但为社会企业提升了形象，还让更多人认识了社会企业。此外，也激发广大民众成为义工，鼓励更多的捐赠，聚集更多资源和力量。例如，民政事务总署制作了不少企业电视宣传短片让公众更多了解社会企业，同时与香港电台合作推出"关心社企""你得我都得""寻常事认真做——寻社企"等系列特辑对本土社会企业进行深入报道。安排社会企业参加不同主题的展览是另一种常见的推广策略，另外，民政事务总署亦积极与地方议会和社团合作，举办各种地区嘉年华会帮助社会企业展销各类产品与服务。香港特区政府在推动社会企业发展方面态度之决、手笔之大，在全球范围内亦为罕见。

2. 官商民跨界别合作

香港特区政府除了提供资助计划外，还积极推动跨界别合作，搭建社会企业发展平台。香港特区政府在推进社会企业发展的过程中扮演着"牵头人"或"媒人"的角色，带动多个界别推进社会企业发展（罗文恩、黄英，2018b）。社会企业商务中心、"社会创新及创业发展基金"、"社会企业伙伴计划"是跨界别合作的典型例子，上文所提到的社会企业推广，也是政府与其他机构合作展开的。

社会企业商务中心（SEBC）[①] 在 2008 年由香港社会服务联会成立，是官商民跨界别合作的典型例子之一。SEBC 获得汇丰银行慈善基金及社会福利署携手扶弱基金拨款，致力于推动香港社会企业创业精神及社会创新，与政府、商界、社福界以及学术界建立伙伴关系，后续持续得到社会福利署、民政事务总署、工业贸易署等政府机构的资助，还与毕马威会计师事务所、香港律师会、麦肯锡公司（香港）、冯氏慈善基金有限公司等多家商业企业建立了合作关系，用跨界别的方式凝聚社会资源，致力于推动香港的社会企业发展。

"社会创新及创业发展基金"[②]（以下简称社创基金）由香港特区政府

[①] 社会企业商务中心官网，https://socialenterprise.org.hk/zh-hant，最后访问日期：2023 年 7 月 9 日。

[②] 社创基金官网，https://sc.sie.gov.hk/TuniS/www.sie.gov.hk/tc/who-we-are/sie-fund.page，最后访问日期：2023 年 7 月 9 日。

于 2012 年出资 5 亿港元创立，也是官商民跨界别合作的典型例子。社创基金目标在于激发跨界别合作建立以及支持能吸引、启发和培育社会创业精神的计划和实验项目，通过创新产生社会效益，推动香港扶贫工作。社创基金聚焦于社会创新而非社会企业本身，因此牟利机构和非牟利机构均可提交项目申请。在运营模式上，香港特区政府在扶贫委员会下设立专责小组，监督社创基金的运作，并委聘了香港社会服务联会、理大科技及顾问有限公司、心苗（亚洲）慈善基金有限公司及叶氏家族慈善机构为四家协创机构，推展"能力提升"和"创新计划"项目，促进社会创新生态系统的发展，培育新晋社会创业家（罗文恩、黄英，2018a）。

此外，"社会企业伙伴计划"也体现了香港社会企业的官商民跨界别合作。2008 年，香港特区政府启动了社会企业伙伴关系方案，民政事务局媒合商业企业与社会企业，建立师友关系，商业企业为社会企业提供营商顾问及指引服务。香港民政事务局和青年事务局在 2009 年成立了社会企业咨询委员会，就香港社会企业的持续发展向政府提供意见，为了进一步培育社会创业家和鼓励创新，2011 年，民政事务局与社会企业咨询委员会推出了"社企奖励计划"和"社企挚友嘉许计划"，吸纳民间社会福利资金参与。"社企奖励计划"由民政事务局主办，星展银行赞助，已经在 2011 年、2013 年举办了两届；"社企挚友嘉许计划"由民政事务局和社会企业咨询委员会于 2011 年首次推出，该计划从 2013 年起，每两年由民政事务总署负责具体推行，目的在于表彰为香港社会企业提供各种支援的人士和机构，借此加深社会各界对社会企业的认识并促进跨界别支援社会创新。官商民合作推进社会企业发展是香港特区政府政策方向的突出特点，社会企业生长在社会中，汲取社会的"养料"成长。

三 澳门社会企业发展情况

（一）发展现状

澳门产业结构独特，以博彩旅游业为龙头，以服装业为主体，受限于劳动力素质，结构性失业在澳门一直存在。澳门作为一个高度服务型社会，迫切需要各种社会力量参与其中，如政府、社团、商界、民众、服务使用者等，社会企业对于稳定澳门的就业群体结构和有序的就业环境发挥了一定的作用。目前，澳门社会企业的目标是让弱势人群有机会发挥所长及融入社区，让单亲家庭人士能够自立，让长者有机会重返职场，让社会更生人士重返社会的同时，减轻智障人士对家庭照顾者的依赖，减少社会更生人士再次犯错的机会，进而减轻政府投入社会服务的负担。因此，澳门兴办社会企业的政策目标定位于就业导向，而非创新导向（娄胜华，2009）。

兴办社会企业离不开政府的资金支持，从澳门社会企业的发展模式来看，政府的角色是提供一次性种子基金，由非牟利社会团体合办社会企业，为弱势人群提供职场培训及就业的机会，达至社会企业的社会效益目标。通过资金支持鼓励民间开办社会企业以来，越来越多的社会服务团体投入开办社会企业，有政府公共资金资助的，有社会服务团体自资开办的，也有商业机构和社会团体合办的。澳门民间社团数量众多，且因葡据时期公共物品供给的"政府缺位"，民间社团发展出"拟政府化"功能（娄胜华，2004），至今仍然在教育、医疗、社会服务等诸多领域发挥作用。可以说，民间社团具有长期的公益实践，积累了相当的经验。澳门既有实践表明，为数众多的经验丰富的民间社团成为澳门发展社会企业的积极推动者与主要承办者。

（二）主要推动者与扶持政策

1. 澳门扶康会

民间社团是澳门兴办社会企业的主导力量，澳门扶康会就是最典型的例子。澳门扶康会于2003年成立，由一群志愿人士创立，是一家非营利的社会服务机构，一直致力于为残疾人士提供多元化服务，现辖下有12个服务单位。澳门扶康会本着维护残疾人士应享有一切基本的人权的理念，主要为智障人士、孤独症人士及精神康复者提供服务，学习更多技能及知识，使他们在身心各方面得到充分的发展，也积极为他们寻找更多外出工作机会，让他们发挥个人的能力，在所属社区中充分独立自主，积极融入社会。此外，澳门扶康会还积极倡导教育、政策及法例的修订，为残疾人士争取平等权利。截至2022年，澳门扶康会已成立12个服务单位，常态化服务涵盖社区支持、职业培训、托养康复、家属支持、艺术发展等板块，员工人数达200多人，服务使用者及家属达800多人。① 而澳门扶康会在争取政府、爱心人士及企事业单位大力支持的同时，还开办了多家社会企业，支持残障人士发挥所能创造市场价值，业务涵盖洗衣、餐饮、文创等，其迅速开拓市场和客群，在实现收支平衡、机构可持续发展的同时，也成为澳门的特色城市名片之一。

澳门扶康会自2008年底起成立社会企业工作小组，并着手研究社会企业在澳门发展的可行性。澳门扶康会于2012年1月通过第一期《残疾人士就业发展资助计划》开办了"心悦洗衣"社会企业，随后在2015年7月又通过第二期《残疾人士就业发展资助计划》开办"喜悦市场"社会企业。其中，澳门扶康会辖下的"心悦洗衣"② 营运至今已有11年时间，聘请的员工主要是智障及精神康复人士，采用商业模式自负盈亏营运方式，为残疾人士提供更多的社会锻炼和工作机会，向社会大众彰显他们的工作能力，协助他们获得更好的就业机会。"心悦洗衣"在正式营运一年多后已达财政收支平衡，至今每月营运收入稳定发展。而"喜悦市场"③ 内售卖全新及二手物品众多，正在蓬勃发展，财务状况亦趋于稳健。

除了通过澳门特区政府的资助计划兴办社会企业外，澳门扶康会也积极探索其他途径，在2016~2018年持续兴办社会企业，助力残疾人士多元就业。④ 具体而言，澳门扶康会于2016年在文化局引介下，在澳门的文创旅游

① 《澳门扶康会年报2022~2023》，http：//www.fuhong.org.mo/index/index/index.html，最后访问日期：2023年7月9日。
② 心悦洗衣社会企业官网，http：//www.fuhong.org.mo/happy_laundry/index/index.html，最后访问日期：2023年7月9日。
③ 喜悦市场社会企业官网，http：//www.fuhong.org.mo/happy_market/index/index.html，最后访问日期：2023年7月9日。
④ 澳门扶康会官网，https：//www.fuhong.org.mo/。

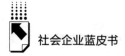

地点——南湾·雅文湖畔内开展了"悦畔湾@南湾·雅文湖畔"社会企业，并出售由澳门扶康会残疾人士亲手制作或包装的澳门特色手工艺品。同时澳门扶康会的服务使用者在这里进行职业培训，店内收益将全数用作发展更多慈善服务及作为残疾人士的工作津贴；澳门扶康会还通过与政府部门及商业机构合作方式，在2017年开展了"悦畔湾@龙环葡韵"和"喜悦阁@旅游塔站"社会企业，在澳门的旅游热点开设文创礼品店及职训售卖亭，售卖澳门扶康会学员制作的文创成品，给予本澳市民及海外旅客优质购物体验，为残疾人士提供更多元化的工作机会；2018年6月，澳门扶康会在南湾·雅文湖畔S9铺开展了"欣悦展能艺术工作室"，为不同障别人士及社区各界人士开办展能艺术课程，并且销售残疾人士制作的艺术产品和文创礼品。

2. 社会企业扶持政策

早在2009年，澳门特区政府在《二○○九年财政年度施政报告》中就明确提出推行具有本地区特色的社会企业计划。随后于2010年由澳门特区政府社会工作局推出《残疾人士就业发展资助计划》①，以先导计划的方式，邀请从事非营利社会服务的机构申请，通过财政资助的方式，支持申请成功的机构实现发展残疾人士就业的社会企业计划。澳门特区政府在2010~2019年，先后共推出三期社会企业资助计划，包括社会工作局推出的两期《残疾人士就业发展资助计划》，通过财政资助的方式，支持申请成功的机构发展惠及特定弱势群体的社会企业，计划取得一定成效，受资助的企业目前均营运良好，并为残疾人士及长者群体创造了不少就业机会，让相关群体获得向社会展示自我价值和能力的平台，而社会企业自给自足的经营模式，也令澳门符合社会公益目的的事业实现可持续发展。

澳门社会企业数量很少，后续扶持政策缺失，导致长期活力不佳。因此2022年12月澳门特区政府通过并实施《修改第二八／二○一五号行政法规〈社工局的组织及运作〉》②，新法规将允许社会企业由私人企业参与，社会

---

① 《残障人士就业发展资助计划》，http：//www.ias.gov.mo/，最后访问日期：2023年7月9日。
② 《社局可与私企合推银发产业》http：//www.macaodaily.com/html/2022－12/03/content_1638942.htm，最后访问日期：2023年7月9日。

工作局可与私人企业合推银发产业。具体而言，一是扩大社会工作局职责范围。法规将扩大社会工作局的职责范围，以鼓励和辅助更多私人实体参与社会工作，推动具有社会服务元素或功能的服务。同时，考虑到路环监狱对推动社会重返工作的重要性，法规修改社会重返委员会的组成，路环监狱狱长担任社会重返委员会成员。随着社会变化，未来老龄化社会将有不少银发产业需要开展，除民间机构外，需要推动更多私人企业实体协助服务开展，因此这次行政法规的修改，未来合作对象可扩至私人企业实体，有助于推动私人企业参与包括银发产业等在内的工作，法规让当局能与不同团体有更多的合作模式。二是推动财团参与社会企业。根据组织法原则，过去社会企业只能由民间机构参与，由社会工作局提供方案，再由民间机构去执行，但社会企业的目标是自负盈亏，需要有市场触觉、人事管理模式，希望有经验的财团或企业积极推动各类社会企业计划。

四　主要结论与建议

（一）粤港澳三地社会企业发展状况比较分析

社会企业发展活跃的粤港澳地区，平均拥有十余年的社会企业发展历史，其社会企业发展起步早，发展经验丰富，但通过上文分析可知，三地社会企业也存在不少差异（见表1）和不足。具体来说，广东省社会企业经过十多年的发展，数量不断增长，覆盖领域和服务人群不断拓宽，但存在发展区域不平衡、政策扶持力度不够等问题。广东省社会企业集中于顺德、深圳、广州三地，是国内较早发展社会企业的地区，顺德和深圳都出台了扶持社会企业的政策文件，顺德更是我国首个开展社会企业认证工作的地区，但整体来看，广东省对社会企业发展的政策支持还相对乏力。例如，广州一直缺少明确的社会企业扶持政策，即使顺德和深圳拥有社会企业扶持政策，后续执行力度也明显不足。

澳门社会企业发展也超过了十年，其社会企业发展呈现就业导向的政策目标、民间兴办社会企业的现状，澳门扶康会是澳门兴办社会企业的主要推动力量，借助澳门特区政府两期《残疾人士就业发展资助计划》，开办了社会企业"心悦洗衣"及"喜悦市场"，在促进残疾人士就业方面取得了显著效果，具有较大的社会影响力。与此同时，澳门社会企业发展也存在一些问题，包括社会企业数量很少、市民对澳门社会企业认识不深、缺乏有针对性的社会企业扶持政策等。澳门社会对社会企业边缘人士、残疾人士提供的服务的接纳程度有待提升。

香港地区社会企业发展蓬勃、百花齐放，数量大幅增长，社会企业提供的服务和运作模式也十分多样化，已经形成了完整的社会企业生态系统。香港特区政府对社会企业的扶持力度相当大，香港特区政府为了推动社会企业发展专门设立了新的部门，新设立的部门功能上互补且有针对性，直击香港社会企业发展过程中遇到的主要问题，为香港社会企业建立良好的制度环境。此外，香港特区政府还通过一系列资助计划为香港一半的社会企业提供种子资金，积极推动官商民跨界别合作，搭建社会企业发展平台。香港与粤澳两地相比，社会企业政策体系和生态系统最为完善，借鉴香港社会企业的成熟经验，对广东和澳门建设具有地区特色的社会企业具有重要的现实意义。

表1　粤港澳三地社会企业比较

	香港	澳门	广东		
			顺德	深圳	广州
社企数量	非常庞大	很少	较多	较多	较少
覆盖领域	非常广泛	仅限于促进就业领域	比较全面		
区域分布	均匀发布	不涉及	区域不平衡,集中于个别区域		
造血能力	很强	很弱	较弱		
扶持政策	完善	很少	不完善	很少	缺乏
主要推动者	香港特区政府	民间社团	社创中心		
政府角色	强力支持	低度支持	低度支持	低度支持	不涉及
社会参与度	参与度高	参与度低	参与度低		

（二）推动粤港澳地区社会企业发展的若干建议

1. 粤澳地区应出台体系化的社会企业支持办法，构建良好的制度环境

社会企业是有益于社会的"幼稚产业"，需要政府予以扶持和保护，从而帮助社会企业度过艰难的成长期（李健，2016）。社会企业的健康发展离不开整体性的政策体系支持，基于社会企业的特性、发展阶段以及粤港澳地区的现实情境，粤澳地区政府需在社会企业发展过程中扮演好扶持和监管的双重角色。一方面，粤澳地区政府需要加大政策培育和扶持力度。可借鉴香港特区政府的做法，建立专门的财政预算，为社会企业发展提供财政支持。制定并实施有针对性的财税补贴政策，强化对发展能力强、社会效益好的社会企业的精准扶持。为解决融资问题提供市场化渠道，引导金融机构加大金融扶持力度，鼓励股权投资基金支持符合条件的社会企业项目。香港特区政府为了在确保社会企业竞争能力的情况下，构建有利于社会企业的营运环境，采取的措施是对社会企业的优惠政策也做出严格规范。借鉴其做法，在为社会企业提供政策优惠的同时，要有充分严格的条例支持，避免不正当竞争削弱社会企业的竞争能力，影响良好营运环境的构建（刘小霞，2013）。另一方面，粤澳地区政府应该建立社会企业运作的质量保障和监督机制，可学习香港社会企业经验，提供社会企业的运营管理培训和员工技能培训，提升社会企业的竞争力和可持续性；做好社会企业的社会效果评估，建立系统化的评估指标体系，保障服务效果；制定社会企业的设立和准入政策及法规，以认证为核心加强社会企业监管，实现准入与退出机制规范化；建立健全社会企业问责制度，提高社会企业自身透明度，推动社会企业健康可持续发展。

2. 粤澳地区应培育行业支持型组织，为社会企业提供认证传播、培训赋能与资源对接服务

支持型组织已成为粤港澳地区社会企业生态链中必不可少的一环。社会企业的发展离不开一个能够有效运转的"生态系统"，这个系统包括资源的提供方、社会企业、社会企业的受益人群，以及提供各种支持型服务的机

构。而粤澳地区目前最需要的两类支持型组织，一个是孵化器，向初创期的社会企业提供场地、启动资金和网络关系；另一个是能够提供管理咨询、能力建设、社会效应评估等专业服务的机构。这些支持型组织构成了粤澳地区社企生态圈里的"基础设施"，它们能够发挥中介作用，将各类社会企业汇聚到一起，促进粤澳地区社会企业的交流与分享；也可以规范粤澳地区社会企业认证，帮助社会企业与资源提供方构建协作关系，提供社会企业管理支持；还能帮助社会企业进行能力建设与行业交流，推动品牌体系建设和提升专业赋能服务，使其向受益人群提供更好的产品和服务。简言之，支持型组织不仅可以增强粤澳地区社会公众信任和社会认同，还有助于强化粤澳地区社会企业的社会效应。粤澳地区培育支持型组织，也需要学习香港的成熟经验，主要包括培训、促进营商师友网络及分享国际良好做法等，建立社会企业与中小型企业之间的互动和沟通机制。香港特区政府在推进社会企业发展的过程中扮演着"牵头人"或"媒人"的角色，通过发起或牵头推出一项社会企业的推进行动，然后到一定阶段就淡出或放手给社会企业自行运行的推动过程，在这个过程中培育和发展社会企业支持型组织，例如，香港社会企业家论坛（HKSEF）、社企民间高峰会（SES）、社会企业商务中心（SEBC）、"社会创新及创业发展基金"、"社会企业伙伴计划"等。

3. 促进三地社会企业跨境交流，探索粤港澳地区政策衔接与融合

粤港澳地区社会企业的发展离不开三地开展各个领域的合作，其社会企业更是有广泛的合作空间，而且具有一定的可行性。比如三地残障人士可以合作推出一系列产品，在粤港澳三地展示推荐，一同推动残健共融，而以上推动粤港澳三地社会企业合作的基础是跨地区的沟通与交流（解韬、吴天青，2013）。由于香港、澳门、内地法律体系不同，三地社会企业政策亦大有不同，因此，推动粤港澳地区社会企业的发展离不开跨境合作与交流。首先，需要积极探索社会企业法律政策的衔接与融合，包括探索制度如何保障外来社会组织享有本地资源支持，如何促进三地社会企业在依法的前提下，有效地参与跨境事务和税收减免认定等。其次，需要打破部门之间的行政壁垒，发挥相关部门合力，为有潜力的社会企业发展提供合法渠道和平台，形

成社会企业跨界合作、跨区交流、健康发展的工作机制，使三地各地方政府和社会企业都能够有法可依地参与到粤港澳地区建设。同时还需要培育浓厚的社会企业文化。不同的地方有不同的社会企业文化氛围，公众对社会企业有不一样的理解，如今三地都有着浓厚的兴办社会企业文化氛围，而且三地的社会企业都有清晰的社会使命。加强跨境合作与交流，推动建立粤港澳社会企业合作机制，搭建社会企业交流合作平台，强化粤港澳社会企业项目联动，促进粤港澳资源便捷流动，粤港澳三地社会企业才能获得更好的成长土壤。

参考文献

官有垣、陈锦棠、陆苑苹、王仕图，2012，《社会企业：台湾与香港的比较》，巨流图书股份有限公司。

李健，2016，《政府如何促进社会企业发展？——来自新加坡的经验》，《经济体制改革》第 5 期。

刘小霞，2013，《我国港台地区社会企业发展策略及对大陆的启示》，《社会工作》第 5 期。

娄胜华，2004，《转型时期澳门社团研究——多元社会中法团主义体制解析》，广东人民出版社。

娄胜华，2009，《社会企业的概念、实践与发展策略》，《行政》第 22 卷。

罗文恩、黄英，2018a，《我国港台地区社会企业成长中的政府角色比较研究》，《甘肃行政学院学报》第 4 期。

罗文恩、黄英，2018b，《官民商协作与社会企业可持续发展——来自中国香港的经验及启示》，《公共行政评论》第 4 期。

罗文恩、黄英，2019，《构建社会企业身份：中国大陆、香港和台湾地区社企认证实践比较分析》，载王名主编《中国非营利评论》（第二十三卷），社会科学文献出版社。

解韬、吴天青，2013，《香港发展社会企业的经验及对广东的启示》，《残疾人研究》第 2 期。

B.13
四川社会企业可持续发展报告

夏　璇[*]

摘　要： 本报告以成都市为核心，分析了包括泸州、绵阳、内江和宜宾等地在内的四川省社会企业的发展情况。四川省社会企业以坚持社会目标为核心定位，以商业为手段，坚持参与社会治理。本报告从政策构建、保障体系、人才培养、社区支持、监督评价等方面提示了该地发展社会企业的可能性路径，阐述了四川省社会企业的可持续发展模式，针对社会企业在发展过程中遇到的定位不清晰、规模偏小、运营能力偏弱、宣传力度不足及监管体系不健全等问题也提出了建议与意见。从而构建错落有致、层次分明的社会企业发展矩阵，实现社会、经济与环境价值同步可持续和高质量发展。

关键词： 可持续发展　社会企业生态体系　社会治理　高质量发展

一　引言

社会企业作为世界现代社会治理创新的载体，在世界各国已经蓬勃发展，其以"社会目标""解决特定社会问题"为宗旨，以"市场化"为手段的特征，在解决社会问题、服务特定弱势群体、改善社会治理等方面发

* 夏璇，深圳市社创星社会企业发展促进中心主任、成都市社会企业发展促进会会长、北京社会企业发展促进会专家委员会副主任、天府股交社会企业板发起人、深圳市慈善事业联合会社会企业专业委员会主任，主要研究方向为社会企业实践、培育与可持续发展。

挥了独特作用。近年来，中国社会企业发展迅速，各个地区也涌现了不同特色的社会企业。从 2017 年开始，四川省，特别是成都市基于城乡发展综合治理，结合国际与国内城市的先进经验，探索将社会企业纳入城乡社区发展治理多元主体，探索由社会企业作为多元主体提供公共服务。2018 年 4 月，成都市人民政府办公厅正式出台了《关于培育社会企业促进社区发展治理的意见》（成办函〔2018〕61 号），成都市成为全国首个在市级层面以政府发文形式推动社会企业培育发展的城市。2019 年 12 月，《中共四川省委关于深入贯彻党的十九届四中全会精神　推进城乡基层治理制度创新和能力建设的决定》中明确提出："积极发展社会企业，探索社会企业工商登记和行业认证制度。支持物业服务等企业转为社会企业，促进公益性优质社会组织转型为社会企业。探索社会企业、社会组织托管政府和社区公共空间开发无偿和低偿收费的公益项目。"2020 年，四川省市场监督管理局办公室发布《关于在成都市等地探索培育社会企业的通知》（川市监办函〔2020〕40 号），在成都、泸州、绵阳、内江和宜宾五市的市场监督管理局开展探索培育社会企业试点。2022 年，《成都市"十四五"城乡社区发展治理规划》中出现了 15 次与社会企业有关的内容。由此成都市也成为全国首个在社会企业领域，实现社会企业从企业登记、章程备案、评审认定、政策扶持到监管服务乃至摘牌退出的全生命周期政策保障的城市。

经过五年努力，截至 2022 年末，四川省已有成都市、绵阳市、内江市、泸州市、宜宾市等五地市出台了支持社会企业发展的有关政策文件。据深圳市社创星社会企业发展促进中心统计，截至 2023 年 6 月，四川省内认定的各类社会企业共有 176 家，其中成都市认定的社会企业且在有效期内的共有 126 家（有 10 家成都市社会企业因各种原因摘牌），双认定①的社会企业 126 家。这些社会企业 2022 年度营业收入总额超过 8.27 亿元。从业人员合计 6804 人（含兼职人员），平均每家社会企业提供了

---

① 双认定包括成都市社会企业认定与社会企业行业认定。

38.66 个就业岗位。这些社会企业服务各类城乡社区累计超过 900 个，受益人群超过 250 万人次。这些社会企业活跃在养老服务、就业促进、青少年教育、医疗健康、无障碍服务、社区经济、物业服务等多个社会服务领域，为四川省城乡社区发展治理和社会服务供给多元化发展增添了动力。①

二 四川省社会企业发展概述

2019 年 12 月 6 日，中国共产党四川省第十一届委员会第六次全体会议通过了《中共四川省委关于深入贯彻党的十九届四中全会精神 推进城乡基层治理制度创新和能力建设的决定》，其中对四川省社会企业的整体发展提出了指导性意见，即在党的领导下，以发展社会企业为切口，进一步推进四川省城乡基层治理制度创新和能力建设，坚定不移地推动社会企业深入社区服务，参与弱势群体帮扶，推动新经济发展与绿色生态环保工作的顺利实施。继续保持在全国范围内的领先优势，构建"人人有责、人人尽责、人人享有"的社会治理共同体。

成都市作为社会企业首发之城，于 2017 年 9 月召开了"成都市城乡发展治理大会"，出台了《关于深入推进城乡社区发展治理建设高品质和谐宜居生活社区的意见》。2017 年 5 月，在会议筹备期间，时任成都市委书记在一次基层走访调研时，初步接触了社会企业的概念，认识到社会企业这一新生事物，对于缓解财政压力、改善社会组织造血功能不足、促进社区发展治理、调动居民参与社区治理、改善社区环境具有积极意义。其立即指示市工商局（现市市场监督管理局）、市民政局结合职能，开展社会企业培育和发展工作计划的专题研究。经过一段时间的调研，成都市工商局形成了《关于新型社会组织—社会发展调研情况的报告》（成工商专报〔2017〕16 号），受到成都市委、市政府的高度重视。随后，成都市委、市政府在《关

---

① 信息来源于内部资料。

于深入推进城乡社区发展治理建设高品质和谐宜居生活社区的意见》《成都市社区发展治理"五大行动"三年计划》两份文件中，明确将"鼓励社区探索创办服务居民的社会企业""制定扶持社会企业发展的办法"相关牵头工作交给了成都市工商局。自此，成都市创新性地将社会企业纳入城乡社区发展治理多元主体之中，成为全国首个在全市层面以政府主导推动社会企业培育发展的城市，成都市市场监督管理局作为牵头部门率先在全国建立了社会企业全生命周期政策保障体系，确定了培育发展社会企业的"3323"保障机制，社会企业申报与认定数量位居全国第一。截至2022年底，成都市已有各类社会企业193家，占全国已认定的各类社会企业总数的27.18%。①

2022年6月成立的成都市社会企业发展促进会，为成都、德阳、眉山、资阳等多地的各类社会企业提供专业支持。2022年7月，全国首个社会企业投融资交易平台——"天府股交社会企业板"也在成都挂牌开板。同时，成都市相关政府部门支持促进会等行业组织在"天府市民云"建立"成都市社会企业"专栏并赋予45家社会企业"优质商家"标志，参与社区商业好项目展演，搭建社会企业社区对接平台。

内江市作为一个内陆城市，在学习借鉴成都市社会企业发展经验的基础上，以持续深化商事制度改革，创新市场主体参与基层治理，探索社会资本依法参与公益事业新路径为目标，积极发展以"以服务社会或创新公共服务供给为目标，以商业模式解决基层治理问题为手段，并取得明显社会成果的企业"为定义的社会企业，明确了社会企业兼具社会目标和商业运营的属性。内江市出台了《内江市社会企业登记管理办法（试行）》（2020年9月），重点培育领域涉及医养康养、早教教育、家政服务、室内装修维修和物业管理等5个行业的新设立登记社会企业、非营利社会组织转型为社会企业和市外社会企业到本市设立分支机构的社会企业。内江市还明文规定社会企业应在其公司章程中明确其生产经营产品（服务）价格低于市场价的

---

① 信息来源于《成都市社会企业发展报告（2018~2022）》（内部资料）。

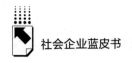

10%或公司收益（税后）用于公益事业的占比不低于10%，并将该占比作为社会企业评价的重要指标之一。

泸州市市场监督管理局联合泸州市委城乡基层治理委员会办公室联合出台了《泸州市培育社会企业促进城乡基层治理创新工作方案》，方案着重在涉及民生的社区生活性服务和服务农村农业等方面，鼓励、扶持和发展社会企业。聚焦社区居民迫切需要的家庭服务、就业援助、扶贫帮困、养老助老、助残救孤等基本民生服务项目，以及扶持面向农民的农业经济合作服务等服务农村经济发展的社会企业。

《绵阳市人民政府办公室印发关于大力培育发展社会企业的实施意见（试行）的通知》（绵府办发〔2020〕43号）中提出对社会企业实行"申请承诺+评审认证"制度，凡投资创办社会企业的市场主体，应向登记机关申请承诺投资创办社会企业的宗旨和目标，承诺企业回馈社会的利润留成比例，并以章程约定的形式固化应履行的职责和义务。据统计，截至2022年8月底，绵阳全市共有社会企业32家。从注册方式上看，既有直接登记注册的情况（如绵阳绵州春天居民服务社会企业有限公司、绵阳市花开居民服务社会企业有限公司），也有公司认证转型的情况（如江油市龙泰居民服务社会企业有限公司）。从股权结构上看，有纯社会资本登记的情况（如绵阳新创享居民服务社会企业有限公司），也有社区以闲置资产入股的情况（如四川美舍宜居居民服务社会企业有限公司，韩家脊社区占股51%）。从区域分布上看，涪城（14家）、游仙（4家）、安州（2家）、江油（4家）、经开（3家）、仙海（2家）、梓潼（2家）、科技城新区（1家）均有分布，但仍有以农业为主的三台、盐亭和山区县平武、北川以及园区中的高新区还没有社会企业。①

2023年6月，《自贡市沿滩区社区社会企业培育支持暂行办法（征求意见稿）》出台，从鼓励社区经济发展，推动城乡社区治理体系和治理能力现代化入手，由社区居民委员会作为基层群众性自治组织特别法人单独出资

---

① 《关于绵阳市社会企业参与基层治理的情况报告》（内部文件）。

成立，以创新商业模式、市场化运作为主要手段，积极发展服务于社区居民，参与社区治理的新型社会企业形态——社区社会企业。截至 2023 年 5 月，自贡市已注册成立 12 家社区社会企业，其中有 10 家位于自流井区。①

宜宾市社会企业政策尚不清晰，但创新十足，宜宾市可直接在工商行政部门登记注册带有"社会企业"字号的公司，其也是目前除成都市、绵阳市外，全国为数不多的可以直接登记注册为社会企业的城市。据不完全统计，宜宾市目前已有 5 家注册为"社会企业"的公司。

从上述城市的社会企业发展路径可以看出，各地市均明确关注社会企业的"身份识别"。基本上明确了社会企业是企业登记注册并需认定，以解决社会问题、改善社会治理、服务于弱势或社区利益为企业创立的宗旨，以创新商业模式、市场化运作为主要手段，所得部分盈利按照其社会目标再投入自身业务、所在社区或公益事业，且社会目标持续稳定的特定企业。对中国社会企业的定义、定位有重要的促进作用。同时，我们也发现，各地的社会企业发展明显呈现不均衡、不充分、不系统的弊端，对发展社会企业的意义、作用与价值认识不足，社会企业本身作为以小微企业为主的形态，对政策过度依赖，自身经营能力弱，社会价值评估不足，大众认知缺乏是这些问题存在的主要原因。

三 发展成效

以成都市为例进行分析。成都从社区发展治理、市场、政策设计和支持体系有机统一的角度设计、制定并实施了一系列专门针对社会企业的支持政策和培育体系，社会企业的认定、培育、发展和监督工作取得了明显的成效。

一是初步构建起认定规范、政策完备、育管并举的社会企业发展培育制

---

① 刘刚、梁黔渝：《自贡自流井："三举措"助力社区企业开办》，https://baijiahao. baidu. com/s？id＝1765306171&409092482wfr＝spider&for＝pc，最后访问日期：2023 年 5 月 8 日。

度体系。在市级层面，成都在全国最先出台了《关于培育社会企业促进社区发展治理的意见》，制定了《关于改革公共服务供给体制机制加快社会企业培育发展的通知》《关于发挥工商行政管理职能培育社会企业发展的实施意见》《成都市社会企业评审管理办法》等涵盖顶层设计、认定、服务、培训、孵化、监督、信息透明等 7 个方面的重要配套文件；在区级层面，武侯区、成华区、金牛区、温江区、郫都区、简阳市、大邑县、新都区、青白江区等 9 个区（市、县）结合辖区居民需求、本地产业优势与社会企业发展路径，制定了具体支持社会企业发展的政策体系，在社区建成微型孵化基地18 个，征集观察社会企业 600 余家，且呈现增长趋势。

二是切实促进了社会企业产业链条的加快形成，契合了社区居民的多样化需求。社会企业已在各区（市、县）实现基本覆盖，并重点集中在社区发展、养老、普惠教育、环保、无障碍等重点民生领域，涌现出朗力养老、中和农道、五星启扬、智乐物业、童萌等一批国内外知名的社会企业，基本形成品牌社会企业发展趋势。从 2018～2021 年申请参加成都市社会企业评审认定的机构来看，70% 以上申报机构关注领域集中在社区发展、乡村振兴、青少年（儿童）教育、医疗健康、养老等社区服务类项目，有效解决了公共服务社会主体不足的问题，不断适应群众的多元化生活需求。

三是有效探索了运用社会力量解决社会问题、促进社区发展、促进集体经济转型，成为成都推动社会治理创新的新路径。从成都市社会企业发展数据来看，社区是社会企业发挥作用的主阵地，社区潜藏着巨大的服务需求，为社会企业的发展带来了广阔空间，吸引各类优质社会主体和资源汇聚到社区发展治理领域。成都市社会企业综合服务平台作为成都市社会企业的认定服务平台，在近年组织了各类社会企业活动超过 280 场次，组织社会企业社区对接会 10 余场，发布社区需求项目 1500 余个，超过 200 个社会企业和市场主体报名响应，吸引了来自国内外的 90 余家社会企业参与，其中 10 余家社会企业落户成都，在全国业内形成了强烈反响和良好示范。成都已成为全国社会企业数量最多的城市。

四是社会企业提供了一定的就业岗位，实现了市场收入与社会目标的平衡。自 2018 年成都市首次开展社会企业认定工作以来，截至 2022 年底，五年来共认定各类社会企业 193 家，其中在有效期内的成都市认定社会企业 126 家（2018~2019 年合计认定 39 家，2020 年认定社会企业 33 家，2021 年认定社会企业 27 家，2022 年认定社会企业 37 家，不含摘牌社会企业 10 家），资产总额约为 59.46 亿元，年度营业收入总额为 6.68 亿元。从业人员合计 2785 人，平均每家社会企业提供 22.1 个就业岗位。[①] 社会企业已经成为调动社会资源参与社会治理的有效路径，成为保民生、促就业、新经济、新发展的新生力量。

四 成都社会企业培育经验

成都市作为全国社会企业发展的高地，其政策支持、行业生态建设、社会企业培育与实践工作对各地发展社会企业都具有启示意义。成都推动引导社会企业参与社区治理和社会服务相关经验梳理如下。

（一）制度设计

2018 年至今，成都市社会企业工作一直走在全国前列，主要特点表现为创新制度设计、促进社会企业参与城乡社区发展治理、多部门联动为社会企业保驾护航等，为成都全市上下开展社会企业服务、提供社区服务、创新公共服务供给等奠定了良好的基础。

1. 创新制度设计，构建"成都3323社会企业保障"机制

明确成都社会企业由企业认定而来，同时明确由成都市市场监督管理局作为业务主责部门。这一点与北京、深圳、顺德等城区由当地社工委、民政系统管辖培育传统社会组织转型社会企业有明显不同。2018 年，《成都市人民政府办公厅关于培育社会企业促进社区发展治理的意见》 （成办函

[①] 《成都市社会企业发展报告（2018~2022）》（内部资料）。

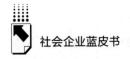
〔2018〕61号）出台，并配套出台了《关于发挥工商行政管理职能培育社会企业发展的实施意见》（成工商发〔2018〕25号）等一系列文件，从制度上确定了成都市培育发展社会企业的路径与战略方向。"成都3323社会企业保障"机制，包括成都市社会企业发展的三大原则，社会企业培育的三大体系，社会企业服务与信用公示的两大平台，以及成都市社会企业认定的三项制度。

2. 成都市社会企业发展的三大原则

成都市社会企业发展的三大原则包括坚持社会目标导向、市场机制驱动的原则，坚持党委/政府引导、社会各方参与的原则，坚持创新思维、提升发展能力的原则。从而构建了社会企业培育的三大体系（成都市社会企业培育发展体系、社会企业政策支持体系及社会企业监管服务体系），明确了社会企业培育发展的重点任务。社会企业服务与信用公示的两大平台（系统），即社会企业综合服务平台和社会企业信用公示平台，初步构建了成都市社会企业综合服务的生态体系。

成都市社会企业认定的三项制度包括社会企业评审认定制度、社会企业信息公开披露制度、社会企业退出（摘牌）制度。同时在国内首次明确社会企业是由认定而产生，而非登记而产生（与绵阳、宜宾的承诺制不同），明确认定前、认定中及认定后全流程公开透明，杜绝暗箱操作，同时明确社会企业认定期限为3年，并非永久认定，对不符合要求的社会企业有退出（摘牌）制度，杜绝劣币驱逐良币的情况，确保成都市社会企业生态健康发展。

3. 促进社区治理多元主体的发展，有效增强社区活力

成都市培育发展社会企业以来，有效地激发了基层社区发展治理的新思维和新方法。据了解，通过认定，社会企业身份和价值得到了社会各方的进一步认同，加速了社会企业与社区在商业模式复制、社会企业孵化等方面的合作；城乡社区居委会（村委会）也积极探索运作市场思维通过设立社区企业来整合、运营社区的公共资源，改善社区环境、社会秩序，提供公共服务，提升公共服务水平，营造良好营商环境，促进社区居民就业创业，使社区居民幸福感、获得感进一步增强；同时各类社会组织在转变经营思路、改变运营模式、加强社会合作、提升服务水平、实现可持续发展等方面也有了积极的进展。

4. 多部门联动，推进成都市社会企业支持体系出台

成都市委社治委、各区（市、县）社治委、各区（市、县）市场监督管理局积极行动，结合辖区产业优势与社会企业发展路径，以负责任的态度、专业的调研、科学的设计，为成都市各类社会企业、观察社会企业提供明确、有效的社会企业政策支持体系，极大促进成都市社会企业的发展。

5. 坚持育管并重，成效优先

成都市自 2023 年起明确了发展社区社会企业、育管并重的发展目标。成都市联合北京大学等科研院校设计了成都市社会企业影响力评估体系2.0 版。引入专业社会企业服务机构，在全市层面开展社会企业影响力评估工作，通过影响力评估，及时发现社会目标不稳定的企业，给予预警或摘牌，以保障社会企业的品牌价值，防范社会风险。在信用中国（四川）开设社会企业专栏，建立季度信用积分动态提示机制，常态化开展影响力评估。截至 2023 年 6 月，企业经营模式调整导致其社会属性降低、社会使命漂移，已经摘牌的成都市社会企业有 10 家，占已认定成都市社会企业的 7.9%。

上述工作原则、制度文件、服务体系是成都市在社会治理、新经济领域的一项创新。特别是在国内其他城市尚未对社会企业做出专门立法与政策支持前，在现有的法律法规与商业逻辑框架下，成都市通过采取政府社会合作的方式，构建了社会企业的全生命周期政策保障体系，这是目前国内领先的政策制度创新。这些成绩得益于以下五个原因：一是依托于成都市委、市政府的顶层设计；二是依托于成都市社会治理创新；三是依托于成都市开放包容的城市精神；四是依托于成都市一批使命感与创新性兼顾的优秀干部；五是依托于成都市委社治委、成都市市场监督管理局等各部门，通过党政不同的支持，实现了成都市在社会企业方面的"七个第一"：社会企业支持政策全国第一；社会企业服务空间与专业服务机构全国第一；社会企业申报与认

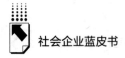

定数量全国第一；第一个以全市之力推动社会企业参与社区服务的城市；第一个从全市角度推动社会企业发展的城市；第一个明确社会企业不因登记而产生，而需要评审认定而产生的城市；第一个将社会企业作为经营特点标注在企业登记注册名称中的城市。

（二）成都培育发展社会企业的原因

1. 培育发展社会企业是顺应城市转型发展的需要

城市治理是一个多维的生态系统，需要多元的社会力量参与。社会企业的概念于 2004 年传入中国，已在北京、广东深圳、上海、安徽等多个地区的不同领域逐步兴起并不断发展壮大。由于社会企业自身具备的社会属性、市场的可持续发展能力及对环境的正向促进，学术界加大了对中国社会企业的研究力度，吸引了社会各界的关注与参与。成都市自 2003 年启动统筹城乡综合配套改革以来，着力推动社区"还权、赋能、归位"，加之 2008 年大地震后，大量的社区自治组织和社会组织应运而生，为成都市社会企业的培育发展奠定了良好基础。为此，成都顺应国家中心城市及特大型城市发展治理的基本需求，以培育发展社会企业助推城乡社区发展治理，加快建设全面体现新发展理念的城市，这是立足于成都历史背景、促进城市发展的现实之需。

2. 发展社会企业是满足群众多元生活需求的需要

截至 2022 年，成都市实际管理人口达 2100 万人，城市的空间结构、经济结构、社会结构发生深刻变革，各类主体利益诉求复杂多样，需求广泛，老龄化、青少年发展、儿童教育、弱势群体的社会融入、农村发展、物业服务等成为当前及未来社会发展面临的巨大挑战。各级政府通过政策引导、购买服务，与社会组织、公益机构开展合作，取得了不错的社会效益。在一些社会领域，项目化发展完全可以向着自我造血的社会企业发展。同时，为了鼓励社会多元力量参与社会问题的解决，减轻各级政府财政压力，社会企业作为一股新兴的社会治理力量应运而生，其主要通过市场化方式，整合社会资源来解决社会问题，它既能丰富完善政府所提供的基本公共服务，又能以商业运营手段实现"自我造血",解决政府做不了、市场不愿做、公益慈善做不好的社会问题,在兼顾社会效益、实现经济与环境的可持续发展上找到结合点,能满足社会、社区和居民等利益相关方的多元需求,提供更多个性化和综合性的服务选择与发展路径。

3. 发展社会企业是增强社区发展治理活力的需要

相较于传统的社会组织,企业一般具有更强的市场敏锐性、行业前瞻性和创新能力,但以纯商业方式运作的企业要在社区和小区开展服务和经营活动,需要相对较长的时间与居民建立紧密联系和深度信任,企业成本高,投入多,产出慢,少有企业愿意长此以往地投入。而社会企业在理论上兼具社会属性与商业属性,且对环境为正向影响。在实际工作中,在党建引领下,会更容易得到社会、社区、政府、居民的认可和支持。

五 面临的一些问题与思考

综上所述,以成都为核心的四川社会企业发展呈现创新、多元、治理与可持续的特点,但依然出现一些问题需要关注和进一步思考。

(一)厘清概念,把握社会企业特征

社会企业作为一种新型组织形态,兼具社会属性和经济属性,能够通过市场手段解决社会问题,促进社会建设、激发社会活力、调动社会积极性,助力解决社会公共服务需求和供给不充分之间的矛盾,对促进社会治理能力现代化和共同富裕有重要的现实意义。从这几年成都市及周边城市社会企业发展的情况来看,一是目前社会企业缺乏专有的法律身份,国家层面尚未出台有关社会企业的法律法规,省/市层面出台的社会企业政策可能难有依据。二是社会企业商业属性和社会属性之间的界定标准和尺度难以判断、衡量,而且社会使命随着企业的发展可能发生偏离;社会公众对社会企业的认知度和关注度不高,大部分政府部门和社会公众对其概念和功能还不够了解;理论界、实务界对其与社会组织、传统企业社会责任的边界认知还不够统一，对其社会价值目标、治理模式、利润分配、资产锁定、责任承担、绩效评价等核心要素的具体内容和评价标准尚未达成共识。从已有的实践案例来看，四川各地大多以依法登记的企业为主体，以社会企业认定为引导，以提供政策扶持为支撑，以履行社会责任为目标，推动社会企业发展。我们相信，随着各地社会企业的实践和理论不断创新发展，社会企业的定位会越来越统一，功能会越来越强大，范围会越来越广泛，相关法律法规会逐步完善，社会企业发展空间也会不断拓展。

（二）社会企业宣传推广支持力度不够

以成都市为例，虽然成都市社会企业发展处于全国领先水平，但相较于我国香港等地，社会企业的宣传推广支持力度远远不够。现实中，社会公众、基层干部不了解社会企业，使得社会企业在进入社区为居民提供服务时，面临不被认知和了解，甚至是质疑的情况，为社会企业的业务拓展增加了无形的障碍。同时，社会企业有效的宣传渠道较少，尽管在部分主管单位、社会企业综合服务平台中有关于社会企业的宣传，但是在传统媒体及影响力大的自媒体渠道仍鲜有报道。

（三）大部分社会企业属于中小微企业

截至目前，四川各地的社会企业多属于小微企业，与传统企业一样面临组织化程度不高、人才流失严重、财务管理不规范等问题。但相对于普通企业，社会企业明显具有社会、市场和环境的三重属性，经营难度更大，可借鉴内容更少，专业团队缺乏，对社会企业家的综合要求也更高，这些都考验着社会企业的初心、使命与能力，影响着社会企业可持续发展。社会企业在实际的运营过程中也比传统企业背负着更多的"道德挑战"的压力，比社会组织具备更富有创新性、市场性的运营能力与方法论，使得部分社会企业面临"使命"还是"活命"的选择，远未达到理想层面的社会企业发展生态。

（四）社会企业生态建设困难

从构建社会企业生态的角度来说，成都市是目前四川省，甚至是全国较少的初步建立起社会企业良性运转生态资源对接系统的城市，但相对于英国、美国和我国香港等社会企业发达国家和地区，四川省应加快社会企业支持政策的出台，加大社会企业人才的培育力度，吸引更多的利益相关方加入社会企业生态体系，包括但不限于各级政府、社区、居民、员工、社会组织、企业、影响力投资者、重要的合作伙伴、中介支持机构、独立评估方、研究机构、智库和学者等，建立起有目标、有价值、有标准、有成果、有评价的社会企业生态体系，方可有效解决社会企业行业缺少交流、交易、交智的痛点。其中，赋能型孵化机构更是稀缺。社会企业要从传统企业或社会组织转型到良心企业再发展到社会企业，单靠社会企业家自身的力量远远不够，除了需要更多的支持政策，更需专业的社会企业认定、培育机构根据各类社会企业发展的不同阶段，有针对性地为社会企业和社会企业家提供赋能支持。

（五）社会企业监管难度大

社会企业监管体系设计在国内尚无先例可借鉴，四川省目前仅有成都市、绵阳市、内江市等城市设置了从认定到服务再到监督的管理体系。其中成都市作为社会企业发展高地，采取了先行先试的方式，委托专业机构，并参考行业专家意见提出了"轻触式"的社会企业监管原则，将社会企业的监管工作划分为经济属性监管和社会属性监管，即在依法实施经济属性监管的同时，以影响力评估、社会企业复审等方式创新开展社会企业的社会属性监管。但由于社会属性监管不具有法律约束力，监管效果依赖社会企业自觉自愿性，因此监管效果难以保障。其他地市的社会企业监管目前还以自觉、自律为主。国际认可的社会企业影响力评估体系如 SROI、GIIN、BIA 等在国内还属初步探索阶段，未来应加强对社会企业的影响力评估，鼓励将认定和服务与影响力评估有效结合，推进社会企业评估高质量发展。

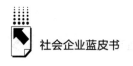
六　工作展望

（一）正本清源，坚持社会属性与市场发展两手都要硬

社会企业是容易标榜的，社会企业家是凤毛麟角的，但社会企业家精神是应当普及的（毛基业等，2020）。社会企业概念虽是舶来品，但"社会企业家精神"根植于中国传统文化，其内涵与"穷则独善其身，达则兼济天下""后其身而身先，外其身而身存"等传统价值理念一脉相承。四川社会企业的发展一直是以坚持服务社区、参与社会治理为初心，在此基础上，应加大对各类企业、社会组织、社创项目向社会企业转型的支持力度，降低社会企业注册运营难度，各地应提供便捷的社会企业登记通道，加大各类社会企业培育力度，确保社会企业数量与质量均衡发展，确保社会属性与市场发展两手都要硬。

（二）坚持健康发展原则，构建生态系统

进一步坚定"社会目标导向、市场机制驱动、党委/政府引导、社会各方参与"的社会企业发展原则，在发挥党委和政府的引导作用的基础上，撬动更广泛的社会力量参与和支持社会企业生态体系构建。以社会企业价值理念为纽带，推动社会企业培育发展工作向纵深发展，以求真务实之精神助力社会企业家成长和社会企业规范、健康发展。社会企业作为创新主体已经逐渐超越了传统的政府部门职能边界，为此亟须构建一个由政府部门、研究机构、社会组织、社会企业、社会公众、其他商业机构、专业组织等多元主体共同参与的中国社会企业发展生态系统，为包括政府相关部门、国有大中型企业、行业龙头骨干企业、各类创业投资基金、创新创业人才在内的各类社会力量参与社会企业事业提供明确的定位和指向，培育孵化更多具备创新意识、社会企业家精神、创新商业模式的社会组织、传统企业转型为社会企业，满足各地社会、经济、生态环境发展需求。

（三）支持社区社会企业发展，畅通社区与社会企业对接机制

成都市、绵阳市、自贡市等城市正在探索的社区社会企业是符合中国社会治理与发展的实际需求，具有中国特色的社会企业发展之路。截至 2023 年 6 月，仅成都一地，就有 226 家社区成立的企业投入运营①，为在地的社区治理现代化、创新公共服务供给、盘活社区资源提供了大量的成功案例。建议在未来，各地以四川为样板，积极支持符合条件的社区成立社区社会企业，在政府力所不及、传统企业不愿做、部分社会组织做不好的社会领域发挥积极作用。

（四）坚持服务与监管并重

以多元主体为基础，积极构建从省、市、区到街道的社会企业立体支持体系，以社区为场景，以人民为中心，以需求为导向，打造定位精确、社会目标清晰、运营标准化、服务专业化的社会企业服务与产品。实时开展社会企业经济属性监管与社会属性监管。建立相对统一且符合中国国情的社会企业影响力评估体系，根据社会企业服务质量按成果付费。对于不符合标准要求的社会企业坚决摘牌，确保社会企业队伍良性发展。

（五）加大社会企业传播力度

大力弘扬社会企业家精神，培育发展有中国特色的社会企业，是解读新时代背景下企业家精神、创新企业社会责任、构建符合新时代背景的现代公司制度的重要载体和有效形式。树立重要的社会企业典范，让社会企业始终被政府、企业、社区和人民看见，可以在一定程度上发挥社会企业的行业影响力、区域影响力、社会影响力和环境影响力。为此，建议省、市、区各级政府宣传部门积极参与，积极拓展有效的宣传渠道，落实社会企业支持政策，加大社会企业典型案例、商业模式及产品服务的宣传推广力度，构建良好的社会企业生态体系。

---

① 信息来源于成都市社会企业发展促进会《成都市社区社会企业调研报告》，2023 年 3 月 29 日。

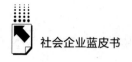

（六）探索金融体系参与社会企业发展

依托天府股交社会企业板这一核心基础设施，在现行法律法规的基础上，科学探索社会企业与各类金融工具相结合，在有条件的区域试点 ESG 投资、影响力债券、慈善信托、DAF（捐赠人指定基金）、社会企业小额信贷等公益金融工具，通过金融工具放大社会企业影响力与可持续发展能力，合理提升社会企业经营品质与规模。同时，鼓励各类市场资本了解社会企业，探索创立社会企业风险投资基金助力社会企业融资。

（七）坚持城乡协调、类型多元的整体发展格局

以四川为例，成都作为国家中心城市的社会企业发展路径与绵阳、内江、宜宾等城市的发展路径明显不同。建议四川省各地结合实际制定相应的社会企业培育发展政策。如内江市重点将专注于农业产业发展、农村文化振兴以及服务农村社区发展治理的农民专业合作社纳入社会企业评审认定范围，以满足远郊区县城乡社区发展治理需要。同时应加强引导社区社会企业发展，鼓励支持各类社会企业参与社区发展服务。探索信托制物业社会企业发展与服务，重点围绕市民意见大、投诉热点多的老旧院落及三无小区、农迁安置物业服务开展社会企业试点，提升居民居住满意度，开展社区治理，重点挖掘、培育社会目标清晰且稳定、创新与科技含量高、市场需求广泛且接受程度高、标准化且可复制性强的各类社会企业，从而构建错落有致、层次分明的四川社会企业发展矩阵，实现社会、经济与环境同步的可持续发展、高质量发展的良好局面。

参考文献

毛基业、赵萌、王建英等，2020，《社会企业家精神（第二辑）：社会使命稳健性的概念与实践》，中国人民大学出版社。

B.14
香港社会企业发展报告

田蓉 王君*

摘　要： 我国香港社会企业经历了 20 世纪 80 年代类社会企业项目以及 21 世纪早期工作整合型社会企业的发展，逐渐迈入时下更加多元市场导向的社会企业发展阶段。香港社会企业生态系统经过多年发展已逐渐成熟，在此过程中政府政策倡导与扶持、官商民跨界合作增能以及社会公众意识的逐步培育可谓其生态系统发展的关键要素。本报告首先介绍了香港社会企业的缘起与当前发展现状，重点呈现了 2021~2022 年香港社会企业在服务领域、社会目标、资金来源、社企认证等维度的发展概况。然后进一步分析阐释了香港社会企业发展面临的问题与挑战，并提出优化香港社企政策环境、加大香港社企行业的支持力度以及提升社会公众对社企的认知水平等对策与建议。

关键词： 社会企业生态　跨界合作　香港　工作整合

一　香港社会企业发展缘起

在香港，社会企业（以下简称"社企"）并没有统一的定义。根据香港民政事务总署的界定，"社会企业是一盘生意，以达至某种社会目的"

---

* 田蓉，南京大学社会学院副教授，主要研究方向为社会福利与非营利组织发展、社会企业、社区基金；王君，香港中文大学社会工作学系博士研究生，主要研究方向为社会企业与障碍人士社会福利。

（陈锦棠，2018）。香港社会企业总会认为社企所得利润主要用作再投资于本身业务，务求达到既定社会目的，而非分派给股东。① 社企从事的是共益性事业，其重视社会价值甚于追求商业利润最大化。②

香港社企的兴起与香港非营利部门转型密切相关。受公共服务部门新管理主义改革影响，一些非营利组织逐渐向社企转型，以求让机构资源多元化（田蓉，2013）。其实早在20世纪80年代，香港民间社会就已经出现社企的雏形，民间社会服务机构模拟企业形态运作，自负盈亏。从90年代开始，香港已经出现实验性本土经济发展项目，旨在帮助社会上弱势和被排斥群体应对经济困难。这些项目如二手货物互助超市、陪月和陪诊等业务（官有垣等，2012）。自2000年之后，一大批非营利组织申请政府的资助计划成立社企，社企的数目大幅提升。随后，香港陆续出现为社企发展提供支援的社企网络联盟性组织。2006年成立的社会企业资源中心，鼓励跨界合作，为社企提供咨询、培训等支援服务，倡导社企的社会价值，推广社会企业家精神。由本地社企创业家组成的社会创业论坛亦于2008年正式成立，旨在联结有志社会企业家，助力本地社会企业家精神的发展。次年，香港社会企业总会正式成立，由香港社企代表组成，旨在促进香港社企界的联系与合作。伴随着民间社会企业家精神的发展，香港正经历从传统慈善向现代慈善的转变，民众也开始认同并支持"良心消费"③，更愿意为社企产品和服务消费。

香港社会创新论坛梳理了香港社企发展历史，将其分为三个阶段：1980~2001年的"类社企阶段"，2002~2018年的"政策推动阶段"，2019年至今的"多元市场导向阶段"。1980~2001年涌现的"类社企"的组织形态，包括当时的"庇护工场"或面向社会边缘群体的"工作整合计划"、

---

① 《什么是社会企业》，https://sechamber.hk/what-is-social-enterprise/，最后访问日期：2023年8月21日。
② 《社会企业商务中心》，https://www.wikiwand.com/zh-cn/社会企业商务中心，最后访问日期：2023年8月21日。
③ 良知消费（ethical consumerism）又称良心消费、道德消费、道义消费，是指购买符合道德良知的商品。一般而言，这是指没有伤害或剥削人类、动物或自然环境的商品。

"法律并未承认"的社会企业以及非政府组织旗下的营利性单位三大类别。2002~2003 年香港经济增长乏力，社企被视为纾困与就业重要策略得到政府重视，开启其第二阶段发展历程。2001 年可谓香港社企发展的分水岭，香港特区政府开始陆续设立相关基金及支持政策，鼓励社企发展，"社会企业"这一概念也开始被广泛使用。此阶段，香港特区政府扶贫署颁布"创业展才能"及"伙伴倡自强"两项重要资助方案，鼓励民间成立社企缓解就业危机。2008 年，社会创业论坛、社会企业商务中心以及社会企业峰会三大社企平台的成立，为香港社企发展奠定了重要的行业平台基础。此后十年，社企行业在政府政策与民间力量支持下持续探索，不断影响商业伙伴与社会大众逐渐认识社企价值，给予更多关注与支持。当前，香港社企处于其第三阶段，越来越多政府部门、社会影响力投资者以及教育领域参与到社企发展中，共同探索香港社企市场化发展新路径（Tse et al.，2023；The British Council，2020）。

二 香港社会企业发展现状

（一）2021~2022年香港社企领域概览

据 2022~2023 年香港《社企指南》[①]，截至 2022 年 4 月，香港社企单位总计 711 家，较 2021 年增加约 7.9%。从发展趋势来看，2007~2008 年至 2017~2018 年这 10 年，香港社企单位数量一直保持强劲的增长态势，随后略有波动，2021~2022 年又开始呈现增长态势（见图 1）。41.5% 的香港社企单位坐落于九龙，位于新界与港岛的社企分别占 34.3% 与 20.7%。

1. 服务领域

从服务领域来看，香港社企服务多集中于教育及培训、健康护理及医疗

[①] 香港社会企业商务中心自 2007 年开始每年编制《社企指南》，梳理香港社企的资料供公众查阅。

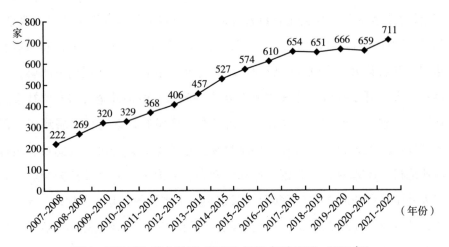

图 1 香港历年社企数量（2007~2008 年至 2021~2022 年）

资料来源：《"社企指南 2022/23"数字概览》，https：//www. hkcss. org. hk/《社企指南 2022-23》数字概览/，最后访问日期：2023 年 11 月 3 日。

和生活百货领域（$n=530$）；其次是饮食、爱惜地球、艺术文化以及企业服务及商务支援领域（$n=456$）；而照顾服务、家居、运输和个人护理领域分布较少（$n=134$）（见图 2）。

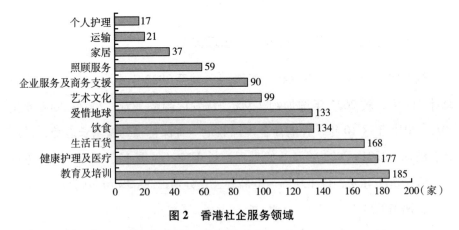

图 2 香港社企服务领域

说明：此表中所统计社企单位的服务领域，部分涉及多领域。

资料来源：《"社企指南 2022/23"数字概览》，https：//www. hkcss. org. hk/《社企指南 2022-23》数字概览/，最后访问日期：2023 年 11 月 3 日。

2. 社会目标

就社会目标而言，社企单位主要聚焦于就业融合，其次是促进社区共融，而推广公平贸易、扶贫等方向较少（见图3）。

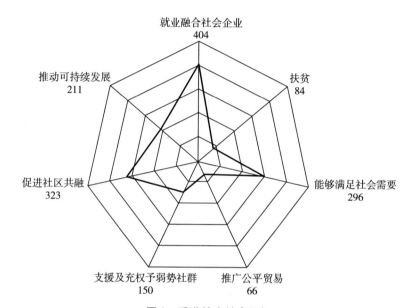

图 3　香港社企社会目标

资料来源：《"社企指南 2022/23" 数字概览》，https：//www.hkcss.org.hk/《社企指南 2022-23》数字概览/，最后访问日期：2023 年 11 月 3 日。

3. 资金来源

香港社企的资金来源包括市场销售收入、各类政府资助以及公众捐赠等。社企在不同类型的市场进行交易获得资金。一项针对 146 家香港社企的问卷调研显示，37% 的社企回应其收入主要源自面向大众消费者的销售收入，17% 的社企收入主要源自企业交易，此外，交易收入源自非营利领域或政府部门购买的分别占 13% 及 4% 的比例。14% 的社企回应其资金主要源自种子资金和孵化器/加速器的拨款，另有 5% 的资金源自慈善捐赠或其他类型资助。除市场交易收入外，社企也会获得资助及其他渠道资金。21% 的社企资金源自自筹资金，主要为创办人的个人收入；另有 17% 的社企有现金与实物以及志愿服务等各种形式的捐赠；17% 的社企有来自政府的拨款资助。值得关注的是，只有1%的社企获得商业贷款，2%的社企回应获得低息贷款（The British Council，2020）。由这些数据可知，香港社企仍然很难如小微商业企业一般，获得更多融资渠道如商业贷款来发展它们的业务。

在香港，社企有大量的种子资金支持，包括政府机构、基金以及香港赛马会等资助者。这些种子资金主要服务于社企的初创发展。2022年新增的52家香港社企单位中，26家由母机构斥资开办，18家获政府资金资助设立，亦有自资/私人投资/集资成立的社企，但通过筹款获得资金的社企较少。

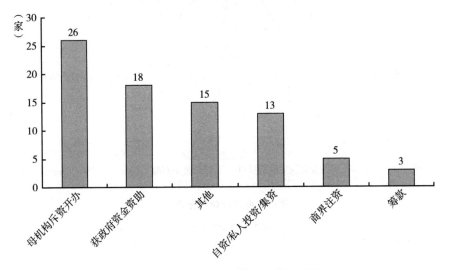

图4 香港2022年新增社企资金来源

说明：部分社企/社企项目有多于一种资金来源。

资料来源：《"社企指南2022/23"数字概览》，https://www.hkcss.org.hk/《社企指南2022-23》数字概览/，最后访问日期：2023年11月3日。

4. 社企认证

英国文化协会对于香港社企预估数、申请收录于香港社会企业商务中心《社企指南》的单位数以及通过香港社会企业总会认证的单位数不尽相同。

据英国文化协会调研统计，2020年香港社企数量粗略估计达到2936～5740家。这一数据通过对香港小微企业、合作社以及非政府组织社企可能比重推算而来（The British Council，2020）。香港社会企业总会于2013年启动社企认证筹备工作，次年全面推行首个为香港社企研发的认证平台。2016
年，香港社会企业总会成立"社企认证独立委员会"，以确保中立与公正。
迄今为止，经由香港社会企业总会认证的社企单位达到217家。社企认证等
级由低到高分为创启级、创进级以及创越级三级，各级别申请条件对于组织
的社会使命、运营年限以及财务要求做了不同要求。

据香港社会企业商务中心《社企指南申请准则》，申请在《社企指南》刊
登的社企需要满足如下要求：申请单位须依据香港有关法例注册成立，并于香
港有一年或以上之实质业务运作；申请单位须有最少一项社会目标；年度收入
有不少于50%来自产品或服务销售；申请单位若非慈善机构或列入慈善信托名
单，须签署"盈利及资产声明"，承诺发放给股东的红利，不超过年度所得盈利
的35%；购置或拥有的资产，没有转移至其他私人公司或个人名下。①

（二）香港社企运作模式

香港社企多年运作主要呈现三种模式：就业整合、社区营造和公益创投
（官有垣等，2012）。香港就业整合型社企（工作整合型社企）始现于20世
纪90年代，其目标是协助服务对象进入主流就业市场，强调自力更生和以
工代赈。这类社企的服务对象主要为妇女、低收入户、智能障碍者、失业
者、慢性精神病患者（陈锦棠，2018）。其中，就业整合型社企的资金来源
于政府资助和良心消费。从前文2022年香港社企概况介绍可见，就业整合
型社企占香港社企近六成。社区营造类社企始现于2007年，其服务当地弱
势社群，目标在于社会共融。香港特区政府民政事务署从2007年开始推出
"伙伴倡自强"种子基金，旨在集结民间各界资源，共同解决社区问题。民
间组织可以通过这个计划申请经费，为社区创造就业岗位。同时，这一计划
更为重要的作用在于助力社区资本发展，推动本地社区营造。公益创投类社
企旨在满足主流社会福利服务机构中未能满足的社会需要，因此扮演补充的

---

① 《社企指南申请准则》，http://socialenterprise.org.hk/zh-hant/content/下载区，最后访问日
期：2023年9月5日。

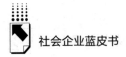

角色。与传统的社会服务有所不同的是，公益创投类社企的服务都是收费的。部分社企在成立的初期往往都是从不同的途径募集启动资金，此后则与其他商业机构一样，需要面对财政上的生存问题。这些社企盈利后的利润通常会再投资到其他服务领域，以更好地帮助服务对象与社会各界人士。

如果依据社企运作的商业模式及其组织治理结构进行分类，香港社企可归为五类运作模式（陈锦棠，2018）。（1）公司或中小企业模式（Company/Small and Medium-Sized Enterprise Model）[1]，如香港心理卫生会运营的"明途联系有限公司"，专为残障人士创造就业机会。香港民主民生协进会所成立的"民协三行工人互助工程有限公司"同样是以中小企业模式进行运作，旨在协助建造工人应对失业问题。（2）附属单位模式（Subsidiary Unit Model）[2]，如香港伤残青年协会1995年成立的"创视设计公司"，聘请有设计才能的肢体残障人士任职，就是以附属单位模式运作。（3）社会合作社模式（Social Cooperative Model）[3]，例如，香港母婴康逸协会有限公司成立于2010年，是一家以社会合作社模式运营的社会企业。受到亚洲金融危机影响，许多劳工失业，导致女性走出家庭寻找就业机会。这些女性因为工作经验及年龄等因素处于就业市场中的不利地位，选择育儿领域从事陪月员及保姆服务。社员们互帮互助，构成了就业支持网络。目前，香港母婴康逸协会有限公司的社员已遍布全港，为当地产妇与婴儿提供照顾服务的同时也为女性创造就业机会。（4）跳蚤市场模式（Flea Market Model）[4]，如香港游乐场协会在2005~2007年运营的"创艺坊"，为失业失学青年表演和售卖创意工艺

---

[1]　公司或中小企业模式：社会福利机构根据公司条例将其辖下的社企单位注册成为独立公司。母机构委派管理层人员担任社企的董事，在商业运作上给予指导和意见，但社企本身拥有独立的董事会和财务账目。

[2]　附属单位模式：社会福利机构以附属单位的形式成立社企。社企单位依附原来的机构，以非政府经常性津贴服务的形式运作。社企拥有独立的财务账目，但法律及债务责任须由原机构承担。

[3]　社会合作社模式：社企以合作社的形式成立，由成立社会合作社的成员所共同拥有。合作社中所有成员对单位的运作和发展拥有同等的决策权。

[4]　跳蚤市场模式：社企主要扮演统筹的角色，向有需要的人士提供场地，让他们售卖自己生产的产品和服务。参与人士既是生产者，同时也是销售者，直接面对市场。

作品提供租用场地。在跳蚤市场模式中，社企的服务对象是特殊租客，他们负责组织的日常运作。（5）社区社会企业模式（Community Social Enterprise Model）①，如香港圣公会麦理浩夫人中心针对当地南亚裔居民难融入问题，成立了社企，提供翻译工作，优化一系列妇女支援服务，成为南亚裔居民与当地政府部门沟通的桥梁。

（三）香港社企的价值评估

香港不同机构发展了衡量社企社会效益的不同工具，如社会企业效益工具（Social Impact Assessment Tool，SIAT）、社会投资回报（Social Return on Investment，SROI）、Sow 卡（Sow Card）等。② 社会企业效益工具由社联-汇丰社会企业商务中心与麦肯锡公司共同编制，是香港首个度量社企效益的技术工具。依托平衡计分卡（Balanced Scorecard Approach）为评估框架，发展出六大指标测量社企运营成效。六大指标包括财务可持续性、受惠者所得、就业机会、再就业情况、社区参与及公众认同、义务工作。社会投资回报评估基于七大核心原则进行，包括各持份者的参与、理解有哪些变化、将关键效益/成果币值化、仅纳入重要相关资讯、不过分夸大成果、保持公开透明以及审核成果及效益。Sow 卡由心苗亚洲基金与 B-Lab 合作编制，是机构内部对社会效益的度量工具。此评估框架旨在测量社企伴随不同社会变迁所达至的社会效益。

针对不同类型与领域的社企，香港特区政府也尝试拓展有针对性的评估机制。如在 2014 年，香港特区政府委托香港理工大学研究团队评估就业整合型社企的社会效益。三大层次（个人、人际/家庭和社区/社会层次）及四大面向（生活质素改善、提供就业、充权和预防社会排斥）界定就业整合型社企社会效益的指标维度应运而生（Leung et al.，2019）。

---

① 社区社会企业模式：针对地区的特点和地区需要，以社企的方案解决社区的问题（如弱势社群、边缘人士等），发挥社会资本效应。
② 《慈善学人｜陈锦棠：香港就业整合型社会企业的社会效益（Social Impacts）计算》，https：//www.sohu.com/a/327838818_ 669645，最后访问日期：2023 年 7 月 3 日。

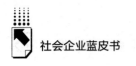

三 香港社会企业发展生态分析

梳理香港社企发展情况可见，香港社企生态系统相对成熟。各类行业中介组织、商会以及社企单位已经初具规模，相得益彰。政府倡导支持、商界行业引领、民间积极创新可谓其发展动力。香港生态系统孕育过程中，政府扶持、跨界合作以及公众意识的培育可谓其生态系统逐渐成熟的关键要素。

（一）政府政策倡导与支持

香港特区政府为本地社企的发展提供了政策与资源等多维支持。2000年以来，香港特区政府推行的三项社会企业扶持计划——"创业展才能"计划①、"伙伴倡自强"社区协作计划②、社会创新及创业发展基金③，被公认为香港社企发展史上具有里程碑意义的政策创新。

1. "创业展才能"计划

在2001~2002年的《财政预算案》中，香港特区政府拨出5000万港元支援残障人士就业，社会福利署随即于2001年9月启动"创业展才能"计划。④ 社会福利署设立种子基金，鼓励非政府机构为残障人士提供支持性的工作环境，并开发他们的就业潜能。2012年与2017年，香港特区政府进一步向"创业展才能"计划分别追加注资一亿港元，为残障人士创造更多就业机会。凡真正属慈善团体、具备独立的法人资格，并获授权在香港从事业务活动的非政府机构，均可申请"创业展才能"计划，每项申请最高可获

① 《"创业展才能"计划》，https：//www.swd.gov.hk/sc/pubsvc/rehab/cat_ fundtrustfinaid/enhancinge/，最后访问日期：2023年7月3日。
② 《伙伴倡自强计划》，https：//www.esr.gov.hk/sc/about_ esr.html#overview，最后访问日期：2023年7月3日。
③ 《基金概略-社创基金》，https：//sc.sie.gov.hk/TuniS/www.sie.gov.hk/tc/who-we-are/sie-fund.page，最后访问日期：2023年7月3日。
④ 《社会企业———在商业经营中实践社会使命-社企是门好生意》，https：//www.hk01.com/深度报道/354689/社会企业———在商业经营中实践社会使命-社企是门好生意，最后访问日期：2023年8月27日。

300 万港元拨款。

为改善残障人士就业处境，该计划制定了具体的细则，以保障残障雇员的参与和正常权益。例如，残障人士在每项业务中所占比例不应少于该业务受薪雇员总数的 50%。除此之外，残障雇员应享有《雇佣条例》及《最低工资条例》等法例所界定的一般雇佣福利。受到"创业展才能"计划资助的社企包括"明爱天粮包饼工房"与"'卓思廊'威尔斯亲王医院便利店"。前者由专业的烘焙师带领残障员工制作所有售卖的糕点；后者则是通过雇用残障员工协助日常店铺运作，完成收货及货品上架、盘点、收银、向顾客推销及讲解货品等工作。[①] 2019 年，社会福利署推出"创业展才能"计划优化措施，为新创社企初创成本提供支持，以鼓励其积极投身于残障人士就业融合服务。

2. "伙伴倡自强"社区协作计划

"伙伴倡自强"社区协作计划亦为对香港社企影响甚深的政府资助计划之一。2006~2007 年香港特区政府《财政预算案》中预留出了 1.5 亿港元，旨在加强以社区为本的扶贫工作，协助弱势社群自力更生。为此，民政事务总署在 2006 年 6 月推行了"伙伴倡自强"社区协作计划，提升弱势社群的技能和就业能力，促进他们的自我提升和社区融入。

该计划规定申请者必须是非营利机构，且须为法定机构或根据香港特别行政区法例〔如《公司条例》（第 32 章）、《社区条例》（第 151 章）等法例〕注册的组织；及根据《税务条例》（第 112 章）第 88 条认可可属公共性质的慈善机构和信托团体。每项计划最多可获得 300 万港元的资助，每项核准计划最长三年。除此之外，"伙伴倡自强"社区协作计划还为资助机构配对专业导师（友导计划），导师会分析学员在营商上遇到的问题，并提出意见。

3. 社会创新及创业发展基金

为进一步促进香港社企创新发展，香港特区政府于 2013 年设立了 5 亿

---

① 《创业展才能社企》，https：//www.mcor.swd.gov.hk/sc/3e.php，最后访问日期：2023 年 8 月 6 日。

港元的社会创新及创业发展基金（以下简称社创基金）。社创基金致力于促进商界、非政府机构、学术界及慈善机构与公众合作，以创新的方案解决社会问题，创造社会效益。基金为有志之士或团体提供资源，例如，开办能力提升课程、提供实践种子资金等，以协助他们扩大营运规模。

社创基金聚焦于社会创新概念而非社企本身。为推动社创生态系统发展，社创基金订立了三个优先工作范畴，即研究、能力提升和创新计划，并委聘协创机构推广不同计划，吸纳有潜质的社会创业家，提携刚起步的创业者，协助初具成效的业务扩大规模。香港特区政府在扶贫委员会下设立专责小组，监督社创基金的运作，并委聘了包括香港社联在内的四家协创机构，推展"能力提升"和"创新计划"项目，促进社会创新生态系统的发展，培育新晋社会创业家。除了一般创新项目资助形式，社创基金专责小组亦探讨新的资助模式，如股权投资、贷款担保和按效益付费（社会效益债券）等。

社创基金曾委聘香港大学展开"社创基金评估研究"，评估基金各项工作在实践基金目标方面的表现。[1] 研究团队采用纵向研究模式，截至2022年8月底，研究共检视245个资助项目。研究发现，社创基金提供的资助金额为1.02亿港元，带来总值3.6亿港元的社会效益。其中，逾半获资助项目成功将其产品或服务推出市场，获得总值超过3348万港元的毛利，资助项目的社会投资回报率估算为2.96。社创基金资助的项目为超过23.2万名受惠人士提供产品及服务，其中有儿童及青少年、长者、残障人士、不同种族人士、低收入家庭等。例如，"社交·倾"为患有自闭症的青年提供社交技巧训练；"再生玩具店·拾荒者支援计划"通过使用拾荒者收集的纸板举办玩具工作坊和展览，培养儿童、青少年和公众对拾荒者的理解和同理心。社创基金的资助项目创造了逾3100个职位，其中包括为弱势社群创造的超过2400个职位。社创基金为创新项目提供的每1港元的拨款就能为社会带来约2.96港元的效益，使资源能够产生更大价值。

---

① 《港大评估研究确认社创基金在促进社创生态系统发展的贡献》，https：//sc. sie. gov. hk/TuniS/www. sie. gov. hk/tc/who-we-are/performance. page，最后访问日期：2023年7月3日。

（二）官商民跨界合作增能

香港的社企生态系统涉及不同利益相关群体，这些群体共同孕育了社企运营与发展的生态环境。这些利益相关群体包括社企领域的推动者和能力建设者（如各类孵化器与加速器）、投资者和金融家、商业支持组织、政策制定者和高等教育机构。早在 2002 年，香港特区政府即拨款 3 亿港元成立"社区投资共享基金"，旨在促进官商民（政府、商界、民间）的跨界别协作（陈雅丽，2014）。2007 年，香港特区政府发布的《施政报告》提出，"大力发展社会企业，推动政府、民间、商界三方合作"。[①] 自 2008 年开始陆续成立的三大社企平台（社会创业论坛、社会企业商务中心以及社会企业峰会），以及 2014 年 SEE Mark 社企认证计划的启动，助推了香港社企的理念推广、能力建设与跨界协作。

1. 跨界合作开展社企理念推广

香港特区政府与学术界、民间支援服务机构合作推广社企理念、产品与服务。"社企民间高峰会"于 2007 年由香港特区政府首次主办，2008年起即改为由民间筹办、香港民政事务局支持的模式。目前社企民间高峰会不仅成为香港社企界的年度盛事，亦是国际社企领域重要会议之一。作为跨界别平台，社企民间高峰会会聚各界人士，以创新创业精神推动社会变革，同时也搭建了民间与政府合作共创的重要桥梁。为了鼓励院校学生了解社企，运用企业家精神解决社会现实问题，2007 年民政事务局开始赞助香港中文大学创业研究中心举办"香港社会企业挑战赛"。迄今为止，已有超过 9300 名来自 145 所大专院校的学生参与，发展出 1600 个社会企业创意。[②]

在大众媒体传播方面，民政事务总署制作了不少电视宣传短片，让更

---

① 《施政报告 2007 - 08 POLICY ADDRESS》，https：//www.policyaddress.gov.hk/07-08/sim/p71.html，最后访问日期：2023 年 8 月 27 日。

② 《有关 HKSEC-香港社会企业挑战赛》，https：//hksec.hk/zh/homepage-zh/#team，最后访问日期：2023 年 9 月 5 日。

多公众了解社企并支持社企产品，如"关心社企""你得我都得""寻常事认真做——寻社企"等系列特辑。在政府和商界支持下，社联-汇丰社会企业商务中心编制和更新《社企指南》、搭建"好好社企"（Good Goods）网络销售平台、开发"社企地图"等，致力于将社企推向更广的市场（罗文恩、黄英，2018）。安排社企参加不同主题的展览/展销是另一种常见的推广策略。民政事务总署举办各地区的嘉年华会，帮助社企展销各类产品与服务，如2021年在维多利亚公园举行的第55届香港品牌及产品博览会。

2. 跨界协力支持社企能力建设

除了资金支持和推广宣传外，政府、民间和商界还在社会企业能力建设方面提供诸多咨询指导、人才培养、伙伴支持等。

在咨询指导方面，香港特区政府鼓励企业家的参与，为社企引入"经理人"制度，促进扶持期后的可持续发展（解韬、吴天青，2013）。经民政事务局赞助，社会创业论坛、社联-汇丰社会企业商务中心等机构负责编制出版了《社企营商》等实务手册，为有意开办社企的人士提供运营建议和法律参考（罗文恩、黄英，2018）。同样地，香港社会服务联会成立社会企业资源中心，旨在向潜在的社会企业家提供持续顾问服务（李衍儒、江明修，2011）。

在人才培养方面，民政事务局联同社联-汇丰社会企业商务中心、香港社会企业总会等平台机构，推出一系列社企训练课程和培训工作坊，提升业界社企运营的实务能力（罗文恩、黄英，2018）。2007年，扶贫委员会为支持社会企业资源中心推动社企发展，联同四所本地大学推出首个社企证书课程。相继成立的大专院校组织（包括"丰盛社企学会""创不同""仁人学社""睿智计划"等）为社企创业家和有志于投身社企的人士提供大量能力建设服务的选择。

在伙伴支持方面，民政事务局和社会企业咨询委员会于2011年推出"社企挚友"嘉许计划，表彰曾为香港社企提供各类支援的人士及机构，以加深社会各界对社企的认识，推动跨界别力量支持社会创新（陈雅丽，2014）。除此之外，香港还有很多民间社企网络。例如，Dream Impact由90

多家社企和影响力企业组成，是香港最大的社企和影响力企业网络，致力于建立和发展香港的影响力生态系统。

（三）社企概念的社会认知现状

通过长期以来多部门对社企理念的协力推广，香港公众对社企的认同度大大提升。其中由民政事务局及青年事务局赞助、丰盛社企学会主办的"十一良心消费运动"，自2011年起推行，结合政府、商界、义工和市民的支持，集齐超过200家社企，推行一系列推广及宣传活动，借此加深公众对社企的认识，支持社企的可持续发展。① 该活动鼓励消费者和企业选购社企的产品和服务，在社企购物或消费满足顾客需要的同时，又可以帮助弱势人士。根据《香港社会企业：透视香港社企实况》（香港中文大学创业研究中心，2014），大部分香港市民早已留意到社企的出现（78.5%的受访者表示他们对社企有所听闻），其中青年人（18~29岁）和成年人（30~59岁）为数最多，分别占88.6%和81.3%，而老年人则占62.6%。关于是否认同社企营运模式的基本价值主张，有76.5%的受访者表示认同，有72.4%的受访者表示"双重底线"模式切实可行。

为鼓励更多的市民实践"为善而换"（Swap for Good）并养成在社企消费的习惯，提供方便多元的销售渠道成为关键。除了市场推广和公共教育，香港还建立了便捷的网上渠道，方便市民查找社企或购买社企产品，例如，社企与热门便利店合作，为消费者提供24小时上门取货服务，消除了消费者购买社企产品的各种时间和空间障碍（罗文恩、黄英，2018）。

四　香港社会企业发展问题与挑战

香港社企发展至今，已然成为全球社企发展的重要阵地。香港特区政府、商界与社会各领域跨界合作，共同推动着社企领域的成长。当然即使香

---

① 《十一良心消费运动》，https://www.sehk.gov.hk/tc/award.php，最后访问日期：2023年8月27日。

港社会为社企提供了比较友好的发展空间，也仍然有一些因素制约着社企的持续发展。据香港《社企指南》（2022~2023）调查数据，香港2022年新增社企单位遇到的运营困难主要包括租金昂贵、成本高昂、公众对社企认知不足以及欠缺融资渠道等问题。此外，市场与管理人才的缺乏也是制约社企发展的重要因素（见图5）。

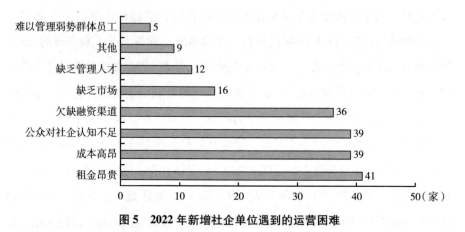

图5 2022年新增社企单位遇到的运营困难

说明：部分社企/社企项目选取多于一项。

资料来源：《"社企指南2022/23"数字概览》，https：//www.hkcss.org.hk/《社企指南2022-23》数字概览/，最后访问日期：2023年11月3日。

（一）香港特区政府扶持政策尚需优化

1.资助申请门槛高

新增社企所提及的融资困难及成本高昂的现实问题，长期以来就是制约社会创业的困难所在。尽管香港特区政府在政策层面给到社企诸多资源相关支持，但社企现实发展中想要获得这些政策支持仍然阻力重重。这些政策制约集中体现在一方面政府创业资金申请资质要求较高，另一方面社企缺乏独立法律注册身份（Ma et al.，2022）。香港特区政府非常重视公共服务领域的行政效率，惯以量化指标评估项目服务成效，而往往忽视人群服务领域的质性指标的提升。比如对于工作整合型社企而言，究竟社企单位成功解决了多少服务对象的就业问题是项目评估的重点，至于项目实施过程中服务对象可能发生的能力提升与自我发展未见得被重视。这种评估取向对于社企的发展是一种潜在深层的挑战。这些过于刻板与单一的评估指标往往阻碍了社企单位在创业过程中成功获得政府资源以及持续支持。香港社企认为"政府法规的限制"、"相关的政府部门未能有效回应需求"以及"申请补贴的程序过于复杂"等是它们面临的主要问题。①

2. 支持政策待整合

此外，香港当前关于社企的整体指导政策尚缺，没有专门部门负责社企整体发展。政府各部门政策与资源较为分散，缺乏整合性设计。在过去十年中，政府的主要支持只是提供启动资助计划，以资助为导向的做法导致了政府主管部门的多元化。根据资助政策的不同属性，社会企业的管理也被分散到不同的部门。

在香港，社企可依据不同法律条例注册成为不同组织类别，其中社团是最常见的注册身份。尽管法律身份的多元化为社企注册提供了便利，使其在现实中运作更灵活，但也在一定程度上影响到社企身份的合法性。香港社企正经历着研究者身份模糊的困境，也是学者笔下的"番茄难题"（Tse et al.，2023）。无论是政府部门还是社会公众，对于社企究竟是什么尚未达成共识，理解与认识不够明晰。当前，对于社企定义仍然较为抽象，如何在过去二十年发展基础上凝练出符合香港社会脉络特点的社企界定，甚至为这一实体拟制更清晰的法律指引，是香港特区政府有待进一步考虑的议题。基于此，在政府购买服务机制中，依据比较清晰的社企身份界定，优先采购社企提供的服务与产品可能对于社企可持续发展更加友善。同时，社企在获得商业银行贷款方面较普通小微商业企业而言更加困难，如何为社企发展提供更好的贷款或融资政策是急需解决的问题。

（二）社企营商能力有待提升

香港社企发展早期可以依赖政府及孵化器各类种子基金，但其后续发展

---

① 《香港及英国的社会企业》，https：//www. legco. gov. hk/research - publications/cn/essentials - 1617ise05 - social - enterprises - in - hong - kong - and - the - united - kingdom. htm，最后访问日期：2023 年 7 月 3 日。

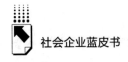

则需要更多仰仗市场交易收入。当前社企运作中面临的市场拓展、管理人才与管理能力等问题是困扰香港社企发展的重要瓶颈。香港社企多由非营利组织设立运作，与商业机构相比经营与管理经验和能力都甚为欠缺。即使是创办者商业注册发起的社企，在发展过程中也面临如何在保障社会使命前提下获得商业运营成功的挑战。这使得社企在现实运作中往往在市场营销及企业管理方面皆力不从心。传统渠道如通过庇护工厂或商店进行生产与销售、依托机构内部及所处社区网络自销等依然是社企赖以生存的路径。据 2020 年英国文化协会的社企调研结果，客户获取及市场开发、金融支持、产品与服务研发被受访社企视为最重要的三大挑战。其中，在选择最重要的挑战因素时，44%的社企选择了客户获取及市场开发这一选项（The British Council，2020）。

（三）社会公众认知仍需培育更新

公众对社企的认知不足也被 2022 年新增社企识别为重要发展阻力。香港市民对社企的认知度近年来有所提高，但对社企的社会使命仍然存在认知差异。社会公众对社企服务领域与社会使命的认知仍停留于其传统扶贫济困的印象。新增社企在环境与可持续发展、文化艺术、适老化发展等领域可以发挥的作用还鲜为居民所认识。随着老龄化程度的加深，香港社企会为长者提供 24 小时电话服务、一站式安老院舍选择建议、住所无障碍改造等。目前，即使是发展较为成熟的就业融合型社企，也致力于达成多元社会目标，不再单以提供就业为目标。许多领跑于市场的就业融合型社企在达成其就业融合目标后追求更加多元与丰富的社会目标，为社会带来深远影响。

五　香港社会企业发展对策与建议

我国香港的社企经历了 20 世纪 80 年代类社企项目以及 21 世纪早期工作整合型社企的发展，逐渐迈入时下更加多元市场导向的社企发展阶段。虽然相较于亚洲区域其他城市社企的发展，香港社企生态系统已经相对成熟，但香港社企单位自身依然较为年轻，正处于发展阶段。虽然2020年的调查显示近半数受访社企已实现自负盈亏甚至有少数已有盈利，但多数社企仍然依赖政府资助维持运作。社企对于社会发展与生态环境保护的价值已日渐得到香港特区政府与民众的关注和认可，如何更好地促进其良性发展，为其营造更友善的生态环境有待进一步探索。

（一）优化香港社企政策环境

鉴于前文所述政府扶持政策的资助申请门槛高及各部门缺乏整合的问题，在各种资助计划中，政府可以建立衡量社企绩效的专门化、系统化、统一的指标体系，强化社企问责性，提高运营效率。资助政策除了面向初创期社企的早期种子基金，如何为发展期的社企提供资金支持也亟待提上日程。针对目前香港社企资金和融资困难，政府推动发展社会投资的融资市场显得尤为关键，可以拓展"社会效益债券"等创新金融产品。除了完善资金方面的支持政策，对于教育培训领域等依赖场地、重资产的社企行业，可以适度考虑租金减免或提供资助。针对众多单位在进行市场交易时面临的获取客户难的挑战，政府部门在发放消费券刺激民众消费时亦可考虑指定比例用于社企领域消费。政府部门采购可优先考虑与选择更具社会责任内涵的社企服务或产品。

优化社企政策环境至关重要的一条是对于社企法律身份的认定。前文提及在《社企指南》申请登记时，对于非慈善机构身份注册的社企须签署"盈利及资产声明"。在现实情境中，政府与基金会仍然会更愿意与非营利组织合作，而某些利益相关主体更倾向于与营利性机构合作。介于两者之间的社企仍然因其模糊的身份面临挑战。如何优化与调整相关政策，让社企的生存获得更多合法性是政策进一步完善的方向。

（二）加大香港社企行业的支持力度

随着市场需求的增长、社会创新的推动和对企业社会责任的重视，香港社企也迎来了巨大机遇，而营销能力是将社企的吸附能力①转化为提升财务业绩的必要杠杆机制（Lee & Chandra，2020）。鉴于营销能力的重要性，社企管理人员应该投入大量精力和资源来提高营销能力，例如，比竞争对手更高效、更灵活地设计新产品/服务，制定定价策略，以及管理分销渠道活动。鉴于香港一部分社企是由非营利组织发起的，这些组织在营销方面的经验或技能往往不足，因此雇用营销专家或与之合作很重要。政府应提供足够的资源，使社企能够发展其能力。例如，政府可以制定量身定制的能力建设计划，激励商业领袖和专家向社企提供建议、培训和融资，重点关注社企的吸附能力和营销能力。这可以帮助社企提高其市场竞争力，特别是那些在竞争激烈的商业环境中与其他更精通财务的营利性企业公开竞争的社企。衡量和监测社会影响也对香港社企很重要，这关系到它们获得投资者和风险慈善家资金的商业能力。

（三）提升公众对社企的认知水平

加强公众教育是被社会企业家普遍认同的最有利于社企发展的措施。为此，应该进一步加强对社企项目的宣传，拓宽宣传渠道。例如，鼓励在街巷的便利店售卖含有社企标识的产品，在车站、商场等人流量大的地方张贴社企海报或开展路演。为此，应该加大对社企多元化模式的宣传力度，将多样的社企理念或产品融入公众的日常生活。例如，"伙伴倡自强"社区协作计划推广的社企品牌"创艺馆"②，致力于开发社区创意文化的潜能，通过纪念品设计与制作，不仅汇聚了社区青年的创意，亦能为弱势社群提供就业机会。类似的社区社会企业理念就可以在多个社区推广实施，融入社区活动之中。但值得注意的是，就业融合型社企仍是香港发展较为成熟的社企类型，其他类型的社企则发展不健全，香港社企下一阶段发展要建立多元的社企生态。

---

① 吸附能力（absorptive capacity），是指企业识别新信息的价值、吸收新信息并将其应用于商业目的的能力。

② 《创艺馆》，https：//www.sehk.gov.hk/sc/search.php？search=Y&id=122，最后访问日期：2023年9月10日。

参考文献

陈锦棠，2018，《香港的社会企业》，https：//www. csedaily. com/scx/2089. html。

陈雅丽，2014，《香港社会企业的发展经验及启示》，《理论月刊》第 12 期。

官有垣、陈锦棠、陆苑苹、王仕图，2012，《社会企业：台湾与香港的比较》，巨流图书股份有限公司。

李衍儒、江明修，2011，《社会企业之发展经验与政策建议：以美国、英国、中国香港与中国台湾为例》，载王名主编《中国非营利评论》（第七卷），社会科学文献出版社。

罗文恩、黄英，2018，《官民商协作与社会企业可持续发展——来自中国香港的经验及启示》，《公共行政评论》第 4 期。

彭洋福、刘新玲，2009，《试述香港社会企业的发展及其对中国大陆的启示》，《社团管理研究》第 4 期。

田蓉，2013，《新管理主义时代香港社会福利领域 NGO 之发展》，《社会》第 33 期。

香港中文大学创业研究中心，2014，《香港社会企业：透视香港社企实况》。

解韬、吴天青，2013，《香港发展社会企业的经验及对广东的启示》，《残疾人研究》第 2 期。

Lee, E. K. M. & Chandra, Y. 2020. "Dynamic and Marketing Capabilities as Predictors of Social Enterprises' Performance." VOLUNTAS: *International Journal of Voluntary and Nonprofit Organizations* 3：587-600.

Leung, Z. C. S., Ho, A. P. Y., Tjia, L. Y. N., Tam, R. K. Y., Chan, K. T., & Lai, M. K. W. 2019. "Social Impacts of Work Integration Social Enterprise in Hong Kong-Workfare and Beyond." *Journal of Social Entrepreneurship* 2：159-176.

Ma, M., Kang, Y., & Feng, Y. 2022. "Can Cross-Sector Support Help Social Enterprises in Legitimacy Building? The Mixed Effects in Hong Kong." *Journal of Public and Nonprofit Affairs* 3：375-398.

The British Council. 2020. "The State of Social Enterprise." https：//www. britishcouncil. org/education/non-formal-education/social-enterprise/reports/state_social-enterprise.

Tse, K. K., Yung, R. C., Chandra, Y., & Lee, G. 2023. "Social Enterprises and Certified B Corporations in Hong Kong: Development, Key Lessons Learnt, and Ways Forward." *The International Handbook of Social Enterprise Law* 6：1.

案例篇
Case Studies

B.15
"社会企业+金融"的可持续发展模式
——以天府股交中心"社会企业板"为例

刘　超[*]

摘　要： 天府股交中心"社会企业板"是四川省将社会企业的发展与多层次资本市场对接的又一创新探索，旨在以"社会企业板"为载体，积极探索"社会企业+金融"的融合发展新模式，建立了多元主体协同机制、多维能力提升机制和长效性发展机制，为社会企业可持续发展助力，走出有中国特色的社会企业公益金融路径，引导资本向善，推动实现共同富裕，助力社会治理现代化。

关键词： 社会企业+金融　社会企业板　可持续发展

* 刘超，四川大学公共管理学院副研究员、硕士生导师，主要研究方向为社会组织与基层治理。

社会企业兴起于西方国家，是传统非营利组织和商业企业的混合体，追求营利和公益两层目标，具有经济和社会双重属性。从 2016 年开始，成都市为推进城乡社区发展治理建设高品质和谐宜居生活社区，充分发挥社会企业在创新社会管理、参与社会治理、改善社会服务等方面的积极作用，共同构建共建共治共享的社会治理新格局。2021 年，在省市相关部门的大力支持下，由天府（四川）联合股权交易中心、电子科技大学经济与管理学院可持续发展研究中心、成都市社会企业发展促进会共同发起的"社会企业板"获得四川省地方金融管理局批准筹建并正式启动相关工作。2022 年 7 月 19 日，天府股交中心"社会企业板"正式开板，在全国属于"首创"，是四川省将社会企业的发展与多层次资本市场对接的又一创新探索，旨在以"社会企业板"为载体，积极探索"社会企业+金融"的融合发展新模式，为社会企业可持续发展助力，走出有中国特色的社会企业公益金融路径，引导资本向善，推动实现共同富裕，助力国家社会治理现代化。

一　社会企业可持续发展的融资困境

社会企业作为多元主体参与社区发展治理的一种特殊力量，通过政府机构改革中的职能转移和政府购买服务提供社会公共服务，参与基层社会治理，在创新公共服务和社会治理中较一般企业、社会组织具有重要优势，具备商业企业高效、灵活、专业等优点，有望弥补政府、市场和非营利组织在社区治理中存在的不足。一些研究发现，中国社会企业普遍存在的问题是资金短缺、运营管理技能缺乏、缺乏建立自己的品牌和问责制，其中核心问题是资金短缺，导致不能可持续发展（李健、徐彩云，2023）。

第一，缺乏服务于社会企业融资的基础设施。在获得经费来源后，社会企业的发展需要专业化的管理技能，才能实现社会企业的可持续发展，体现社会企业的社会价值。一方面，社会企业的资金有限，能够维持企业的日常

经营就算比较好的，没有多余的资金用于市场开拓和品牌宣传。2016 年《中华人民共和国慈善法》通过后，中国社会组织对本地资金的依赖性增强。2020 年后一些社会企业受到疫情的影响发展艰难，根据《2020 年初中国社会企业生存状况调研分析》，只有 28.57% 的社会企业经营不受疫情影响，19.64% 的社会企业经营暂时停顿，12.50% 的社会企业认为自身面临倒闭，一众社会企业挣扎在"活命"与"使命"之间。[①]

第二，社会企业非标准化产品与服务的特殊化、分散化和零星化，制约社会企业可持续发展。社会企业的存在是为了解决社会问题，社会的复杂性导致社会企业的产品天然具有一系列局限性，比如服务产品标准化程度低，无法满足市场预期，影响了市场交易的信用。公众对社会服务存在应不应当收费的辩争，例如，收取服务费和私人项目收费，既然社会企业标榜自己的经营活动是致力于解决社会痛点问题，那作为其服务对象的经济困难或者弱势群体是否应该得到免费或低偿的服务，社会大众自然而然会对社会企业产生这样的期待。例如，成都市一家社会企业，曾获 2019 年、2021 年"成都市十佳社会企业"称号。2022 年 3 月，该企业受到服务地社区居民举报，投诉其违规经营、财务管理不规范、服务质量差，并在一些社区向居民销售预付卡后擅自停止服务、撤出服务点，且尚未退回居民、社区预付款，成都市社会企业综合服务平台在核实情况后对该社会企业做出摘牌处理。

第三，可供资本衡量评估的社会企业社会收益的数据化工具不完备。财务的数据很清晰，环境的收益测量也是可以解决的，但是社会效益怎么去测量，每一个社会企业所处的领域——做养老的、做教育的、做环保的——测量维度是不一样的，所以这个数据化工具是不完备的。

第四，传统投资理论思维定式的制约。资金问题是任何企业在发展中需要面对的首要问题，尤其是社会企业，在发展之初往往因缺乏资金支持而举

---

① 《社会企业：挣扎在"活命"与"使命"间》，http：//www. infzm. com/contents/194666？source＝202&source_ 1＝194665&wd＝&eqid＝c374a6b30005bba400000003644a4d72，最后访问日期：2023 年 8 月 20 日。

步维艰，后续若想逐步拓展业务范围，也需要大量资金的投入。而由于社会企业有其独特性，例如，社会企业的发展往往比普通企业需要更长的时间周期，盈利回报相比普通企业来说也较低等，社会企业对资金的需求量会比普通企业更大，这制约了投资界对社会企业的投资意愿。

总之，社会企业规模化、连锁化、品牌化发展程度还非常有限，这便迫切需要为社会企业提供资本与管理的平台，加入天府股交中心"社会企业板"之后，能够有更多的交流学习机会，提高社会企业家的综合能力。

二 天府股交中心"社会企业板"概况

天府股交中心"社会企业板"由四川省地方金融监督管理局批准筹建，由天府（四川）联合股权交易中心、电子科技大学经济与管理学院可持续发展研究中心、成都市社会企业发展促进会共同发起，并以"发展社会企业，助推共同富裕"为核心发展目标。

（一）发展背景

自党的十九大召开以来，中国社会发展的重心不断向社会建设领域转移。发展社会企业是积极响应党和国家在新时代提出的"满足人民日益增长的美好生活需要"的有效尝试，是中国社会治理的创新实践，是中国特色社会主义的道路自信、理论自信、制度自信、文化自信的有力体现。社会创业兼具经济利益和社会福祉双重目标的独特优势也得到多个地方政府的认可，并相继出台了创新性支持政策和措施来鼓励社会企业的发展。

在社会企业发展上，成都市在全国率先探索的路径培育扶持，为社会企业在成都的"生根发芽"提供了良好的土壤。2017年9月，成都市在《关于深入推进城乡社区发展治理建设高品质和谐宜居生活社区的意见》中首次提出要"鼓励社区探索创办服务居民的社会企业"，2018年4月，成都市出台《关于培育社会企业促进社区发展治理的意见》，提出

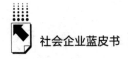
要培育发展一批有一定规模、有较大影响力和辐射力的社会企业,发挥社会企业在创新社会管理、服务社区发展治理方面的积极作用,成都成为全国首个在市级层面以政府发文形式推动社会企业培育发展的城市。2019年1月,武侯区出台全国首个社会企业专项扶持政策《成都市武侯区社会企业扶持办法(试行)》,从主体支持、业务支持、财税支持、资源支持、创新支持等五个方面细化了对初创期社会企业的扶持,搭建了区、街道、社区三级社会企业服务平台,构建"社治委+市场监管部门+第三方机构"的社会企业服务监督体系,促进了区内各类社会企业的发展。2021年11月出台的《成都市社会企业培育发展管理办法》进一步完善了社会企业定义、优化了评审认定制度,将农民专业合作社纳入社会企业评审认定范围,标志着成都市社会企业从探索实践走向规范发展。在2022年4月26日召开的中共成都市第十四次代表大会上,市委书记施小琳讲道:"发展枢纽型社会组织和品牌型社会企业,加强社区综合服务供给和社工服务体系建设,推动'五社联动',打造人人有责、人人尽责、人人享有的治理共同体。"

自2018年成都市开展首批社会企业认定工作以来,截至2022年11月,成都市共认定各类社会企业160家,其中在有效期内的社会企业127家(不含摘牌的社会企业9家),这些社会企业上一年度营业收入总额超过7.48亿元。从业人员合计3129人(含兼职人员),平均每家社会企业提供了19.55个就业岗位。成都市为社会企业的发展提供了较完备的政策环境和配套设施,培育了良好的发展土壤,在成都社会企业已成为参与社会治理,解决社区经济、教育培训、就业促进以及居住改善等领域问题的重要力量,涌现出立足于社区服务、已反哺社区公益基金10万余元的"黉门宜邻",雇用身体障碍人士制作团餐的"馋爱善食",提供育幼专业服务的"童萌亲子园"等一大批以差异化模式发展的社会企业,成都成为全国认定社会企业数量最多、发展最具活力的城市之一。

根据星展银行联合中国社会企业与影响力投资论坛对国内112家社会企业的调查发现,调查样本中接近70%的社会企业在市场销售、人力资源、生产制造、财务管理等方面面临巨大的挑战，使本为解决社会问题而生的社会企业反而成为社会问题本身。

为深入贯彻党的十九届六中全会决议，落实省委十二次党代会精神，贯彻成都市第十四次党代会精神，主动投身到《成都建设践行新发展理念的公园城市示范区行动计划（2021—2025 年）》，扎实推进共同富裕的奋斗目标，建设人人有责、人人尽责、人人享有的社会治理共同体。促进社会企业发展，发挥社会企业在改善社会服务、参与社会治理、创新社会管理、促进社区发展等方面的积极作用，通过资本助力社会企业解决社会问题，扎实推进共同富裕，加快建设区域性股权交易市场，拓宽社会企业融资渠道，探索四川省影响力投资、ESG 投资等发展路径，在省市相关部门的大力支持下，由天府（四川）联合股权交易中心与电子科技大学经济与管理学院可持续发展研究中心、成都市社会企业发展促进会联合共建的"社会企业板"于2022 年获批筹建并正式启动相关工作。

天府股交中心设立和运营"社会企业板"，在全国股交行业尚属首创。天府股交中心"社会企业板"将为川藏地区社会企业与全国乃至全球投资者提供以直接融资为主的平台和主要渠道，将借助天府股交私募证券交易场所的功能和作用，为社会企业提供企业挂牌展示、股票挂牌注册、股票发行、债券发行、股票交易转让、股权估值、协办贷款及拟上市企业诊断评估、培育孵化、上市推荐等各项资本市场服务。

（二）总体目标

第一，以天府股交中心为基础，构建国内首个社会企业融资交易板块，建立、维护和发展一种包容、坦诚、建设性和可持续的社会企业与ESG 金融的服务机制与长期合作伙伴关系。第二，以四川省、西藏自治区社会企业为核心，建设跨部门、跨领域的长期伙伴关系，切实提升中国社会企业群体的金融能力与风险控制水平，有效拓展社会企业融资渠道。第三，探索有中国特色的社会企业影响力投资与 ESG 金融路径，成为中国有影响力的社会企业与 ESG 金融聚集中心。第四，开展社会企业

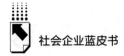

股权投融资能力培育，探索社会企业影响力投资的风险控制机制，保护社会企业专业投资者的合法权益。第五，搭建社会影响力投资与 ESG 金融投融资路演中心，为社会企业及影响力投资等机构提供一站式服务平台。

（三）现状

"社会企业板"将在党建引领下，秉持信义精神，积极探索"社会企业+金融"的融合发展新模式，联合辖区及国内外银行、保险、信托、担保等金融机构及政府相关部门、ESG 投资①机构、公益基金会、影响力投资基金、慈善信托、公益创投和公益性小额贷款公司等社会影响力投资资本，共同规范社会企业投融资行为，加强社会影响力投资的风控，出台社会企业投融资标准与指南，构建影响力投资的可持续发展生态，提升社会企业参与社会治理的能力，更有效地解决社会问题，满足人民对美好生活的向往。

天府股交中心"社会企业板"目前针对工商、税收关系在四川省、西藏自治区内的且已通过认定的社会企业开展"展示、挂牌、发股票、发债券、交易转让、办贷款"等金融服务。目前，"社会企业板"挂牌需符合多项条件（见表1）。"社会企业板"分为四个层级，根据社会企业股权投融资程度由浅至深划分，分别是：社会企业展示、社会企业挂牌、社会企业股票挂牌转让及社会企业拟上市培育。四川省部分市州、区县出台了天府（四川）联合股权交易中心挂牌奖补政策，例如，自贡市 2018 年出台政策规定在天府（四川）联合股权交易中心免费期间，首次成功进入天府（四川）联合股权交易中心（展示板除外，只限挂牌板）挂牌的企业，给予 2 万元奖励。在天府（四川）联合股权交易中心收费期间，首次成功进入天

---

① ESG 投资，是指在投资研究实践中融入 ESG 理念，在传统财务分析的基础上，通过 E（Environmental，环境保护）、S（Social，社会责任）、G（Governance，企业治理）三个维度考察企业中长期发展潜力，借此找到既创造股东价值又创造社会价值、具有可持续成长能力的投资标的。

府（四川）联合股权交易中心（展示板除外，只限挂牌板）挂牌的企业，给予 5 万元奖励。

表 1　"社会企业板"挂牌条件

1. 工商、税收关系在四川省、西藏自治区内的且已通过各类认定的社会企业（金牌社会企业优先）。
2. 有固定的办公场所。
3. 最近一年公司经营成本不低于 10 万元。
4. 取得了合法有效的营业执照或其他合法执业证照。
5. 管理规范，公司及法人无不良信用记录。
6. 股权明晰，治理架构合理，核心团队稳定且认同社会企业理念。
7. 公司各股东所持有的股权不存在重大权属纠纷。
8. 最近三年公司无重大违法违规失信行为。
9. 企业解决社会问题清晰，社会目标稳定且不漂移。
10. 优先培育发展的社会企业行业领域或服务项目，包括但不限于就业援助、扶贫帮困、养老助老、助残救孤、妇女儿童成长发展等基本民生服务项目，社区环境保护、垃圾分类、食品安全、家庭服务、康养服务、物业服务等居民生活服务项目，社区文化、卫生、教育、科普、体育健身等公共服务项目，面向农民的普惠性小额信贷、农业经济合作服务等服务农村经济发展与乡村振兴的项目，以及开展碳中和、大气治理、污水处理、土地修复、新能源新技术开发推广使用、社会创新支持等新经济类项目。
11. 社会企业解决社会问题成果清晰可测量（有最近一期的社会影响力评估结果或评估报告）。
12. 社会企业严格按照章程约定开展社会公益服务，对环境友好。
13. 天府股交中心要求或认可的其他条件

资料来源：《社会企业板》，https://www.csedaily.com/seb，最后访问日期：2023 年 11 月 5 日。

社会企业挂牌流程包括企业注册、社企认证、交易所审核、挂牌交易、投融资等具体步骤（见图 1）。各类社会企业根据发展阶段、发展需求与"社会企业板"的规则，可在"展示专区"展示企业风采与动态；达到要求的社会企业可选择正式挂牌"社会企业板"，获得由发起机构整合提供的社会企业培育与孵化服务；符合条件的社会企业可在"社会企业板"发行可转债、进行股权托管/股权质押或发行社会企业公司股票，获得社会企业金融服务。

据了解，目前天府股交中心"社会企业板"的运行状况良好。截至 2023 年 6 月，天府股交中心"社会企业板"的挂牌企业已达 26 家，其中已正式挂牌企业 18 家，预核准挂牌企业 8 家，拟申请股票挂牌的企业 6 家。天府股交社会企业展示专区的展示企业有 106 家。

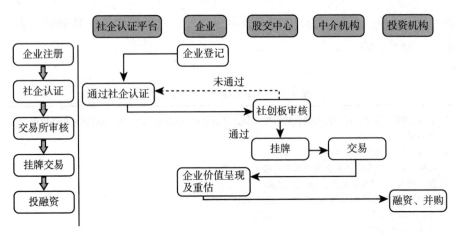

图1 挂牌流程

（四）社会企业借助资本力量的优势

第一，资本市场作为一个高效、透明、公平、公正的融资平台，社会企业可以通过"股权融资"或"债权融资"等方式获得资金支持，从而更快更好地提升自身的管理和运营能力，提高市场认可度。第二，资本市场作为一个价值创造的平台，社会企业如果能够在资本市场上成功上市或发行股票、债券，则会引起市场对其价值的认可，从而提升其品牌价值和市场认可度，有助于社会企业实现健康快速发展。第三，进入资本市场会让社会企业不断提升自身的管理和运营能力，不断完善企业内部制度和流程，以满足市场的要求，从而推动社会企业不断朝着成熟化、规范化、专业化方向发展，以此提升企业的核心竞争力。第四，进入资本市场还需要社会企业遵守相关法规，公开披露财务情况、经营信息等，使企业的运营更加透明化，提高公众对企业的信任度。这将有助于社会企业树立良好的企业形象，从而赢得更多的关注与支持。

三　天府股交中心"社会企业板"的基本功能

资源配置是资本市场的基础功能之一，"社会企业板"通过市场信息发布机制、资源撮合与竞价机制，使社会资源流向最优秀的运营主体，实现公益资源的优化配置，服务公益事业。

（一）建立社会企业投融资平台

资源基础理论认为资源是组织生存和发展的基础，拥有异质性资源是组织形成持续核心竞争优势的关键（张璐等，2021）。资金在社会企业发展过程中起到至关重要的作用，借助"社会企业板"，能够建立、维护和发展一种包容、坦诚、建设性和可持续的社会企业与 ESG 金融的服务机制与长期合作伙伴关系。以四川省、西藏自治区社会企业为核心，建设跨部门、跨领域的长期伙伴关系，切实提升中国社会企业群体的金融能力与风险控制水平，有效拓展社会企业融资渠道。

（二）为社会企业创新金融服务和金融产品

"让责任吸引资本，让资本助力持续。"为社会企业创新金融服务提供金融产品和服务，实现从孵化，到加速，到展示，到股权债券融资，到数字化证券的一个闭环。通过天府股交中心"社会企业板"可以整合与创新多途径的公益金融模式，由此建立起社会经济资源向社会公益领域的转移机制，建立起经济资源要素向社会公益资源要素的转化机制，成为社会经济资源支持和参与社会公益事业发展的桥梁和纽带。例如，为成都禧宝堂健康管理有限公司提供企业综合金融服务。第一，挂牌路演服务。制定并执行仪式方案，协调政府有关部门、投资机构参加，负责全程实录、全网直播，安排媒体采访报道。第二，咨询服务。财税、法律政策、行业、投融资、战略规划、管理、并购及其他日常咨询服务，企业规范化改制辅导咨询，重大资产重组、投资、并购咨询。第三，股权融资。尽职调查，协助制定融资方案，协助对接投资机构和投资谈判，协助签订股权投资协议，协助股权梳理、登记托管、交易过户，提供融资咨询。第四，债券融资。推荐银行等金融机构进行对接，协助与金融机构进行沟通、协商，协助客户准备相关资料、签订借款合同及办理借款有关手续。第五，可转债融资。尽职调查，推介合格投

资者，协助对接、谈判，协助签订融资协议，协助制作募集说明书及报审文件。

（三）开发衡量评估社会企业社会效益的数据化工具

第一，利用平台优势分层次充分吸纳社会企业展示和挂牌。发挥平台聚集效应，大力发展展示挂牌企业，建立有效信息数据库。

第二，与合作单位及社会各界联合开发衡量评估社会企业社会收益的数据化工具。利用大数据新技术，结合金融数据，配套验证金融产品。最终，探索有中国特色的社会企业影响力投资与 ESG 金融路径，成为中国有影响力的社会企业与 ESG 金融聚集中心。

（四）创新双重目标的金融产品，引导传统投资思维的转型

天府股交中心"社会企业板"设立了社会回报优先的私募债券、私募股权和私募基金，也设计了社会和财务回报相平衡的私募债券、私募股权和私募基金。当然传统的财务回报优先但是保持一定社会目标的私募债券、私募股权和私募基金也在设计的范围之内。

例如，成都肥收环保科技有限公司（以下简称"肥收环保"）是一个"互联网+回收"模式的再生资源回收社区服务平台，提供废旧纸箱、塑料瓶、废旧金属、厨余等上门回收服务，用户可使用废品回收获得的积分在商城兑换心仪商品，通过"变废为宝"的形式保护环境，从社区居民层面来实现个体碳中和。截止到 2023 年 8 月 1 日，肥收环保大数据平台上显示，平台累计使用户数已达到 81077 户，下单总次数为 82289 次，回收总重量达 624003.36 千克。2022 年 7 月 19 日，天府股交中心"社会企业板"正式开板，肥收环保作为"社会企业板"第一单进行了登台签约。肥收环保挂牌"社会企业板"后，可得到天府股交私募证券交易场所的功能作用，如挂牌展示、股票挂牌转让、股票发行、债券发行、证券交易转让、股权估值、协办贷款等各项服务。目前，该社会企业已获得个人投资 300 万元。

四 "社会企业板"助力社会企业发展的运作机制

"社会企业板"的建立搭建了政府、资本、社会企业等多元主体之间的协作平台,建立了多元主体协同机制、多维能力提升机制和长效性发展机制。

(一)多元主体协同机制

"社会企业板"是将社会企业、地方政府、资本等主体连接起来的重要平台,有利于借助各方主体的优势,建立多元主体协同,畅通合作治理网络,共同服务于社会问题的解决(具体关系见图2)。

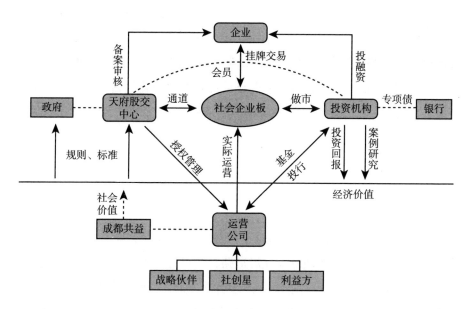

图2 社会企业与多元主体之间的关系

第一,社会企业能够与地方政府相互支持,实现共治共赢。社会企业在解决社会问题方面,具有一系列优势,能够减轻地方政府的责任。第二,社会企业能够与资本开展长期合作,资本能够链接商业企业为社会企业的发展提供平台支持、资金支持,为社会企业的可持续发展助

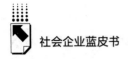

力。第三，借助该平台，社会企业能够联合社会企业主管部门、自律监管机构、研究机构等参与社会企业等社会创新基础设施和公益生态建设等。

（二）多维能力提升机制

在提升社会交往能力层面，社会企业作为一种参与型组织，能够通过自身组织优势建立一种"合作共同体"，建立起相互帮助与支持、互惠、合作、社会团结、社会融合的社会生产模式。

（三）长效性发展机制

社会企业作为参与社区发展治理的一种特殊力量，通过政府机构改革中的职能转移和政府购买服务提供社会公共服务，参与基层社会治理，有望弥补政府、市场和非营利组织在社区治理中存在的不足。通过天府股交中心"社会企业板"的支撑，社会企业能够通过自身商业化运营，提供社会服务产品，内生出一个稳定可持续发展的"包容性市场"，为社会企业可持续发展助力。

五　政策建议

第一，政府应当出台更多的政策措施，鼓励社会企业参与挂牌"社会企业板"，寻求社会企业的资金发展道路，为可持续发展提供更好的政策环境。此外，政府可以落实社会企业人才引进政策，帮助社会企业招募和吸纳具有较强管理能力的人才专家，提升人力资本。

第二，建立社会企业家支持网络。成为非营利组织的第三方服务机构能够为企业开展社会价值创造业务提供契机和平台，例如，为社会企业提供资金支持、办公场地、设备及技能培训等。

第三，企业应适当引入外部资本，减轻企业的财务压力并将更多的注意力集中于社会价值的实现上，但也要注意引入外部资本可能会造成社会企业社会价值最大化的初心背离。一方面，社会企业应完善内部治理，发挥股东会、董事会（理事会）和监事会的作用；另一方面，社会企业应积极与外部非营利组织开展合作，为企业开展社会价值创造业务寻找契机和平台。

参考文献

李健、徐彩云，2023，《社会企业何以行稳致远？——基于解释结构模型的社会企业关键成功因素研究》，《软科学》第 10 期。

张璐、王岩、苏敬勤、长青、张强，2021，《资源基础理论：发展脉络、知识框架与展望》，《南开管理评论》（网络首发）。

B.16
惜食：社会企业的反食品浪费实践

张煜婕*

摘 要： 惜食推出的"惜食魔法袋"是国内专注于减少食物浪费的小程序，通过连接本地商家和用户，商家将当天没有及时售出、品质完好的余量食物放入魔法袋，用户通过小程序预定并获取食物，从而形成"商家+惜食+用户"的多方合力，共同拯救本将被浪费的食物。惜食通过扎实的研究和实践，深入总结反食品浪费问题的社会创新途径。凭借多元的合作网络、富有趣味的产品体系与互益的公共关系，惜食不仅创造珍惜粮食的社会价值和零损耗的商业价值，同时还倡导和践行绿色低碳的生活理念、生活方式，推动形成绿色低碳的生活新风尚。

关键词： 社会企业 反食品浪费 社会责任 可持续发展 绿色低碳

一 社会企业简介

东石向日葵（北京）信息技术有限公司（以下简称惜食）是国内首个专注于反食品浪费的创新平台，创立于 2019 年。自 2021 年 4 月 16 日在湖南省长沙市试点运营以来，惜食目前的覆盖范围已经拓展至北京、上海、广州、深圳等全国各地 30 多个城市，拥有超过 4500 家合作门店，节约食物超过 2200 吨，减少碳排放 5500 吨。惜食推出的"惜食魔法袋"是国内专注于

---

* 张煜婕，重庆大学公共管理学院讲师，主要研究方向为社会组织和公益慈善。

减少食物浪费的小程序，通过连接本地商家和用户，商家将当天没有及时售出、品质完好的余量食物放入魔法袋，用户通过小程序预定并获取食物，从而形成"商家+惜食+用户"的多方合力，共同拯救本将被浪费的食物。惜食以"激发并孕育惜食精神，让天下没有浪费的粮食"为使命，不仅创造珍惜粮食的社会价值和零损耗的商业价值，同时还倡导和践行绿色低碳的生活理念、生活方式，推动形成绿色低碳的生活新风尚。

自公司创立至今，惜食明确了公司的三重共同体愿景：从人文精神出发，与伙伴共建惜食文化的精神共同体；共益，不做零和博弈，共创增量，从而实现经济、环境、社会利益综合最大化的利益共同体愿景；拯救粮食，共同实现可持续发展的梦想共同体愿景。为此，惜食组建了一个价值观共鸣的团队。团队成员背景多元，符合公司在反食品浪费领域的创新需求。他们分布在各个城市，远程协作办公，具有较强的快速迭代能力。

惜食创始人徐伟昊表示，发起惜食的初心源自女儿所说的一句话："每一个小米粒都是有生命的，如果被丢弃，它们一定特别难过。"正是在女儿这句话的启发下，徐伟昊秉持朴素的反食品浪费理念和公益之心创立了惜食，为拯救余量食物搭建民商桥梁：这种模式不仅为余量食品找到了合适的处理渠道，也培养了消费者绿色、节约的习惯，整个社会减少了食物浪费，多方能受益。惜食一直坚守着"让天下没有浪费的粮食"的社会创新行动口号，希望解决余量食物浪费问题。惜食将珍惜粮食的理念贯穿在惜食魔法袋的运营模式中，通过商业的力量，吸引更多人的参与，从源头上减少浪费问题：一方面，惜食用户以极低的价格购买到品质完好的美味食物，用实际行动支持绿色低碳的生活方式；另一方面，惜食商家减少了浪费，节约了资源，同时也能让大家看到一家具有社会责任感的企业，如何向大众传递爱粮节粮的向善之心。从环境的角度而言，减少食物浪费，也能极大程度地减轻环境的压力，减缓全球气候变暖的进程。作为国内反食品浪费的实践者、开拓者，惜食始终坚持邀请商家和用户参与惜食的共建，让商业和公益共同助力，创新性地将社会责任从单纯的公益，转化为一种可持续发展的共享价值。

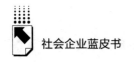

二 惜食的运营模式

（一）运营模式的设计初心——惜食的社会问题探索

根据联合国粮食及农业组织统计，全球每年约有三分之一的食物被浪费，而浪费导致的环境污染以及经济损失更是不可估量的。① 2020 年 9 月，我国在第 75 届联合国大会上提出了"碳达峰碳中和"双碳目标——将力争于 2030 年前实现碳达峰，2060 年前实现碳中和。这意味着我国将用历史最短的时间，完成全球最高的碳排放强度降幅。"双碳革命"的到来，意味着碳中和已经成为企业可持续发展的必由之路。而我国每年因食物浪费产生的温室气体排放量约为 11 亿吨，② 反食品浪费是中国实现碳达峰、碳中和目标不可忽视的重要途径。2021 年 4 月 29 日，我国颁布了《中华人民共和国反食品浪费法》，其中明确规定，食品浪费是指"对可安全食用或者饮用的食品未能按照其功能目的合理利用，包括废弃、因不合理利用导致食品数量减少或者质量下降等"。惜食团队从 2019 年开始关注食品浪费现象，此后一直在研究国内外各种解决方式；2021 年惜食产品规划初具雏形，并于 2021 年 4 月 16 日在长沙正式上线。惜食旨在成为用户反对浪费的首选平台，持续创造和发掘余量食物的社会价值。

反食品浪费问题如何才能更好解决？惜食通过扎实的研究和实践，针对反食品浪费社会创新途径进行了深入的总结。

1. 探索创新的商业模式

传统的食品供应链通常是线性的，从生产到消费再到废弃。这种模式容

---

① 《粮农组织：全球三分之一粮食遭到损失或浪费 14% 的粮食在出售前耗损》，https://news.un.org/zh/story/2019/10/1043551，最后访问日期：2023 年 6 月 15 日。

② 刘文杰、刘华：《厨余垃圾全生命周期低碳管理综述》，https://www.greenpeace.org.cn/wp_content/uploads/2021/07/kitchen-waste-life-cyole-management-report.pdf，最后访问日期：2023 年 6 月 10 日。

易导致食品浪费。社会企业可以通过创新的商业模式来解决这个问题。惜食可以通过有趣味性的期货预售模式创新，而非传统的悲情或者口号式呼吁，将理念与趣味性相结合。这种模式的优势在于通过搭载期货预售，余量食物可以有更充分的销售时间。

2.利用科技创新减少浪费

社会企业可以利用科技创新来减少食品浪费，基于消费终端数据，延伸到上游产业链，惜食正在努力开发数字化智能系统，预判余量食物的品类和数量，从消费终端延伸到更广泛的食品产业链，在更多环节减少食物浪费。

3.推动社会创新和公众参与

社会企业可以通过社会创新和公众参与来推动反食品浪费。惜食意识到，在减少食物浪费上，商家、用户、惜食、社会是利益共同体。对于企业来说，其长期的核心竞争力来自品牌价值和社会价值，而消费者更希望看到品牌背后传递的社会价值观和所解决的社会问题。因此，惜食通过传递理念，成为减少食物浪费生活方式的引领者，激发和孕育惜食精神，深度运营惜食社群，培养和塑造认同理念的绿色生活方式社群。

以上三个方面构成了惜食反食物浪费创新的实现途径，也是惜食构成自身特色运营模式的关键因素。

（二）多方共益：运营模式的实践探索

1.确定运营方向和商业模式

惜食的运营方向是在社会创新、共益的基础上建立起来的。通过明确惜食的多方共益主体，惜食推动了商家、用户、社会的共益循环。对于商家来说，通过与惜食合作，可以展现企业社会责任，提升品牌形象，也可以引流、拉新和获客，形成口碑传播，并回收零价值余量食物的原材料成本。对于用户来说，通过惜食平台，在获得食物的同时，提升自我效能感，而且惜食魔法袋的使用具有趣味性，在满足好奇心的同时可以为减少食物浪费贡献

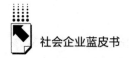

一分力量。对于社会来说，在惜食的推动下，有利于倡导节俭、负责任的消费方式，促进食物再次分配，助力碳中和。

惜食的商业模式主要通过"价值循环+商品循环"实现（见图1）。在价值循环链条上，用户通过使用惜食魔法袋，会更加认同惜食"让天下没有浪费的粮食"的企业理念。与此同时，商户通过与惜食魔法袋合作，能够实现企业社会责任，传递环保理念。在商品循环链条上，商家会预估当天余量食物的总量，上线惜食魔法袋，让用户预购。用户先付费给惜食，惜食会定期与商家结算。用户按照商家规定的时间和地点，到店自取，获取惜食魔法袋，从而减少食物浪费，形成闭环。

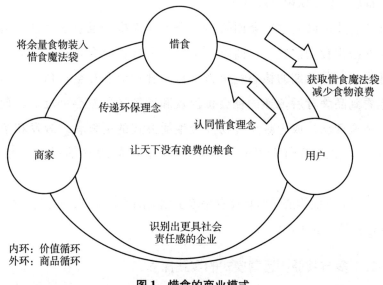

图1　惜食的商业模式

2.理念传播和产品设计

无论是从经济还是环境资源的角度，食物最好的归宿，都是为人所享用。惜食将珍惜粮食的理念贯穿在惜食魔法袋的运营模式中，通过商业的力量，吸引更多人的参与，从源头上减少浪费问题。在众多珍惜粮食的伙伴的支持下，惜食魔法袋走到了全国30多个城市，联合了300多家知名品牌，节约粮食、反浪费成为一种珍贵的共识。还有深度参与拯救粮食的300多万用户与惜食同行，在节约粮食反浪费、绿色低碳新风尚的环保路上惺惺相惜。2022 年 9 月，惜食正式通过了中国社会企业认证，并获得"中国好社企"称号。2022 年 11 月，惜食参与了第 27 届联合国气候大会，并在中国角"可持续消费主题"边会上，分享了中国社会企业粮食拯救方案，以及关于余量粮食的可持续消费实践经验。2023 年 1 月，惜食受邀参加首都文明办和北京广播电视台主办的"北京新春光盘行动"，分享余量食物物尽其用经验，推动全社会的"光盘行动"。

惜食也将理念传播融入惜食魔法袋的产品设计之中，在惜食魔法袋建立了商家和用户的碳账户。在用户碳账户中，通过统计用户购买惜食魔法袋的数量、减少的包装制品、取货的交通方式等途径，计算每个用户减少的温室气体排放量，形成基于碳减值的个人碳账户，并在未来考虑接入碳交易市场，实现用户碳普惠。而在商家碳账户中，可以显示商家上线惜食魔法袋的食物数量、销售数量、售罄率、回收成本，从而换算为食物节约数量以及对应的碳减排吨数。

3. 运营模式总结

惜食团队专注于反食品浪费领域，围绕着"激发并孕育惜食精神，让天下没有浪费的粮食"使命，提出了创新型解决方案。通过小程序连接用户和商家，商家将当天因过量供给未能及时售出的、品质完好的食物放入惜食魔法袋，用户购入惜食魔法袋，借助"商家+惜食+用户"的模式，合力达成减少食物浪费的目标。此外，惜食还针对困境人群以及一线环卫工人推出惜食爱心魔法袋，经过身份认证后，惜食会将爱心魔法袋捐给所需群体，实践惜食公益。除了爱心魔法袋，惜食还打造了世界粮食日惜食品牌公益周，连续两年在世界粮食日期间，联合众多爱心烘焙商家，举办魔法袋爱心义卖活动。2021 年世界粮食日惜食联合湖南省烘焙协会组织发起湖南省 7 个城市的商家义卖，向中华慈善总会和免费午餐基金捐赠；2022 年惜食联合全国工商联烘焙业公会，组织全国 6 个省份 15 个城市商家开展魔法袋爱心义卖，向中华儿慈会捐赠所有筹集善款。惜食连续两年共计捐赠将近 13 万元。通过不断探索各种公益形式，努力发掘余量粮食

的价值，用魔法袋传递善意和温情，惜食持续在社会创新中践行企业使命和愿景。

三 惜食的运作经验

作为一家社会企业，在可持续运营方面需要将社会价值与商业价值紧密结合，才能支撑企业的基业长青。对于惜食来说，正是多元的合作网络、富有趣味的产品体系与互益的公共关系，确保社会创新进程实现可持续发展。

（一）多元的合作网络

惜食的发展壮大离不开理念契合的合作伙伴。在发展过程中，惜食与合作伙伴一起倡导并践行珍惜粮食、低碳可持续的价值，目前已经与300多家知名品牌达成了合作，300多万人深度参与。

在选择合作伙伴时，惜食非常关注食品的品质保证，也实施了多种保障措施。首先，惜食的合作伙伴在品控制度方面较为完善，品牌信誉度较高，产品均符合质量卫生标准；其次，惜食与商家就食物出品达成了一致，包括必要的消费者信息告知，如保质期等。此外，惜食还面向用户开通评论功能，形成共同进步的生态氛围。

惜食还与众多珍惜粮食的爱心商家和惜食用户共建，参与公益，致力于从宣传减少食物浪费理念的角度助力碳中和进程。2023年，惜食携手爱心商家共同助力湖南省大型公益徒步活动——"行走雷锋路，万名雷锋志愿者公益行"，为20公里的公益之旅提供持续温暖和食物补给，积极地向大众传递着节约粮食的向善之心，也传递着关于食物的爱与温暖。

（二）富有趣味的产品体系

相较于商家针对余量食物的折价销售，惜食推出的魔法袋食物盲盒具有趣味性，使节约粮食成为一种值得口口相传的生活方式。对于用户来说，通过购买魔法袋食物盲盒的方式，不仅能够购买到高性价比的商品，还会收获履行社会责任的消费体验，自我效能感获得极大提升。惜食推出的产品满足当下用户注重个性化、多元化的消费需求，也得以更好地普及节约粮食理念。

当用户打开惜食魔法袋小程序时，映入眼帘的便是惜食标志性的"小葵熊"图案。跟随操作指引，用户得以查看惜食的企业发心，了解节约粮食的重要性。在惜食魔法袋使用的每一个步骤，用户都能清晰地感知到自己的购买行为将产生何种环境影响。例如，当用户下单惜食魔法袋以后，会出现一份《拯救食物契约》，其中一段话既富有趣味性，也能将节约粮食的理念清晰地传递给用户："亲爱的惜食麦粒儿，欢迎您参与魔法袋拯救行动！全球每年约三分之一的粮食被浪费，我们身边的烘焙店、果蔬店、超市里，每天都有大量品质完好的食物，因过量供应未能及时售出而遭到丢弃。惜食希望能给这些仍在保质期内但却面临浪费的食物找到对的主人！"用户以折扣价买到食物，既节省生活成本，又为节约粮食，杜绝浪费出了一分力，深入理解"米粟得之不易，惜粮节粮从我做起"的朴素思维。

惜食的产品设计也充分考虑到用户的社交属性。在小程序中，用户可以点击惜食社区，查看其他网络用户分享的自己与惜食的故事，也可以查看本地商家，通过评论了解商家的产品品质以及用户体验。以此种贴近用户需求的方式，惜食将公益倡导与商业相结合，吸引和激发公众的兴趣与参与，在真实消费中感染和激励用户，让他们了解食品浪费问题，并思考解决方法，引发公众的讨论和参与，传递食品浪费问题的知识和解决方案。

（三）互益的公共关系

惜食在发展过程中，非常重视互益的公共关系构建。一方面，惜食会通过社群、官媒倡导惜食理念，分享零浪费的绿色生活理念与生活方式；另一方面，惜食还积极走进校园，通过校园宣讲，分享减少食物浪费的方案，鼓励和支持更多年轻人一起加入珍惜粮食、反浪费的共益事业中，在校园里践行可持续的生活方式。

惜食的公益理念与一批精准的用户产生了共鸣，并建立多个惜食用户社

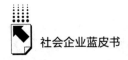

群。在社群中，用户因"惜食"理念而凝聚。惜食称呼这些社群为"麦田"，并将自己的用户亲切地称呼为"麦粒"，与节约粮食的理念相呼应。惜食用户不仅可以在社区里对惜食的运营提出中肯的建议，还可以对惜食合作的商家进行贴心的评价，从而形成用户与商家的良性互动。

从节约食物的基点出发，惜食还会倡导用户践行全方位的绿色低碳生活方式。例如，在植树节，惜食会为用户普及低碳环保知识，鼓励用户在购买惜食魔法袋的同时自备购物袋，将魔法袋装进环保袋，把低碳环保融入生活日常。而在中秋节，惜食不仅适时推出月饼魔法袋，还发起了月饼盒再利用的相关活动，号召惜食的用户积极参与，让每个人都能够用最简单的方式节约粮食，直抵一种零浪费的、物尽其用的美好生活方式。

四　惜食的积极影响与未来计划

（一）惜食的积极影响

食品浪费是全球性的问题，对资源、环境和社会都产生了巨大的负面影响。惜食秉持"惜食魔法袋，魔法'袋'来新生"的品牌理念推动消费者"减少浪费""绿色环保"观念的形成，旨在通过倡导食品资源的合理使用和减少食品浪费，为社会带来积极的影响。下面将从不同角度，详细探讨惜食的积极影响。

第一，减少食品浪费。惜食的核心理念是减少食品浪费，提高资源利用效率。每年全球都有大量的食品被浪费掉，不仅造成了资源的浪费，还给环境带来了不可逆转的负面影响。惜食通过开展各种宣传活动、打造魔法袋食物盲盒，引导公众改变对食品的消费观念，践行节约粮食。通过这种方式，惜食帮助公众意识到食品资源宝贵，养成绿色低碳生活的好习惯，减少了食品浪费的发生。

第二，链接优质食材。惜食不仅关注减少食品浪费，还注重与优质商家合作，链接优质的食材，为公众提供健康、新鲜、多样化的食品选择。在与商家的合作过程中，惜食与商家达成共识，确保魔法袋食物盲盒中食材质量和卫生安全。这不仅为消费者提供了高品质的食物，还鼓励人们对食材的选择更加理性和负责。

第三，倡导可持续生产和消费理念。惜食积极倡导可持续生产和消费理念，通过宣传和教育活动，向公众传递对食物资源的有效利用、环境保护等方面的知识，促使公众形成环保的意识，引导公众采取更多的环保措施，如垃圾分类、再利用、减少使用塑料袋等，从而为环境保护工作做出贡献。通过引起公众对可持续生产和消费的关注，激发公众改变生活方式和购物习惯，选择更加环保和可持续的行为模式。这种倡导可以推动越来越多的人对食品生产和消费过程中的可持续性问题产生更深入的了解，并主动投身于可持续发展实践之中。

第四，社会责任活动。作为社会企业，惜食魔法袋参与各种社会责任活动，回馈社会。比如与慈善组织合作，向有需要的人群捐赠惜食爱心魔法袋。此外，惜食还积极参与支持公益项目，推动社会资源的合理分配。

（二）惜食的未来计划

未来，惜食计划通过传递惜食理念、扩展地域和品类，成为国际共益企业，并在这一过程中努力实现组织长期目标，不断创造社会价值。惜食始终相信，通过持续的努力和合作，将能够有效减少食品浪费，提高资源利用效率，为全球的可持续发展做出积极贡献。

1. 传递惜食理念

惜食深知传递惜食理念的重要性，因此致力于成为减少食物浪费生活方式的引领者。惜食计划通过广泛的宣传和教育活动，力求激发并孕育惜食精神，让更多人认识到食品浪费对社会和环境的危害，并主动采取行动减少浪费。未来惜食将通过内容传播以及有趣的活动来不断倡导减少食物浪费的理念。

同时，惜食也致力于提高公众对于惜食理念的认知水平和认同度。通过定期发布惜食的新闻和故事，组织各种宣传活动和社区倡议，在社交媒体上

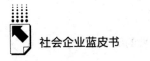

激发讨论和分享，惜食计划不断扩大其影响力，吸引更多商家和用户加入惜食平台，共同参与到减少食物浪费的行动中。

2. 扩展地域和品类

惜食致力于在全国各省份扩展其服务，以覆盖更广泛的地域和拯救更多品类的余量食物。惜食计划通过本地化的运营方式，更有效地与当地商家和社群合作，实现食物的再分配，减少浪费。

为了影响更多商家加入惜食平台并成为企业减少食物浪费的首选伙伴，惜食计划积极开展与企业的合作和沟通。通过与商家建立长期合作关系，商家将逐渐认识到惜食是一个可靠的合作伙伴，而且它们的参与对于推动减少食物浪费的共同使命非常重要。

通过不断扩展地域和品类，惜食计划努力实现减少食物浪费的全面覆盖。而且，惜食的努力将使越来越多的商家将其视为首选的合作伙伴，共同为减少食物浪费贡献力量，创造一个更加可持续和环保的未来。

3. 成为国际共益企业

惜食长期以来都注重推进社会责任和可持续发展，致力于成为一个具有国际影响力的社会企业。目前，惜食已经取得了一些认证和荣誉，包括中国好社企和北京社会企业认证，且正在积极申请国际共益企业相关的认证。

惜食正在积极认证并努力达到共益企业的高标准，包括评估惜食的治理结构、社会和环境影响、员工福利、公益贡献等方面的绩效。通过参与更多国际认证，惜食将进一步加强自身的管理和运营，确保持续不断地创造社会价值、保护环境、改善社会福利，以及提高社会资源的可持续利用率。

附　录　中国社会企业发展大事记
（2021～2022）

成丽姣*

2021 年 3 月　民建中央向全国两会提出了《关于弘扬社会企业家精神加快社会企业发展》的提案，首次面向国家层面提出"开展区域或行业社会企业试点建设""鼓励相关机构兴办或转型为社会企业"等政策建议。

2021 年 7 月　湖南省社会科学院出版《社会企业发展理论与实践报告》。该报告由湖南篇、国内篇、国际篇、机构篇、学术动态篇、学术创新篇、典型案例篇七部分组成。

2021 年 7 月　朱志伟、徐家良在《华东理工大学学报》（社会科学版）2021 年第 4 期上发表《迈向整合性认证：中国社会企业认证制度的范式选择》一文。文章认为我国社会企业认证制度始于民间推动，现已进入政社协同推动的阶段。未来我国社会企业认证需要联合不同行动主体共同推动，走向多元协同。

2021 年 8 月　《关于深入推进新时代光彩事业创新发展的意见》提到"支持探索发展慈善信托、社会企业、公益创投、影响力投资等新模式"，社会企业作为专有名词首次在中央政策文件中出现。

2021 年 8 月　北京市委社会工委市民政局召开北京市社会企业认证工作动员会。会议提出"全力以赴推进北京社会企业创新发展，培养和聚集一批具有开拓精神、前瞻眼光、国际视野、责任意识的社会企业"。

---

*　成丽姣，上海交通大学国际与公共事务学院博士研究生，主要研究方向为社会组织和公益慈善。

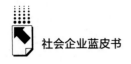

2021 年 10 月　上海市浦东新区人民政府官网发布《探索大城治理的浦东样板》，指出探索引导影响力投资，鼓励发展社会企业等"善"经济。

2021 年 11 月　《成都市社会企业培育发展管理办法》中重点提出"社区社会企业""支持有条件的社区以特别法人身份创办社区社会企业"，使得成都市成为全国最早在市政府文件中鼓励社区社会企业发展的城市。

2021 年 12 月　天津大学管理与经济学部何兰萍副教授等在《中国社会组织研究》第 22 卷上发表《资源依赖视角下民办非营利养老机构向社会企业的转型过程和结果——基于 L 机构的案例分析》一文。文章认为，民办非营利养老机构向社会企业转型能够显著改善资源依赖关系，体现为依赖主体多元化、依赖关系双向化和依赖关系平衡化。

2021 年 12 月　第二届成思危社会企业发展青年论坛暨"成思危社会企业奖"活动举行，论坛以"迈向社会企业新时代"为主题，旨在展望中国社会企业的未来发展方向。经过三轮评审，第二届获得奖项的社会企业共有 16 家。获奖社会企业涵盖生态环境、扶贫济困、教育等领域。

2021 年 12 月　中国社会企业与影响力投资论坛、中国影响力投资网络（CIIN）、向光·易善 ESG 价值研究中心共同发布《中国影响力衡量与管理（IMM）指南 1.0》《向光·易善 ESG 企业价值榜——基于"新价值链"的 ESG 标准与评估体系》两项研究成果，从中国影响力衡量与管理、ESG 企业价值评估两个方面为企业向善提供新的应用工具。

2022 年 1 月　国务院发展研究中心发布《我国社会企业发展现状调研报告》。报告提出加强政策理论研究，明确社会企业法律地位、认证标准、发挥作用渠道，加大培育支持和宣传力度等措施引导、孵化和培育社会企业。

2022 年 5 月　北京市社会建设工作领导小组印发《关于促进社会企业发展的意见》，提出加大财政税收支持力度、完善社会企业金融支持、加大政府购买社会企业产品和服务力度等社会企业培育措施，并明确"十四五"末北京市认证超过 300 家社会企业的目标。

2022 年 7 月　安徽省民政厅、安徽省发展和改革委员会、安徽省财政厅、安徽省商务厅、安徽省农业农村厅、安徽省乡村振兴局、安徽省市场监督管理局七部门联合出台《安徽省社会企业认定培育试点管理办法（试行）》，旨在明确安徽省社会企业的认定条件和程序，培育和监督社会企业发展。培育形式包括鼓励省内高校成立社会企业发展智库、给予财税支持、加大政府购买社会企业产品和服务的力度、促进社会购买、开展结对帮扶和建立人才培训机制等，标志着安徽省社会企业发展进入了政府培育的轨道。

2022 年 8 月　中国乡村发展基金会和公益慈善学园共同主办的"社会企业与社会创新"座谈会顺利举办。座谈会上中国乡村发展基金会、上海财经大学中国社会创业研究中心、中国人民大学、北京师范大学、中央民族大学等嘉宾出席，就社会企业在乡村振兴中的作用、社会企业如何助力社会创新等议题展开讨论。

2022 年 11 月　第 15 届香港社企民间高峰会在香港顺利举办，会议主题为"全民启动，跃变未来"，来自 10 个地区的 70 多位参与者参与本次会议，会议涵盖了跨界合作、大众参与、疫后复兴等议题。

2022 年 12 月　北京大学非营利组织法研究中心主任金锦萍、北京大学法学院民商法专业博士研究生陶溥出版《外国社会企业立法译汇》一书。该书梳理了芬兰、韩国、英国、美国等八个国家的十八部法律，对各国社会企业的设立原则、股权结构设计、利润分配模式等内容进行了重点分析。

2022 年 12 月　中央民族大学管理学院李健教授、成鸿庚等发表论文《合作社何以转型为社会企业？——基于权变组织创新视角的纵向单案例研究》。该文作者基于个案研究发现，合作社向社会企业转型经过要素积聚、组织扩张、目标冲突和规范认证四个阶段。转型的过程是组织多维权变创新过程。

2022 年 12 月　山东农业大学公共管理学院副教授武静在《中国社会组织研究》第 25 卷上发表《合作治理视角下社会影响力投资的模式及机制研究——基于多案例的考察》一文。文章认为采取社会组织主导模式和企业主导模式有利于社会影响力投资的良性发展。

Abstract

China Social Enterprise Development Research Report No. 2 is the cooperation working result from the School of International and Public Affairs, the China Philanthropy Development Research Institute and relevant scholars in domestic universities. This book is based on the data of "China Social Enterprise Industry Questionnaire" jointly compiled and distributed by China Public Welfare Development Institute of Shanghai Jiaotong University and China Social Enterprise Service Center (CSESC), combined with the research data of the authors. The social enterprises said in this research mainly refer to social organizations and enterprises with operating income that have been certified as social enterprises or are applying for certification to solve social problems.

This book consists of six parts: General report, sub-reports, special reports, regional reports, case studies and appendix. The general report reviews the development process of Chinese social enterprises, looks forward to the prospects of the development of Chinese social enterprises, and lays the foundation for subsequent analysis. The sub-reports generally introduce the general local policies, certification standards, business models, talent team and influence assessment of social enterprises, and deeply discusses the key challenges faced by the development of social enterprises. The special reports are based on the analysis of social enterprises, it is derived to support rural revitalization, corporate social responsibility, grassroots governance and incubation and other fields, and we analyzes the development of social enterprises from different aspects. The regional reports reveal the development process of social enterprises in Beijing, Guangdong, Sichuan and Hong Kong. The case studies show the typical cultivation mode of social enterprises, the localization process of foreign ideas, and the representative individual social enterprises in China through two cases. Finally, the development of our country's social enterprises in 2021-2022 is sorted out through the appendix part.

China's social enterprises sprouted during the period of reform and opening up, and through long-time difficult exploration and constant hard-working, social enterprises initially developed under the trend of social entrepreneurship in 2015, and gradually formed unique Chinese regional model. Both the institutional environment and the internal capacity of social enterprises have been greatly improved in recent years. From 2021 to 2022, Sichuan, Anhui, Beijing and other places have issued a series of documents on the certification, cultivation and support of social enterprises, and the institutional environment of regional social enterprises has been further optimized. In practice, in the past two years, social enterprises have continuously optimized their business model and talent team construction, and actively explored the paths and methods of "social enterprises + finance", social enterprises' participation in rural revitalization, and social enterprises' participation in grass-roots governance, and made a series of key progress. Looking into the future, social enterprises will play a more important role in the era of social governance innovation, third distribution and common prosperity. It can be expected that with the spread of social enterprise ideas and the continuous incentive of government policies, China's local social enterprise ecosystem will gradually form.

Keywords: Social Enterprise; Social Responsibility; Policy Innovation; Regional Model

Contents

I General Report

B.1 Practice and Prospect of Social Enterprise Development
in China (2021－2022)

Xu Jialiang, *Zhang Qiwei* / 001

Abstract: Social enterprises are social mission-driven entities which carry out commercial operations at the same time. Their attributes are highly consistent with the characteristics and goals of Chinese path to modernization, and are expected to play an important role during the path. Through reviewing the literature, practice and policy innovation in the field, this paper examines the overall situation of China's social enterprises in 2021－2022, summarizes the key factors hindering the development of China's social enterprises, and looks forward to the future optimization direction. It is found that in academia, research articles focus on the entrepreneurial process of social enterprises as the main theme and adopt case studies as the main methods. At the practical level, social enterprises in China basically acheive robust development, expand their activities and increase the proportion of certification, while most of them can balance their budget. Yet, they still bear the dual pressure of personnel and funding. As for the policy facet, the social enterprise certification system construction at provincial and municipal level makes progress, while a paucity of support from central government remains unchanged. The development prospects of China's social enterprises can be summarized from four aspects: building an institutionalized support system, publicizing the concept of social enterprises, developing community social enterprises, and encouraging social entrepreneurship participation.

Keywords: Social Enterprise; Research on Entrepreneurial Process; Robust Development; Certification System

Ⅱ Sub-Reports

B.2 Chinese Social Enterprise Policy and Localization

Development

Wang Shiqiang, Wang Na and Chen Yan / 025

Abstract: The role of social enterprises in current social governance is becoming increasingly significant, and the report of the 20th National Congress of the Communist Party of China proposes to improve the community governance community. The promulgation of various policies often reflects the attitude and behavior of the government. This article collects and analyzes current effective policy documents related to social enterprises, and studies relevant policy documents from three main levels: type, content, and role, exploring the characteristics and implications of China's social enterprise policy promulgation. Based on the survey data of China's social enterprise industry in 2023, the localization development of Chinese social enterprises was sorted and analyzed. The current development status of Chinese social enterprises presents the following characteristics: the main activity areas are developed regions; The main source of income is product or service income, and the overall income and expenditure situation is good; The main areas that play a role are education, cultural and environmental protection, and women and children. The development strategy of Chinese social enterprises includes formulating relevant policies and strengthening international cooperation; Pay attention to talent cultivation and build an ecosystem; Play a market role and promote social investment. In the long run, we should promote digital transformation by

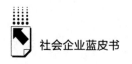
strengthening cross-border cooperation; Deeply integrate into the local community and develop community-based social enterprises; Strengthen marketing and produce competitive products to promote the sustainable development of Chinese social enterprises.

Keywords: Social Enterprise; Policy Analysis; Localization; Ecosystem

B . 3   The New Development of Chinese Social Enterprise Certification and Cultivation

Xia Xuan / 042

Abstract: This article takes the current situation of international enterprise certification and cultivation as the entrance. Through the analysis of social enterprise certification and cultivation in Beijing, Chengdu, Anhui and other cities, it suggests the development path of social enterprises with Chinese characteristics. It is necessary to take advantage of the situation according to local conditions, from clarifying the definition of social enterprises, carrying out social enterprise certification, introducing social enterprise support policies, building the ecology of social enterprises, cultivating social enterprise professionals and implementing the impact evaluation of social enterprises, so as to guide social enterprise professionals and implementing the impact evaluation of social enterprises, so as to guide social enterprises to participate in community governance, social development and special group services, so as to realize the high-quality development of Chinese social enterprises.

Keywords: Social Enterprise Certification Cultivation; Social Governance; Ecosystem

B.4 Research on the Business Models of Chinese Social Enterprises

Zhu Xiaohong, Zhu Jiaqi and Yang Lihong / 064

Abstract: The business model of social enterprises refers to the strategy or framework through which social enterprises create value through operations while achieving economic profits and social or environmental impacts. The business model describes how social enterprises organize resources, provide products or services, interact with stakeholders to fulfill their social mission, and ensure economic sustainability. The constituent elements of the social enterprise business model include strategic objectives, beneficiaries, core competencies, revenue models, and collaborative networks. Based on the different roles of these elements in the operation of social enterprises, the business models of social enterprises can be classified into four types: technology innovation-driven, community economy-driven, resource platform-driven, and service delivery-driven. Among the 555 social enterprises certified by the social enterprise service platform, technology innovation-driven models have the highest proportion, followed by community economy-driven models. Most of the carriers of social enterprise business models are registered as commercial enterprises, effectively realizing social value. They demonstrate significant advantages in organizational technological innovation capabilities and resource integration capabilities while emphasizing the construction of beneficiary networks, thus forming a self-sustaining mechanism. However, there are still certain issues in social enterprise business models. The level of Party building affects the resource integration capabilities of social enterprises. The maturity of the business models of 70% of social enterprises is insufficient, and early-stage social enterprises face pressure to transform their business models. The business models in the elderly care sector urgently need innovation. Therefore, it is necessary to strengthen Party building leadership, achieve the organic integration of Party building and business models, explore business model innovation paths driven by elements, encourage communication, learning, and innovation among social enterprises, expand the scope of social enterprise certification, and focus on social innovation in hot and challenging areas.

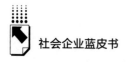

Keywords: Social Enterprise; Business Model; Guidane in Party Building

**B.5 Report on Talent Team Development of Chinese
Social Enterprises**

Wu Jing, Li Ping / 086

Abstract: In the new era of realizing Chinese path to modernization, the construction of social enterprise talent team is facing new requirements. The adjustment and incentive of the central policy, and the local innovation of local government have promoted the initial formation of the talent policy system of Chinese social enterprises. The research data shows that the talent team of social enterprises in China presents the following characteristics: the scale of social enterprises continues to increase, but there is a gap between professional talents and actual needs; employees of social enterprise have a strong sense of identity, and the guiding role of Party building needs to be deepened; leaders of social enterprises have strong ethical leadership skills; Cross border composite talents are scarce, and the efficiency of human resource management is relatively low. In order to achieve high-quality development of social enterprise talent team, we should strengthen the guidance of Party building, improve the policy system, and cultivate the entrepreneurship.

Keywords: Social Enterprise; Talent Team; High-quality Development

**B.6 The Impact Investment Model, Evaluation and
Development of Social Enterprises in China**

Zhu Zhiwei, Zhang Xiaoliang / 104

Abstract: Social enterprise influence investment is an important way to solve social problems through commercial means, and an innovative tool for the integration and development of financial investment and public welfare charity. There is a strong coupling between social enterprise influence investment and traditional financial returns and service fields. After analyzing the initiators, main sources of income, and service demand points of social enterprises in China, it is found that the influence investment of social enterprises in China is still in its early stages. However , there have been three types of social enterprise influence investment models: government supported, enterprise supported, and social organization supported, and each model has certain differences in practice. At present, the measurement of social enterprise influence and effectiveness has also achieved good development, but the effectiveness measurement indicators still need to break through the framework of "righteousness" and "benefit" and make adjustments according to local conditions. In the future, China's social enterprise influence investment needs to strengthen policy support, create an investment ecosystem, take responding to problems as the guide, and improve the effectiveness of social enterprise influence evaluation.

Keywords: Social Enterprise; Influence Investment; Effectiveness Evaluation

Ⅲ   Special Reports

B. 7   Research Report of Social Enterprise Participation in
Rural Revitalization

Wu Lei, Hou Shanshan and Tang Shuqing / 127

Abstract: Social enterprises are an indispensable and constructive force in rural revitalization in China, with their unique advantages and value missions. Research has found that driven by external difficulties, the authority of the Party and government, and the stimulation of their own professional abilities, Chinese social enterprises have conducted many beneficial explorations focusing on the "Five Major Revitalizations": in terms of industrial revitalization, they have utilized their professional strengths, based on local resources, and adapted to local

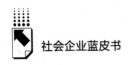

conditions to promote the prosperity of rural industries; In terms of talent revitalization, they have cultivated professional talents, empowered rural entities, and assisted in the revitalization of rural talents; In terms of cultural revitalization, they have excavated cultural resources, developed cultural industries, and promoted the development of rural culture and civilization; In terms of ecological revitalization, they have explored new ecological industries, relied on new ecological entrepreneurship, and promoted rural ecological livability; In terms of organizational revitalization, they rely on the new collective economy and cultivate governance entities to promote effective rural governance. However, currently, social enterprises in China still face difficulties in terms of system, ability, matching, and cognition when participating in rural revitalization. In order to further leverage the promoting role of social enterprises in rural revitalization, this report suggests that in the future, efforts should be made to improve participation guidance policies, cultivate support for the development of social enterprises, build information resource interaction platforms, and optimize cognitive environments.

Keywords: Social Enterprise; Rural Revitalization; Social Network; Resource Integration

B . 8 Research Report of Social Enterprise and Corporate Social Responsibility

Miao Qing, Yin Hui / 146

Abstract: Companies usually fulfill their social responsibilities by donating money, but donation alone is not sustainable. In recent years, fulfilling social responsibility through social entrepreneurship has become a new path, that is, the internal incubation of social enterprises or social entrepreneurship projects aimed at solving social problems and creating social value. This paper adopts the multi-case study method and the "motivation-path-effect" analytical framework to explore how enterprises fulfill their social responsibilities by supporting social enterprises. The research findings are as follows: (1) from the perspective of motivation, enterprises tend to use commercial means to achieve social goals by avoiding the risk of donation and relying on the existing business model, namely, fulfilling their corporate social responsibilities through social entrepreneurship or social enterprises. (2) from the perspective of path, enterprises mainly support social entrepreneurship through investment (influence investment), cooperation (social entrepreneurship projects) and transformation (social enterprise). (3) from the perspective of effect, enterprises can optimize the efficiency of enterprise resource allocation, reduce corporate social risks, accelerate the incubation of social enterprises and expand their influence by supporting social entrepreneurship or social enterprises. In order to unblock the channels for enterprises to empower social enterprises and fulfill their social responsibilities, the traditional corporate social responsibility realization mechanism mainly based on donation should be transformed into a new mode of corporate social responsibility mainly based on social entrepreneurship.

Keywords: Corporate Social Responsibility; Social Entrepreneurship; Social Enterprise; Influence Investment; Corporate Social Entrepreneurship

B.9　Community Social Enterprises: A New Exploration of

　　　Creating the Main Body of Grassroots Governance:

　　　Based on the Case of Chengdu

Li Jian, Xu Caiyun and Huang Ying / 166

Abstract: Innovation in the main body of governance is the key to promoting the modernization of the grassroots governance system and governance capacity. In recent years, the city of Chengdu has improved its community governance system and enhanced its governance capacity by creating a new type of community governance bod——community social enterprises (CSEs). The core idea of this governance body is to revitalize community public resources and link

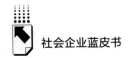

resources outside the community to provide various public services for community residents under the leadership of the Party in a market-oriented way. Through field research, this paper analyses the development status of CSEs in Chengdu. The study finds that Chengdu's CSEs are in their infancy, and at the institutional level, they face difficulties such as the lack of a collective economic resources, the risk of illegal practices, and poor inter-departmental coordination; at the operational level, they face difficulties such as a heavy reliance on the community governance, the tension between fairness and efficiency, the lack of operational capacity of the community committees, and the encroachment of community public interests. In this regard, we put forward suggestions in four aspects: improving supportive policies for CSEs, strengthening the development of local knowledge of CSEs, locking in the public nature of CSEs, and selecting appropriate operation models and business planning.

Keywords: Community Social Enterprises; Community Governance; Chengdu

B.10　Research Report of the Incubation and Support in
　　　　Social Enterprises

Liu Lei, *Shi Mengru* / 187

Abstract: Social enterprise incubation can help social enterprises realize the goal and potential of independent survival in the market, and help social enterprises to form an incubation network, which has positive significance for the sharing of knowledge, experience, interests and risk among social enterprises. The incubation modes of social enterprises mainly include those led by administration, those led by market and those led by social organizations. The three incubation modes have accumulated a lot of advanced experience in practice and are worth popularizing. However, social enterprise incubation still faces multiple development problems such as system level, fund and ability. There are some reasons behind the problems, such as administrative intervention, operational risk, cultivation level and social cognition. In the future, breakthroughs need to be made in improving the system guarantee, creating a support platform, innovation incubation content, and strengthening public publicity.

Keywords: Social Enterprises; Incubation Mode; Support Platform

Ⅳ Regional Reports

B.11 Report on the Development of Social Enterprises in Beijing

Yu Xiaojing / 200

Abstract: In the past two years, the development of social enterprises in Beijing has steadily advanced and presented new characteristics. At the policy level, a policy system of "vertical city - district - street, horizontal to department" has been initially formed. At the social enterprise level, by the end of September 2023, the number of social enterprises within the validity period of Beijing certification has reached 132 in total, achieving an annual double-digit growth. During the covid - 19 pandemic, social enterprises showed strong resilience. In addition to certified social enterprises, there are a large number of potential social enterprises that are "spontaneous and involuntary" and "boosted by external forces". The latter are represented by policy-oriented financial institutions. Although the number of them was small, but their social influence was significant. Under the pressure of the tough economic environment, the development of social enterprises nowadays still faces many challenges. Therefore, this paper suggested enhancing the leading role of Party-building, expanding government purchase and giving more support for social enterprises so as to achieve better development of social enterprises, give full play to their advantages, and better serve the high-quality development of Beijing.

Keywords: Social Enterprise; Policy Change; Beijing Practice

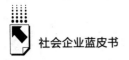社会企业蓝皮书

B.12 Research Report on the Development of Social Enterprises

in Guangdong, Hong Kong and Macao

Luo Wenen, Ding Yuchen / 214

Abstract: As one of the most active regions in the development of social enterprises in China, Guangdong, Hong Kong and Macao are well worth studying the experiences of social enterprise development. The comparative analysis found that, Hong Kong has formed a complete ecosystem of social enterprises. In contrast, Guangdong and Macao are still facing the problems of insufficient supportive policies and the lack of supportive organizations, and the construction of social enterprises with local characteristics needs to learn from the successful experience of Hong Kong's social enterprise development. Therefore, this paper puts forward some suggestions to promote the development of social enterprises in Guangdong, Hong Kong and Macao, including introducing a systematic approach to support social enterprises, building a good institutional environment, fostering supportive organizations in the industry, providing certification dissemination, training and empowerment, and resource docking services, promoting cross-border exchanges, and exploring the convergence and integration of policies in Guangdong, Hong Kong and Macao. Those actions can help building a good social entrepreneurship ecosystem to promote the development of social enterprises in Guangdong, Hong Kong and Macao.

Keywords: Social Enterprise; Support Policy; Guangdong, Hong Kong and Macao

B.13 Sustainability Report on the Development of Sichuan

Social Enterprises

Xia Xuan / 238

Abstract: This paper analyzes the development of social enterprises in

Sichuan Province, including Luzhou, Mianyang, Neijiang and Yibin, mainly in Chengdu. Social enterprises adhere to the core positioning of social goals, adhere to business as a means, and adhere to the development cornerstone of participating in social governance. From the aspects of policy construction, security system, talent training, community support, supervision and evaluation, the possible path of developing social enterprises in Sichuan Province is prompted, the sustainable development model of social enterprises in Sichuan Province is expounded, and suggestions and opinions are also put forward for the problems encountered by social enterprises in the process of development, such as unclear positioning, small scale, weak operational capacity, insufficient publicity and imperfect regulatory system. In this way, a staggered and hierarchical social enterprise development matrix will be built to achieve synchronous, sustainable and high-quality development of social, economic and environmental values.

Keywords: Sustainable Development; Social Enterprise Ecosystem; Social Governance; High-quality Development

B. 14   The Social Enterprise Development Report in Hong Kong

Tian Rong, *Wang Jun* / 255

Abstract: The roots of social enterprises in Hong Kong stretch back to 1980s and the initial development of social economy project, continuing to the development of work integration social enterprises in the early 2277s, to the diversity of market oriented social enterprises operating today. Over the years, Hong Kong's social enterprise ecosystem has gradually developed, with government policy encouragement, cross-border cooperation, and public awareness cultivation serving as vital components of the ecosystem's development. This article first sorts out the origins and current growth of social enterprises in Hong Kong before highlighting the development of social enterprises in Hong Kong in terms of sectoral distribution, social objectives, and funding sources in 2021−2022. The article goes on to analyze and explain the problems and

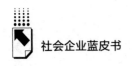
challenges social enterprises face in Hong Kong, as well as propose countermeasures and recommendations to improve the policy environment, strengthen industry support, and raise public awareness of social enterprises.

Keywords: Social Enterprise Ecosystem; Cross-border Cooperation; Hong Kong; Work Integration

V Case Studies

B.15 The Sustainable Development Model of "Social Enterprise+Finance"

—*Taking the "Social Enterprise Board" of Tianfu Stock Exchange Center As an Example*

Liu Chao / 276

Abstract: The Tianfu Stock Exchange Center's "Social Enterprise Board" is another innovative exploration in Sichuan Province that connects the development of social enterprises with the multi-level capital market. The aim is to actively explore a new model of integrated development of "social enterprises+finance" using the "social enterprise board" as the carrier, establish a mechanism for multi subject collaboration, multi-dimensional capability improvement, and long-term development, to assist in the sustainable development of social enterprises, explore a path of public welfare finance for social enterprises with Chinese characteristics, guide capital towards good, promote common prosperity, and help modernize social governance.

Keywords: Social Enterprise+Finance; Social Enterprise Board; Sustainable Development

B. 16   Xi Shi: Social Entrepreneurship Strategies to

Reduce Food Waste

Zhang Yujie / 290

Abstract: "Xi Shi Food Magic Bag" is China's first pilot program of its kind to decrease food waste. Through the food magic bag, local businesses can connect with consumers interested in purchasing high-quality food that otherwise would expire. Users reserve and purchase meals through the mini-app, bringing together "merchants + Xi Shi + users" to prevent wasted food. Xi Shi has comprehensively summed up socially innovative methods of preventing food waste through extensive research and practical application. Xi Shi not only promotes and practices green and low-carbon life concepts and lifestyles—it also creates social value and zero-loss commercial value for cherishing food through its varied cooperation networks, interesting product systems, and mutually beneficial public relations.

Keywords: Social Enterprises; Food Waste Prevention; Social Responsibility; Sustainable Development; Green and Low-carbon

Appendix   Memorabilia of China's Social Enterprise

Development（2021－2022）

Cheng Lijiao / 301

社会科学文献出版社

皮 书

智库成果出版与传播平台

❖ 皮书定义 ❖

皮书是对中国与世界发展状况和热点问题进行年度监测，以专业的角度、专家的视野和实证研究方法，针对某一领域或区域现状与发展态势展开分析和预测，具备前沿性、原创性、实证性、连续性、时效性等特点的公开出版物，由一系列权威研究报告组成。

❖ 皮书作者 ❖

皮书系列报告作者以国内外一流研究机构、知名高校等重点智库的研究人员为主，多为相关领域一流专家学者，他们的观点代表了当下学界对中国与世界的现实和未来最高水平的解读与分析。截至 2022 年底，皮书研创机构逾千家，报告作者累计超过 10 万人。

❖ 皮书荣誉 ❖

皮书作为中国社会科学院基础理论研究与应用对策研究融合发展的代表性成果，不仅是哲学社会科学工作者服务中国特色社会主义现代化建设的重要成果，更是助力中国特色新型智库建设、构建中国特色哲学社会科学"三大体系"的重要平台。皮书系列先后被列入"十二五""十三五""十四五"时期国家重点出版物出版专项规划项目；2013~2023 年，重点皮书列入中国社会科学院国家哲学社会科学创新工程项目。

皮书网

（网址：www.pishu.cn）

发布皮书研创资讯，传播皮书精彩内容
引领皮书出版潮流，打造皮书服务平台

栏目设置

◆关于皮书

何谓皮书、皮书分类、皮书大事记、
皮书荣誉、皮书出版第一人、皮书编辑部

◆最新资讯

通知公告、新闻动态、媒体聚焦、
网站专题、视频直播、下载专区

◆皮书研创

皮书规范、皮书选题、皮书出版、
皮书研究、研创团队

◆皮书评奖评价

指标体系、皮书评价、皮书评奖

◆皮书研究院理事会

理事会章程、理事单位、个人理事、高级
研究员、理事会秘书处、入会指南

所获荣誉

◆ 2008 年、2011 年、2014 年，皮书网均
在全国新闻出版业网站荣誉评选中获得
"最具商业价值网站"称号；
◆ 2012 年，获得"出版业网站百强"称号。

网库合一

2014年，皮书网与皮书数据库端口合
一，实现资源共享，搭建智库成果融合创
新平台。

皮书网

"皮书说"
微信公众号

皮书微博

权威报告·连续出版·独家资源

皮书数据库
ANNUAL REPORT(YEARBOOK)
DATABASE

分析解读当下中国发展变迁的高端智库平台

所获荣誉

- 2020年，入选全国新闻出版深度融合发展创新案例
- 2019年，入选国家新闻出版署数字出版精品遴选推荐计划
- 2016年，入选"十三五"国家重点电子出版物出版规划骨干工程
- 2013年，荣获"中国出版政府奖·网络出版物奖"提名奖
- 连续多年荣获中国数字出版博览会"数字出版·优秀品牌"奖

皮书数据库

"社科数托邦"
微信公众号

成为用户

登录网址www.pishu.com.cn访问皮书数据库网站或下载皮书数据库APP，通过手机号码验证或邮箱验证即可成为皮书数据库用户。

用户福利

- 已注册用户购书后可免费获赠100元皮书数据库充值卡。刮开充值卡涂层获取充值密码，登录并进入"会员中心"—"在线充值"—"充值卡充值"，充值成功即可购买和查看数据库内容。
- 用户福利最终解释权归社会科学文献出版社所有。

社会科学文献出版社 皮书系列
SOCIAL SCIENCES ACADEMIC PRESS (CHINA)

卡号：473339592973
密码：

数据库服务热线：400-008-6695
数据库服务QQ：2475522410
数据库服务邮箱：database@ssap.cn
图书销售热线：010-59367070/7028
图书服务QQ：1265056568
图书服务邮箱：duzhe@ssap.cn

基本子库
SUB DATABASE

中国社会发展数据库（下设12个专题子库）

　　紧扣人口、政治、外交、法律、教育、医疗卫生、资源环境等12个社会发展领域的前沿和热点，全面整合专业著作、智库报告、学术资讯、调研数据等类型资源，帮助用户追踪中国社会发展动态、研究社会发展战略与政策、了解社会热点问题、分析社会发展趋势。

中国经济发展数据库（下设12专题子库）

　　内容涵盖宏观经济、产业经济、工业经济、农业经济、财政金融、房地产经济、城市经济、商业贸易等12个重点经济领域，为把握经济运行态势、洞察经济发展规律、研判经济发展趋势、进行经济调控决策提供参考和依据。

中国行业发展数据库（下设17个专题子库）

　　以中国国民经济行业分类为依据，覆盖金融业、旅游业、交通运输业、能源矿产业、制造业等100多个行业，跟踪分析国民经济相关行业市场运行状况和政策导向，汇集行业发展前沿资讯，为投资、从业及各种经济决策提供理论支撑和实践指导。

中国区域发展数据库（下设4个专题子库）

　　对中国特定区域内的经济、社会、文化等领域现状与发展情况进行深度分析和预测，涉及省级行政区、城市群、城市、农村等不同维度，研究层级至县及县以下行政区，为学者研究地方经济社会宏观态势、经验模式、发展案例提供支撑，为地方政府决策提供参考。

中国文化传媒数据库（下设18个专题子库）

　　内容覆盖文化产业、新闻传播、电影娱乐、文学艺术、群众文化、图书情报等18个重点研究领域，聚焦文化传媒领域发展前沿、热点话题、行业实践，服务用户的教学科研、文化投资、企业规划等需要。

世界经济与国际关系数据库（下设6个专题子库）

　　整合世界经济、国际政治、世界文化与科技、全球性问题、国际组织与国际法、区域研究6大领域研究成果，对世界经济形势、国际形势进行连续性深度分析，对年度热点问题进行专题解读，为研判全球发展趋势提供事实和数据支持。

法律声明

"皮书系列"（含蓝皮书、绿皮书、黄皮书）之品牌由社会科学文献出版社最早使用并持续至今，现已被中国图书行业所熟知。"皮书系列"的相关商标已在国家商标管理部门商标局注册，包括但不限于LOGO（▌）、皮书、Pishu、经济蓝皮书、社会蓝皮书等。"皮书系列"图书的注册商标专用权及封面设计、版式设计的著作权均为社会科学文献出版社所有。未经社会科学文献出版社书面授权许可，任何使用与"皮书系列"图书注册商标、封面设计、版式设计相同或者近似的文字、图形或其组合的行为均系侵权行为。

经作者授权，本书的专有出版权及信息网络传播权等为社会科学文献出版社享有。未经社会科学文献出版社书面授权许可，任何就本书内容的复制、发行或以数字形式进行网络传播的行为均系侵权行为。

社会科学文献出版社将通过法律途径追究上述侵权行为的法律责任，维护自身合法权益。

欢迎社会各界人士对侵犯社会科学文献出版社上述权利的侵权行为进行举报。电话：010-59367121，电子邮箱：fawubu@ssap.cn。

社会科学文献出版社